ELISABETH BONNEAU

DER GROSSE GU
KNIGGE

VORWORT 5

ETIKETTE IM ALLTAG

Hat die Dame ausgedient? 9
»Grüß Gott, moin moin«: Grüßen und begrüßen 13
Sich und andere elegant vorstellen 19
Begleiten heißt Regie führen 23
Ein knappes Gut: Die Zeit 25
Begegnungen im vertrauten Rahmen 28

BEI TISCH

Tischlein deck dich 41
Stilvoll speisen in Gesellschaft 50
Sekt oder Selters? 57

FROHE GÄSTE, SCHÖNE FESTE

Gut organisieren – entspannt feiern 71
Von »Willkommen« bis »Adieu« 81
Ortswechsel: Im Restaurant 86
Zu Gast – nicht nur bei Freunden 94

KLEIDER MACHEN LEUTE

Keine zweite Chance? 99
Von Samt und Seide – die Männermode 104

Ladies only: Kleidung für Business-Frauen 111
Eine Geheimsprache – der Dresscode 115

FIT FOR BUSINESS

Networking bleibt das A und O 121
»Wir sind doch unter uns« 130

FORMVOLLENDET KOMMUNIZIEREN

Stets gekonnt im Gespräch bleiben 143
Kommunizieren mit Tasten, Stift & Co. 152
Knigge im Zeitalter des Internets 156

SICHER UND SOUVERÄN – AUCH UNTERWEGS

So kommen Sie in der Öffentlichkeit gut an 161
Andere Länder, andere Sitten: Fit fürs Ausland 170
Nachlese 182

LÖSUNGEN ETIKETTE-QUIZ 188
ADRESSEN, DIE WEITERHELFEN 188
LINKS, DIE WEITERHELFEN 188
BÜCHER, DIE WEITERHELFEN 189
REGISTER 190
IMPRESSUM 192

Jede Gesellschaft hat
zwei Arten von Regeln:
die Gesetze und die Umgangsformen.
Die Gesetze verhindern,
dass wir uns gegenseitig umbringen,
die Umgangsformen, dass wir uns
gegenseitig verrückt machen.

JUDITH MARTIN | amerikanische Autorin

VORWORT

»Knigge« – der Name ist Programm, er steht inzwischen als Sammelbegriff für gute Umgangsformen schlechthin.

In meinen Seminaren fragen mich die Teilnehmer oft nach den »Regeln« für gutes Benehmen. Ob Empfangsdame oder Konzernchef, ob Unternehmensberaterin oder Handelsvertreter – die Menschen möchten sich korrekt verhalten: um nicht anzuecken, um sich Ärger mit den Mitmenschen zu ersparen, vor allem aber, um positiv zu wirken und ihre persönlichen und beruflichen Ziele zu erreichen.

Ich helfe ihnen gern dabei, denn es ist ja tatsächlich wichtig, Dinge korrekt zu tun. Da sind Sicherheitsgründe: Sie sollten einen Schutzbefohlenen auf dem Bürgersteig nicht an der Straßen-, sondern an der geschützten Gebäudeseite gehen lassen. Auch Fischgräten mit dem scharfen Fleischmesser gefahrenträchtig zu zerkleinern, anstatt sie mit dem stumpfen Fischmesser komplett aus dem Fischfleisch zu entfernen, fällt unter diesen Aspekt. Es gibt auch rechtliche Gründe für korrektes Benehmen: Sie sollten eine Frau mit Doppelnamen nicht mit dem Namen ihres Ehemanns, sondern mit ihrem eigenen, eben dem Doppelnamen, ansprechen. Es gibt kulturhistorische Gründe: Das Brötchen zur Vorspeise wird nicht mit dem Messer halbiert und wie eine Stulle mit Butter bestrichen, sondern, wie Sie es vom Abendmahl kennen, in bissgroße Stücke gebrochen.

Es gibt also viele Gründe, sich korrekt zu verhalten. Doch korrekt ist im Umgang mit Menschen nicht genug. Davon war schon Adolph Freiherr Knigge (»der« Knigge) 1788 überzeugt. Sein häufig und meist falsch als Regelwerk zitiertes Werk heißt bezeichnenderweise »Über den Umgang mit Menschen«. Dessen Tenor: Nicht die Form um der Form willen soll Motiv des Handelns in einer Gemeinschaft sein, sondern Wertschätzung, Rücksicht, Umsicht. Bieten Sie beispielsweise als dienstälterer Kollege einer neuen, aber wesentlich älteren Kollegin am ersten Arbeitstag das Du an, ist das völlig korrekt. Doch wollen Sie das wirklich tun, ohne zu wissen, wie die Dame das sieht?

Vielleicht hat Ihr Gegenüber ein anderes Regelwerk im Kopf als Sie. Dann nutzt es Ihnen nichts, wenn Sie sich auf Ihr Regelwissen (das Sie natürlich haben sollten!) versteifen. Wie viel klüger ist es doch, sich adressatengerecht zu verhalten und dem Gegenüber zu geben, was es braucht. So ist korrekt manchmal nicht richtig und richtig ist genau das, was der Situation und dem Gegenüber angemessen ist.

Genau dies vermittelt Ihnen der »Große GU-Knigge«. Hier finden Sie das, was korrekt ist, und darüber hinaus Anregungen, wie Sie Situationen schnell einschätzen und bewältigen: Was tun Sie zum Beispiel, wenn in einer Gästegruppe eine Person, der Sie »von Rechts wegen« die Hand nicht zuerst geben sollten, Ihnen die Hand zur Begrüßung hinstreckt?

Sie müssen sie annehmen! Es wäre ein unverzeihlicher Fauxpas, diese Person öffentlich zu korrigieren.

Sie schärfen mit dem Großen GU-Knigge Ihre Intuition. Sie lernen auch die Gründe für Etikette-Empfehlungen kennen. Und Sie dürfen sich von dem einen oder anderen Mythos verabschieden. Zum Beispiel dem, dass Sie Salat nicht schneiden sollten: Im Zeitalter von Spülmaschinen und Edelstahlbesteck gibt es keinen Grund, das Schneiden zu verbieten.

Zu wissen, was korrekt ist, und dadurch schnell einschätzen zu können, was richtig ist – dabei will dieser neue »Knigge« Sie unterstützen. Damit Sie sich richtig sicher fühlen, wo immer Sie sind, und damit die Menschen um Sie herum sich richtig gut fühlen, wenn Sie in ihrer Nähe sind.

Ich bin mit einem richtig herzlichen Gruß
Ihre Elisabeth Bonneau

Etikette im Alltag

Am französischen Königshof wurde die Rangfolge der Besucher auf kleinen Zetteln, Etiketten, notiert. So wusste jeder, wer wem die Ehre zu erweisen hatte. Etikette als Unterscheidungsmerkmal – so ist sie heute nicht gemeint. Eher ist sie ein Mittel, um Menschen zusammenzubringen.

HAT DIE DAME AUSGEDIENT?

Laut einer Emnid-Umfrage halten 75 Prozent der gesamtdeutschen – und sogar 92 Prozent der ostdeutschen – Bevölkerung die These von der schutzbedürftigen Frau für überholt und generell für falsch.
»Was ist daran schon Besonderes?«, würde da nicht nur die äußerst damenhaft auftretende Politikerin Condoleezza Rice fragen, für die klar ist: Das Geschlecht spielt – ebenso wie die Hautfarbe – bei der Einschätzung einer Person keine Rolle. Die Geschlechterforschung würde sagen: Geschlecht ist eine »Konstruktion« und keine von der Natur gegebene Bedingung für ein spezifisches Verhalten oder eine Sonderbehandlung.

»Eine Dame ist ein rohes Ei«

»Wo bleibt denn da die Dame?«, seufzt mancher Kavalier, der es genießt, eine Frau durch Ehrerbietung zur Herrin zu erhöhen und sie vor jeglicher Unbill zu schützen: »Eine Dame ist ein rohes Ei«, definiert der äthiopische Prinz und Autor Asfa-Wossen Asserate.
Dabei ist der Begriff »Dame« nicht in allen Kulturen bekannt. In manchen Ländern, beispielsweise in der Volksrepublik China, sind Frauen und Männer nicht nur per Gesetz, sondern de facto gleichgestellt; in vielen arabischen Ländern hingegen wird die Frau als dem Mann bei Weitem nicht ebenbürtig betrachtet. Seit der in der Renaissance geprägten europäischen Etikette spielt die Dame eine Doppelrolle: Einerseits darf sie sich der bedingungslosen Ehrerbietung eines Herrn sicher sein, andererseits wird sie als schwach und schutzbedürftig deklariert. Der Herr stellt die Dame auf einen Sockel und bestimmt damit ihren Platz.

»Höflichkeit« kommt von »Hof«

Beim Begriff »Höflichkeit« klingt nicht von ungefähr das Element »Hof«, also adliges Umfeld, mit, übrigens nicht nur in der deutschen Sprache. Die Tugend, einer Dame die Aufwartung, »den Hof« zu machen, entstand in dem Umfeld europäischer Fürstenhöfe und diente der Stilisierung des zwischenmenschlichen Spiels – auch zum Zwecke der Abgrenzung von all denen, die in die Spielregeln nicht eingeweiht waren: den Untertanen, dem Volk.
Zu einer Zeit, in der die Frau züchtig Haus und Hof hütete und der Mann im »feindlichen Leben« unterwegs war, mögen diese Rollenverteilung und die damit verbundene Definition von Höflichkeit akzeptabel gewesen sein.

Der Strukturwandel der Höflichkeit

In unserer Zeit der zunehmenden Gleichstellung der Geschlechter hat das Konzept der Höflichkeit jedoch einen Strukturwandel erfahren. Nicht alter Wein in neuen Schläuchen ist gefragt, kein »Revival« der alten Sitten. Vielmehr ist heute zu prüfen, welche Sinnhaftigkeit der Höflichkeit zugrunde liegt und wie diese uns heute den Umgang erleichtern kann.

1 Etikette im Alltag

DAS ETIKETTE-QUIZ

Etikette im Alltag – nicht immer ganz einfach. Wie machen Sie's am besten? Testen Sie sich selbst. Bitte markieren Sie jeweils die richtige Antwort.
Die Lösung finden Sie am Ende des Buches auf Seite 188.

1. **Sie sind Studentin und stehen im Theater unvermittelt vor Ihrem ehemaligen Deutschlehrer in der Begleitung einer jüngeren Dame. Sie ...**

   a gehen strahlend auf ihn zu und strecken ihm die Hand hin, dann stellen Sie sich seiner Begleiterin vor.

   b grüßen verbal sowohl ihn als auch seine Begleitung und warten ab, ob er Ihnen die Hand reicht.

   c beachten das Prinzip »Ladies first« und geben zuerst der Dame die Hand, dann ihm.

2. **Ein Ehepaar mittleren Alters kommt zu Besuch. Wem helfen Sie aus dem Mantel? Sie ...**

   a helfen als Herr nur einer Dame aus dem Mantel.

   b helfen beiden; ob Sie Gastgeberin oder Gastgeber sind, spielt keine Rolle.

   c helfen grundsätzlich nur der Person, die Ihnen ein klares Zeichen gibt, dass sie das von Ihnen erwartet.

3. **Sie besuchen zum ersten Mal mit Ihrer neuen Lebenspartnerin Ihren Vermieter. Wie machen Sie die beiden miteinander bekannt?**

   a Zuerst erfährt die Lebenspartnerin, wer der Vermieter ist, weil sie als Dame zuerst informiert wird. Dann sagen Sie dem Vermieter den Namen Ihrer Freundin.

   b Sie stellen Ihre Lebenspartnerin Ihrem Vermieter vor: »Das ist Frau Dr. Schnell.« Ihre Freundin weiß ja schon, dass er der Vermieter ist und wie er heißt.

   c Der Vermieter hat als Gastgeber das Recht, als Erster informiert zu werden. Anschließend sagen Sie Ihrer Lebenspartnerin den Namen des Vermieters in seinem Beisein ruhig noch einmal.

HAT DIE DAME AUSGEDIENT?

Der alte Sockel der Höflichkeit muss nicht abgeschafft und auch nicht gekittet werden. Er ist allerdings heutzutage zu klein, er muss erweitert werden: In einer Welt der Gleichberechtigung muss auf dem Sockel der Wertschätzung Platz für alle sein, denen wir mit Fug und Recht Respekt entgegenbringen sollen oder wollen: Frauen, Männer, Alte, Junge, Kinder, Mitarbeiter, Vorgesetzte, Nachbarn und Passanten. Leben Sie Höflichkeit auf natürliche Weise? Dann leben Sie sie zeitgemäß.

Was Damen und Herren tun und lassen sollten

Zeitgemäße Etikette erfordert also einiges an Mitdenken und verändert sich manchmal innerhalb einer Situation. Es gibt allerdings einige Konstanten, die für Männer wie Frauen gleichermaßen gelten.
Am klarsten definiert ist sicherlich Ihre Rolle als Gastgeber beziehungsweise als Gastgeberin.
Gastgeberin und Gastgeber sind gleichermaßen für das Wohlbefinden der Gäste zuständig: Sie
- begrüßen ihre Gäste und reichen ihnen die Hand,
- öffnen und schließen Türen für die Gäste,
- nehmen ihnen die Garderobe ab und reichen sie ihnen,
- machen Gäste miteinander bekannt,
- gewähren Besuchern den Vortritt durch Türen und in überschaubare Räume,
- bewirten ihre Gäste,
- bieten Plätze an und setzen sich selbst erst, wenn die Gäste sitzen.

Als Gast – ob weiblich, ob männlich – nehmen Sie die Angebote, Ihnen derartige Dienste zu leisten, an.

Vorsicht Falle: Den Mantel abnehmen

Weder als Herr noch als Dame helfen Sie ohne Weiteres einer Person aus dem Mantel oder in den Mantel hinein. Das In-den-Mantel-Helfen ist gleichermaßen Pflicht und Privileg des Ehepartners seiner Frau gegenüber, beides dürfen Sie in seiner Anwesenheit nicht für sich beanspruchen. Fragen Sie »Darf ich Ihnen die Mäntel abnehmen?« oder »Möchten Sie ablegen?«. Schauen Sie genau hin: Zieht eine Person ihren Mantel frontal vor Ihnen aus? Das bedeutet: Sie will das selbst tun, Sie sollen den Mantel nur versorgen.

> Wer sich nur so gibt, wie er ist, muss ungemein große Tugenden besitzen. So wie der Stein wahrlich kostbar sein muss, der ohne Folie gefasst wird.
>
> **SIR FRANCIS BACON**
> englischer Philosoph und Staatsmann

Dreht die Person, der Sie das Angebot machen, Ihnen jedoch den Rücken zu, kommt das dem Appell gleich: Bitte helfen Sie mir beim Ausziehen!

Höflichkeit auf allen Wegen

Auch außerhalb des Hauses ist höfliches Verhalten geschlechtsneutral definiert: Sie
- grüßen jede Ihnen bekannte Person, der Sie begegnen (zum Beispiel auch den jüngeren Nachbarn), und eine unbekannte Person, die Ihre/n Bekannte/n begleitet, natürlich ebenfalls;

1 Etikette im Alltag

- warten ab, ob eine Ihnen aufgrund ihres beruflichen oder gesellschaftlichen Ranges übergeordnete Person – zum Beispiel die Ortsvorsteherin oder der Amtsarzt – Ihnen die Hand reicht;
- wahren Distanz und beobachten, wie viel Nähe Ihr Gegenüber – beispielsweise Ihr ehemaliger Mathematiklehrer, den Sie im Theater treffen – wünscht, besonders dann, wenn Ihr Gegenüber in Begleitung einer dritten Person ist;
- warten ab, bis Sie an der Reihe sind, und fordern keine Vorzugsbehandlung, etwa wenn die Stewardess Getränke reicht;
- bieten einer hilfsbedürftigen Person – beispielsweise in der Straßenbahn einem Vater mit Kleinkind auf dem Arm – Ihre Unterstützung an.

Wird Ihr höfliches Angebot nicht angenommen, der Vater setzt sich also nicht auf Ihren freien Platz? Wird Ihnen ein Akt der Höflichkeit verwehrt, beispielsweise Ihr Gruß nicht erwidert? Reagieren Sie gelassen, nicht verbittert. Kommentieren Sie eine solche Ablehnung oder Unachtsamkeit nicht. Und zwar weder als Dame noch als Herr: Auch Diplomatie kennt kein Geschlecht.

ÜBERSICHT DIE DAME HEUTE

Höflichkeit für Herren heißt, zeitgemäß interpretiert: Wenden Sie das ritterliche Verhalten, das ein Kavalier einer Dame gegenüber an den Tag legt, gegenüber allen Personen an, mit denen Sie zu tun haben. Für eine selbstbewusste Frau von heute ist das Prinzip Höflichkeit wesentlich komplexer.

1. Verhalten Sie sich grundsätzlich umsichtig, rücksichtsvoll, vorausschauend, respektvoll (siehe oben): nicht in erster Linie Ihrer Geschlechtsrolle, sondern Ihrer Rolle in der Gesellschaft und der jeweiligen Situation gemäß. Wer Sie sympathisch findet, wird sich Ihnen gegenüber sympathisch verhalten, Sie werden ihm das durch offene Gesten und ein Lächeln danken, was er wiederum mit einem Lächeln quittiert: ein guter Start für einen dauerhaften charmanten und höflichen Umgang miteinander.

2. Erwarten Sie von anderen respektvolles Verhalten nur, wenn Sie es sich durch Ihr Verhalten verdient haben. Mit der Einstellung »Ich als Dame kann das wohl verlangen!« verlieren Sie umgehend Ihren Status.

3. Rechnen Sie damit, dass ein Herr Sie wie ein rohes Ei behandeln möchte. Entscheiden Sie in einem solchen Fall blitzschnell: Wollen Sie bei einem durchsetzungsstarken Verhalten bleiben oder wollen Sie »Dame« spielen? Sie haben immer die Wahl – ob der Herr sie Ihnen lassen will oder nicht. Einen Herrn, der Ihnen aus dem Mantel helfen will, mit einem groben »Das kann ich selbst!« vor den Kopf zu stoßen, wäre allerdings unhöflich, weil unmenschlich. Im Nu hätten Sie Ihren Platz auf dem Sockel des Respekts verspielt.

»GRÜSS GOTT, MOIN MOIN«: GRÜSSEN UND BEGRÜSSEN

»GRÜSS GOTT, MOIN MOIN«: GRÜSSEN UND BEGRÜSSEN

Auf das richtige Grüßen und Begrüßen legen Menschen in allen Kulturen Wert. Das ist zum einen so, weil während dieses Rituals der erste Eindruck geprägt und gefestigt wird. Zum andern ist das Grüßen und Begrüßen für das Selbstwertgefühl wichtig: Wird an dieser Stelle Anerkennung gezollt oder verweigert? Das ist für die gesamte weitere Begegnung nicht unerheblich!

Um des lieben Friedens willen: Richtig grüßen

»Gruß ist Ehre«: In der mittelalterlichen Gesellschaft gab es unter dieser Überschrift klare Regeln zum Grußverhalten. Verfeindete Parteien grüßten einander nicht. Erst grüßen – dann Feindseligkeiten anzetteln: Das wurde als Vergehen gegen Moral und Anstand geahndet. Der Gruß war also nicht nur Zeichen der Ehrerbietung (»Ich erkenne dich« beziehungsweise »Ich erkenne dich an«), sondern gab einen gewissen Grad an Sicherheit: »Hier passiert mir nichts Böses.«

Wer grüßt zuerst?
Ein ständisch tiefer Gestellter grüßte früher immer den höher Gestellten, dieser grüßte niemals einen Rangniederen zuerst. »Von unten nach oben« – diese Regel gilt in straff hierarchisch geprägten Zusammenhängen wie dem Militär und manchen Unternehmen noch heute. Der Auszubildende grüßt die Abteilungsleiterin, die Sachbearbeiterin den Vorstand.

War es im Mittelalter Gesichtsverlust und Anlass zu Schadenfreude, wenn ein Höhergestellter aus Versehen einen Rangniederen zuerst grüßte, ist das heutzutage anders. In weniger strukturierten Kontexten gilt heute: »Wer hinzukommt oder den andern zuerst sieht, grüßt zuerst.«
- Fragen Sie im Supermarkt nach der Kasse oder in einer fremden Stadt nach dem Weg: Grüßen Sie.
- Betreten Sie eine Praxis, ein Sekretariat, Geschäft oder Amtszimmer: Grüßen Sie.
- Kommen Sie in ein Zugabteil oder an Ihren Platz im Flugzeug: Grüßen Sie Ihre unmittelbaren Sitznachbarn.
- Sehen Sie als Vorgesetzte morgens Ihren Assistenten: Grüßen Sie.
- Sehen Sie Ihren Autohändler auf dem Markt: Grüßen Sie.
- Treffen Sie als Lehrerin eine Gruppe von Schülern im Konzert: Grüßen Sie. Sie vergeben sich nichts dabei.

Im Linienbus oder in der U-Bahn Fremde zu grüßen ist hingegen unüblich. Freundliches Nicken beim Platznehmen wird aber meist erwidert.

Das richtige Wort
»Guten Morgen/Tag/Abend« zu wünschen ist in der Hochsprache üblich und wird deshalb von Menschen, die einen lockeren Umgang pflegen, als zu förmlich abgelehnt. »Grüß Gott«, »Moin moin«, »Grüezi«: Stellen Sie sicher, dass Sie Wörter aus fremden

1 Etikette im Alltag

Dialekten richtig aussprechen und korrekt anwenden, bevor Sie sie in Ihren Wortschatz aufnehmen. Sie könnten sich mit einer falschen Verwendung lächerlich machen.

»Hallo« ist unter Jugendlichen richtig, oft gilt dort »Hi« als besser. Ob das für Erwachsene in einem Geschäftsumfeld die richtige Formel ist, sehen Sie an der Umgebung – Dönerimbiss oder Juweliergeschäft? – und an dem Gebaren der anwesenden Personen. »Mahlzeit« wird, wie man hört, um die Mittagszeit selbst auf der Herrentoilette gewünscht. Verzichten Sie lieber auf den herzlichen, aber doch saloppen Gruß, der Kurzform von »Gesegnete Mahlzeit« – nicht nur auf der Herrentoilette. Schallt er Ihnen entgegen, kontern Sie nicht – mit tadelndem Unterton – »Einen schönen guten Tag«. Hier ist ein lockeres »Hallo« angemessen.

Wenn der Gruß nicht erwidert wird

Gar nicht so weit vom Mittelalter entfernt sind wir bei der Einschätzung, ein Gruß dürfe nicht unerwidert bleiben. Zwar kommt das Schweigen heute nicht dem Hinwerfen des Fehdehandschuhs gleich. Dennoch verunsichert das vergebliche Warten auf die Antwort, weil es die Anerkennung offenlässt.

Erwidert ein Lehrer in der Theaterpause Ihren Gruß nicht? Sonst kommen Sie gut mit ihm klar? Gehen Sie auf ihn zu: »Schön, dass ich Sie hier sehe.« Nehmen Sie jedoch Abstand, wenn er in Anwesenheit einer dritten Person ist. Vielleicht will er Sie ja nicht gesehen haben, warum auch immer.

»Wir kennen uns noch nicht.« So können Sie Distanz abbauen, wenn Sie den Eindruck haben, dass mit der Ablehnung des Kontakts, zum Beispiel bei einem Empfang, ein Statuskampf ausgefochten werden soll. Stellen Sie sich freundlich vor, halten Sie Blickkontakt, bis Ihre Zielperson sich identifiziert hat.

Verweigert Ihnen die Nachbarin, mit der Sie eine Grenzstreitigkeit ausgefochten haben, wiederholt den Gruß, müssen Sie allerdings wohl auf bessere Zeiten hoffen.

Begrüßen mit Handschlag

»Ein Herr ergreift niemals von sich aus die Hand einer Dame.« Auch diese alte Empfehlung ist nicht mehr praktikabel. Natürlich muss ein Gastgeber seine Gäste per Handschlag begrüßen, natürlich kann er da bei Damen keine Ausnahme machen.

Mit oder ohne Handschlag: Wer entscheidet?

Die Bundeskanzlerin reicht dem Minister die Hand oder eben nicht. Dem Bundespräsidenten wiederum darf sie, Frau hin, Frau her, keinen Handschlag aufzwingen. Wo das Protokoll gilt, ist alles klar, und die Etikette als dessen »kleine Schwester« leitet daraus ab: Die ranghöhere Person bestimmt den Grad der Annäherung: Die Abteilungsleiterin entscheidet, ob sie dem Auszubildenden – der sie zuerst gegrüßt hat – die Hand gibt. Der Vorstand hat die Wahl: Die Sachbearbeiterin darf seine Hand berühren oder nicht. Außerhalb des Geschäftslebens gilt:

Als Gastgeber leiten Sie von Ihrem Heimvorteil Ehre und Pflicht ab und reichen die Hand, wem und wann Sie wollen.

Sie gehen ohne Statusvorteil auf eine Gruppe zu? Diese hat wegen ihrer früheren Ankunft sowie der größeren Zahl einen Vorteil. Grüßen Sie und warten Sie, bis eine der Personen Ihnen die Hand reicht. Wenn ja: Eine Hand geschüttelt, alle Hände geschüttelt.

Kommen Sie neu in ein soziales Gefüge, grüßen Sie, stellen Sie sich vor, warten Sie, bis man Sie per Handschlag aufnimmt. Gewinnen Sie den Eindruck, die Anwesenden

»GRÜSS GOTT, MOIN MOIN«: GRÜSSEN UND BEGRÜSSEN

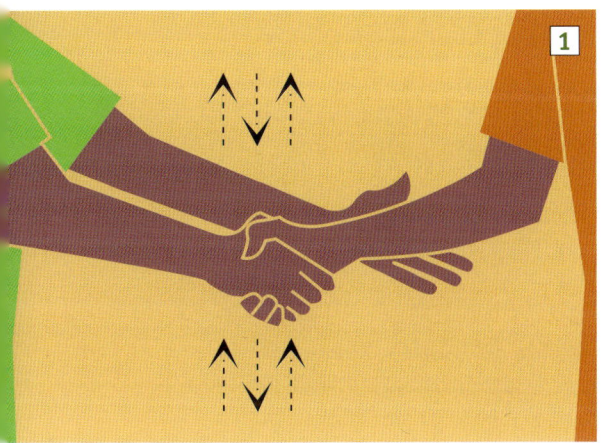 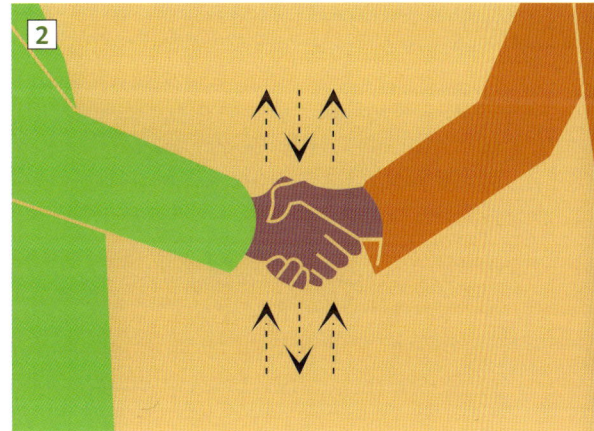

seien ihrer Sache selbst nicht sicher, erlösen Sie sie: Reichen Sie die Hand. Das ist zwar nicht korrekt, aber angemessen.

Als Kunde steht Ihnen die Entscheidung zu. Der Kellner Ihrer Pizzeria sollte Ihnen seine Hand nicht aufdrängen. Beim Wirt (ein Gastgeber, auch von zahlenden Gästen) ist das etwas anderes.

Die ältere Nachbarin reicht auf dem Bürgersteig der jüngeren die Hand: Alter geht vor. Deshalb ist die Anweisung an ein Kind, »der Tante das Händchen« zu geben, nicht ganz richtig. Von sich aus soll das Kind grüßen und eine gereichte Hand nehmen. Doch ein Kind sollte nicht die Initiative zum Handschlag ergreifen.

Gilt keines der oben genannten Kriterien, entscheidet eine Dame, ob sie einem Herrn die Hand reichen will oder nicht.

Ihnen drückt eine Person, die aufgrund ihres Status kein Recht dazu hat, die Hand? Weisen Sie sie nicht ab.

1 Unter Freunden/leger: Die Hand wird manchmal (zu) kraftvoll gereicht. Tun Sie das bei Fremden, kann Ihnen Machtgehabe unterstellt werden. Um die freundliche Geste des Händeschüttelns zu verstärken, legen manche gern zusätzlich ihre linke Hand auf den Ober- oder Unterarm des anderen. Dies kann unter vertrauten Personen genau richtig sein, vermeiden Sie diese Geste jedoch beim Händeschütteln mit Fremden und im förmlichem Umfeld.

2 Formell: Beide Beteiligten halten ihre rechte Hand senkrecht, drücken ein bis zwei Sekunden lang die (trockene!) Handfläche fest gegen die des Gegenübers und machen dabei eine leichte Auf- und Abbewegung.

Wer bekommt Ihre Hand zuerst? Die Reihenfolge der Begrüßung

Dürften Sie den Papst, einen Kardinal und Ihren Gemeindepfarrer gemeinsam empfangen, wäre klar: Sie beginnen bei der Begrüßung mit dem Papst. Genauso gilt: Die Lehrerin wird vor dem Schüler begrüßt, der junge Selfmademan vor seinem (älteren) Mitarbeiter. Der Rang hat Priorität.

Sie empfangen einen Freund, er bringt zwei Freundinnen mit. Ladies first? Keineswegs! Wo es keinen Rangunterschied gibt, Sie aber eine Person kennen, lassen Sie sich helfen. Wenden Sie sich zuerst an Ihren Freund.

1 Etikette im Alltag

Der Bekannte hat Priorität. An der Reihenfolge, in der er die Freundinnen vorstellt, lesen Sie ab, wie Sie diese begrüßen sollen.
Ein Herr kommt mit seiner Enkelin zu Ihnen, Sie kennen beide. Nun hat das Alter Priorität. Doch Vorsicht: Es muss sich mindestens um die Differenz einer Generation handeln.
Sie begrüßen ein befreundetes Ehepaar. Hier liegen weder Rang- noch Altersunterschiede noch verschiedene Bekanntheitsgrade vor. Jetzt gilt endlich einmal »Lady first«. Begrüßen Sie die Dame zuerst.
Wollen Sie auf Nummer sicher gehen? Dann grüßen Sie eine Gruppe zuerst im Kollektiv: »Ein herzliches Willkommen Ihnen allen.« Öffnen Sie dabei Ihre Gestik, als wollten Sie eine Umarmung andeuten. Schauen Sie dabei den Personen auf die Hände: Wer meint, Ihre Hand zuerst zu bekommen, streckt Ihnen die seine entgegen. Ob korrekt oder nicht: Ergreifen Sie sie. Helfen Sie sich selbst, indem Sie sich helfen lassen!

Die Praktikabilität hat Vorrang

Begrüßen Sie zu mehreren Gastgebern mehrere ankommende Gäste, gehen Sie in einer für die Besucher schlüssigen Folge auf diese zu: Empfängt ein Abteilungsleiter zusammen mit seinem Assistenten mehrere Geschäftspartner, geht er als Erster auf diese zu. Kennt der Gastgeber die Gäste, die Gastgeberin kennt sie nicht, geht er vor.
Begrüßen Sie eine Gruppe, eruieren Sie, wen Sie zuerst begrüßen sollten, und gehen Sie dann der Reihe nach an den Gästen entlang. Von links nach rechts und zurückzuspringen würde Ihre Besucher irritieren und Sie Ihren Status kosten.
Drei Paare erscheinen, die Herren in der Mitte, die Damen am Rand. Springen Sie nicht nach der Begrüßung der ersten Dame an den Herren vorbei zu einer anderen Dame. Beginnen Sie mit einer Dame und gehen Sie dann der Reihe nach vor. (Lesen Sie hierzu auch »Begrüßen im Business« in Kapitel 5, Seite 123 ff.)

Vorsicht Fettnäpfchen
DER HANDSCHLAG
Sie machen garantiert etwas falsch, wenn Sie
- beim Handschlag nicht lächeln;
- bei einem Empfang Gästen, deren Hände mit Sektglas und Häppchen besetzt sind, den Handschlag aufdrängen;
- beim Handschlag nicht zugleich Blickkontakt aufnehmen;
- während Sie eine Hand halten, die nächste zu begrüßende Person in der Runde anschauen;
- die Hand über ein Hindernis – Tisch, Theke, Stuhl – hinweg reichen;
- die linke Hand in der Hosentasche lassen;
- bei der Begrüßung eine Zigarette in der linken Hand halten;
- verspätet zu einer Besprechung kommen und sich mit einem Handschlag die Aufmerksamkeit aller Beteiligten holen;
- anderen im Fitnessklub, in der Sauna oder auf einer Toilette die Hand hinstrecken;
- vor einem Handschlag in die rechte Hand niesen oder husten;
- so fest zudrücken oder die Hand des Gegenübers so tief herunterdrücken, dass Ihnen Machtgehabe unterstellt werden kann;
- eine Hand über zwei Sekunden lang drücken;
- andere mit feuchten Händen belästigen;
- die Hand lasch reichen;
- einer Person, mit der Sie nicht eng befreundet sind, bei der Begrüßung mit der linken Hand auf den Arm oder die Schulter klopfen;
- Kinder bei der Begrüßung ungefragt herzen, küssen und tätscheln.

»GRÜSS GOTT, MOIN MOIN«: GRÜSSEN UND BEGRÜSSEN

Ein Küsschen in Ehren …

Der Kuss ist schon aus den frühchristlichen Gemeinden als Friedenszeichen und Symbol der Zusammengehörigkeit bekannt. Im höfischen Leben der Minnesänger war die korrekte Begrüßung von Gleichgestellten der Kuss auf Mund, Augen und Wangen.

Bussibussi

Auch heute fliegen auf Schulhöfen und bei Partys die Wangenküsse: »Schau, wie gut wir uns verstehen!« Die eine kriegt einen, die andere nicht? Nein. Das Bussibussi als Mittel der Ausgrenzung zu benutzen wäre nicht zeitgemäß. Und sich einem Kussangebot zu widersetzen käme einer Ohrfeige gleich. Drum: Augen auf und durch!

»Ich küsse Ihre Hand, Madame«

Der Handkuss kam in der Renaissance mit dem spanischen Hofzeremoniell nach Deutschland. Er ist nie ein Zeichen von Nähe, sondern eine Grundform des Respekts. Als Geste der Ehrerbietung ist er in der katholischen Kirche und in gewissen Männerbünden gängig.

Auch der Handkuss eines Herrn einer Dame gegenüber ist streng ritualisiert:

Erster Schritt: Die Dame gibt durch das leichte Anheben ihres Unterarms mit dem nach oben zeigenden Handrücken das Signal: Ich wünsche den Handkuss.

Zweiter Schritt: Der Herr ergreift mit zwei Fingern zwei Finger der Dame und haucht, während er sich vor ihr verbeugt, auf ihren Handrücken.

DER HANDKUSS

1 Falsch: Umfassen Sie nicht die Hand der Dame und ziehen Sie sie nicht nach oben. Keinesfalls dürfen Ihre Lippen den Handrücken berühren.

2 Richtig: Die Dame zeigt durch ein leichtes Anheben der Hand, den Handrücken nach oben gekehrt, dass sie den Handkuss wünscht. Ergreifen Sie mit zwei Fingern zwei Finger der Dame und hauchen Sie, während Sie sich vor ihr verbeugen, leicht auf ihren Handrücken. Beim Aufrichten den Blickkontakt nicht vergessen.

»Ich küsse Ihre Hand, Madame, und träum',
es wär' Ihr Mund«; da bleibt es beim Träumen, denn KEINESFALLS
☐ kommt der Herr der Dame (zu) nahe,
☐ reißt er die Hand zu seinem Mund hoch,
☐ umfasst er die Hand der Dame,
☐ berühren seine Lippen ihre Hand,
☐ wird ein Handkuss außerhalb eines festen Rahmens gegeben, nie auf der Straße und im Freien nur bei einer Gartenparty,
☐ wird eine Dame übergangen: Eine geküsst, alle geküsst.

Als Demutsgeste wird der Handkuss von vielen Frauen und Männern abgelehnt. In einigen Ländern ist er aber durchaus noch populär (siehe auch Kapitel 7, Seite 174).

Augenhöhe gefragt

Als Zeichen besonderer Ehrerbietung sind aus dem Hofzeremoniell auch Knicks und Diener bekannt. Sind diese Gesten zeitgemäß? Ja und nein. Unterwerfungsgesten sind in einem republikanischen Umfeld unangemessen. Es ist aber zeitgemäß, mit einem Nicken dem Gegenüber Anerkennung zu zollen, und das kann von Mann zu Mann, von Mann zu Frau, von Frau zu Frau und von Frau zu Mann sowie zwischen Kindern und Erwachsenen geschehen.
Bei diesem Zunicken sollten Sie Blickkontakt halten. Bei Handkuss, tiefem Diener und tiefem Knicks ist das naturgemäß nicht möglich.
»Ein Herr sitzt nicht, solange eine Dame steht.« Nach alter Regel steht ein Herr zur Begrüßung einer Dame und aller ranghöheren Personen auf, vor einem erheblich jüngeren Herrn darf er sitzen bleiben. Eine Dame bleibt gemäß der alten Regel zur Begrüßung sitzen, es sei denn, sie wolle einer erheblich älteren Dame die Ehre erweisen. Diese Anregungen gelten heute als antiquiert. Zollen Sie bei einer Begrüßung dem Gegenüber generell Ihre Wertschätzung, stehen Sie auf: Mit Ihrer Anerkennung heben Sie den Status des andern. Und durch die Augenhöhe heben Sie Ihren eigenen.

Hut und Handschuhe?
Wenn, dann richtig

Hut und Handschuhe schützen vor Wind und Wetter, ergänzen stilvoll die Straßenkleidung und dienen der Kommunikation. »Den Hut ziehen« ist, wie der Volksmund illustriert, immer ein Mittel der Ehrbezeigung gewesen: »Hut ab.«
Die Geste des Hut-Ziehens hat ihren Ursprung in der Ritterrüstung. Da wurde das Visier des Helms gehoben, um zu zeigen: »Ich schau dir in die Augen und erweise dir meinen Respekt.« Ziehen Sie als Herr den Hut, wenn Sie Personen begegnen, die Ihnen in Rang oder Alter ebenbürtig oder höhergestellt sind, und sobald Sie ein Gebäude betreten. Sie setzen den Hut wieder auf, wenn Sie die Begegnung beendet beziehungsweise das Gebäude verlassen haben.
»Die Handschuhe ausziehen« wiederum bedeutet: eine Sache offen angehen und nicht etwa »mit Glacéhandschuhen anfassen«.
Als Zeichen der Wertschätzung ziehen Herren zur Begrüßung einer Dame oder eines ranghöheren Herrn schon immer den Hut und den rechten Handschuh aus. Die Frau von heute behält zwar den Hut auf, zieht aber ebenfalls ihren rechten Handschuh zur Begrüßung aus. Gleiche Pflicht für alle … und gleiches Recht für alle, denn Sie geben mit der bloßen Hand nicht nur dem Gegenüber ein gutes Gefühl, Sie bekommen durch den Hautkontakt selbst eines.

SICH UND ANDERE ELEGANT VORSTELLEN

Traditionell geht eine Dame nicht auf fremde Menschen zu, stellt also weder sich noch andere vor. Heute geht Machbarkeit vor. Ihre Initiative ist gefragt.

Stellen Sie sich vor, Sie stellten sich vor

Deutsche geben sich gern bescheiden und fassen sich kurz: »Band. Angenehm.«
Dumm nur, dass Ihr neuer Bekannter sich in just diesem Moment auf Sie als ganze Person konzentriert und deshalb die ersten Silben, die Sie aussprechen, auf dem Weg in sein Gehirn auf der Strecke bleiben.
Es darf also etwas mehr sein. Neuer Versuch: »Mein Name ist Band. Jakob Band.« Jetzt kann sich der Gesprächspartner ein Bild von Ihnen machen. Da Sie ihm durch den Dreischritt Nachname – Vorname – Nachname die Assoziation zu »Mein Name ist Bond. James Bond« nahelegen, sieht er gleich einen ganzen Film. Kein Wunder, wenn er Sie mit 007 vergleicht. Ist das in Ihrem Sinne? Drum: Sagen Sie Ihren Vor- und Nachnamen.

Komplikationen mit Namen

Sie haben einen Namen nicht verstanden. »Wie war noch Ihr werter Name?« zu fragen ist denkbar ungeschickt, weil gestelzt und inkorrekt: Sie möchten ja gar nicht wissen, wie der Name war, sondern wie er jetzt lautet. Eine höfliche Aufforderung hilft: »Sagen Sie mir Ihren Namen bitte noch einmal?« Bei schwierigen Namen haken Sie nach: »Wie schreibt man das?« oder »Woher kommt der Name? Geben Sie mir eine Merkhilfe?«.
Haben Sie den Namen einer Person vergessen, können Sie

☐ sich selbst erneut vorstellen – die Wahrscheinlichkeit ist hoch, dass die Person reflexartig das Gleiche tut;
☐ die Karten auf den Tisch legen: »Sagen Sie mir Ihren Namen bitte noch einmal?«

Manchmal ist unklar, ob Ihre neue Bekanntschaft gleich mit dem Vornamen angesprochen werden will. Im Englischen ist der Hinweis üblich, ob mit Vornamen angesprochen werden soll: »I'm Judy Hoss« bedeutet: »Sagen Sie ›Mrs Hoss‹ zu mir.« »I'm Judy Hoss, Judy« hingegen impliziert die Aufforderung: »Call me Judy.« Das geht im Deutschen auch.

Vorsicht Fettnäpfchen
VORSTELLUNG

Das unterlassen Sie lieber:

- Den Vornamen weglassen. Es ist international üblich, seinen vollen Namen zu nennen; der komplette Name gibt ein komplettes Bild; der Vorname bereitet auf den Nachnamen vor. Man darf Sie deshalb nicht duzen.
- Ihren Namen undeutlich aussprechen.
- Die Identität des Gegenübers nicht erfassen. Mit abschweifendem Blick »Angenehm« in den Raum werfen wird als Desinteresse interpretiert. Fragen Sie lieber, wie Sie den Namen korrekt aussprechen.
- Mit dem eigenen Namen hausieren gehen. Bei einem zwanglosen Empfang stellen Sie

1 Etikette im Alltag

TIPP   GEKONNT VORSTELLEN

Gehen Sie bei der Selbstvorstellung und der Vorstellung anderer geschickter vor, informieren Sie in der logischen Folge vom Allgemeinen zum Besonderen. Wenn Sie wahrnehmungspsychologische Faktoren beachten, bleibt dem neuen Bekannten Ihr Name unmittelbar und somit besser im Ohr. Und dadurch, dass Sie ihm Extra-Informationen mitliefern, hat er gleich einen direkteren Bezug zu Ihnen. Mehr noch: Sie können gezielt steuern, was er über Sie denken soll. Grund genug, über Ihre bisherige Art der Selbstvorstellung nachzudenken?

Bei schwierigen Namen sorgen Sie für Klarheit. Bieten Sie eine Merkhilfe: »Mein Nachname ist Bonaqua – wie das Tafelwasser, aber mit U.«

VORSTELLUNG IN 4 SCHRITTEN

SAGEN SIE DIES …	… WIRD IHR GEGENÜBER DENKEN …	… UND WOHL DIES TUN …	DAS IST DER GRUND
1. Schritt »Guten Tag.« Blickkontakt und Lächeln nicht vergessen!	»Aha, so also klingt seine Stimme.«	Er reicht Ihnen die Hand.	Er kann Sie einer ersten Einordnung unterziehen.
2. Schritt »Ich bin Ihr neuer Nachbar.«	»Deshalb also spricht er mich an. Gute Idee. So kann ich ihn mir mal genauer anschauen.«	Er lächelt.	Er fühlt sich nicht überrumpelt, weil er Ihre Rolle einschätzen kann. Wenn das kein unmittelbarer Nutzen für ihn ist!
3. Schritt »Ich bin Jakob Band.«	»So kann ich mir merken, wie er heißt.«	Er spricht Sie mit Ihrem Namen an: »Guten Tag Herr Band.« Er stellt sich vor: »Und ich bin Karsten Zapf.«	Das letzte Element einer Sequenz bleibt im Ohr. Er verwendet die Information umgehend. Er stellt Symmetrie zu Ihnen her, indem er sich genauso wie Sie identifiziert.
4. Schritt »Guten Tag Herr Zapf.«	»Der hat meinen Namen schnell gelernt.«	Er denkt positiv über Sie.	Menschen hören gern ihren eigenen Namen. Deshalb verzichten Sie am besten auf das stereotype »Angenehm.«

SICH UND ANDERE ELEGANT VORSTELLEN

sich als Gast nicht unbedingt vor. Warten Sie ab, ob Ihr Gegenüber wirklich die Anonymität verlassen will.
- Sich und/oder Ihren Lebenspartner mit Doktorgrad, Adels- oder Mandatstitel präsentieren. Das würde als Wichtigtuerei gewertet.

Einen Kontakt herstellen

»Wie stelle ich richtig vor?« Wer hat sich diese Frage noch nicht gestellt! Die Antwort: »Wissen ist Macht. Deshalb bekommt die wichtigste Person alle Informationen zuerst.« Diese Grundregel für das Vorstellen ist denkbar einfach; die Umsetzung ist es meist nicht. Denn erstens ist nicht immer auf den ersten Blick klar, wer »die wichtigste Person« an diesem Ort in dieser Konstellation ist. Zweitens geht alles immer viel zu schnell.
Die Hauptpunkte beim Vorstellen:
☐ Bereiten Sie sich vor. Denken Sie an frühere Anlässe: Wer hatte da Anspruch auf Vorzugsbehandlung? Wie wurde man diesem Anspruch gerecht? Stellen Sie sich vor Ihrem inneren Auge weitere mögliche Begegnungen vor. Was wäre dort richtig? Tun Sie das immer wieder einmal. So kommen Sie nicht aus der Denk-Übung.
☐ Stellen Sie sich in einer realen Situation die Grundfrage: »Wessen Wohlbefinden hat jetzt Vorrang?« Diese Person oder dieser Personenkreis wird zuerst informiert.
☐ Schauen Sie alle Beteiligten an, schließen Sie niemanden aus. Denn Sie müssen alle Anwesenden mit Informationen versorgen, nicht etwa nur »die Wichtigen«.
☐ Bleiben Sie gelassen. Sie können so korrekt beginnen, wie Sie wollen, irgendjemand wird Ihnen immer einen Strich durch die Rechnung machen. Das braucht Sie nicht zu verunsichern.

Sie treffen am Gartentor mit Ihrer Cousine Ellen (20) auf den Nachbarn Herrn Meier (65), die beiden kennen sich noch nicht. Was tun? Der ältere Nachbar darf mit einer Vorzugsbehandlung rechnen.
Szenenwechsel: Sie haben Ihren Vorgesetzten zu sich zum Essen eingeladen. Ihre Frau kennt ihn noch nicht. Darf Ihr Vorgesetzter – wie in der Firma – eine Vorzugsbehandlung erwarten? Oder wird an der Schwelle Ihre Frau zuerst informiert? Letzteres ist angemessen. Und zwar nicht, weil sie eine Frau und der Chef »nur« ein Mann ist. Es sticht der Heimvorteil. Besuchen Sie umgekehrt erstmalig mit Ihrer Frau einen Kollegen, wird dieser in seinem Revier zuerst informiert.
Sie und Ihr Mann treffen vor dem Kinoeingang Ihren Banker, Herrn Abel, in Begleitung einer Ihnen unbekannten Dame. Der Fluchtweg ist versperrt, was tun? Ergreifen Sie die Initiative, ohne sich aufzudrängen.
☐ Grüßen Sie ihn und die Dame: »Guten Tag, Herr Abel; guten Tag.«
☐ Da Sie als seine Kundin den höheren sozialen Status haben, reichen Sie ihm – wenn Sie möchten – die Hand.
☐ Stellen Sie ihm Ihren Mann vor: »Herr Abel, das ist mein Mann, Philip Roch.«
☐ Überlassen Sie jetzt Herrn Abel alles Weitere. Er sollte Ihnen nun seine Begleitung vorstellen und dann seiner Begleitung Ihren Namen nennen. Er darf als Banker niemals das Bankgeheimnis lüften und Sie als »meine Kundin« vorstellen.
☐ Erst nach der Informationsrunde reichen sich die neuen Bekannten die Hand.

Das Wichtigste ist: Machen Sie aus der Vorstellung keine Religion. Beginnen Sie korrekt, lassen Sie dann dem Schicksal seinen Lauf. Die anderen Beteiligten werden Ihre Natürlichkeit zu schätzen wissen.

Informationen geben Sicherheit. Ein Hinweis auf die Identität Ihrer Begleitung oder im besten Fall die Betonung einer Gemeinsamkeit der neuen Bekannten (»arbeitet wie Sie in Ulm«) beleben das Gespräch.

Müssen Sie Ihren Mann/Ihre Frau/Ihren Freund und sich selbst vorstellen? »Nur der Esel nennt sich selbst zuerst« gilt hier nicht. Fangen Sie mit sich selbst an: Wer vorgeht, spricht; und wer spricht, geht vor.

Es wäre ein Fauxpas, Ihre Begleitung nicht zu präsentieren. Es wäre auch ein Fauxpas, Ihre Frau als »meine Gattin« zu titulieren. Der Gebrauch der Ehrenwörter »Gattin« und »Gatte« ist – wenn überhaupt – auf Dritte beschränkt. »Mein Mann« beziehungsweise »meine Frau« ist korrekt.

Trägt Ihr Ehepartner einen anderen Namen als Sie, teilen Sie das fairerweise Ihrem Gegenüber mit: »Meine Frau, Simone Schulz-Unger.« Wollen Sie – vielleicht weil Sie im Verhältnis zum Gegenüber Ihren Status klären wollen oder müssen – unbedingt mitteilen, dass Ihre Frau einen Doktorgrad hat? Fügen Sie hinzu: »Sie hat wie Sie in Physik promoviert.«

Verzichten Sie bei der Vorstellung Ihres »Verhältnisses« auf diese Wendungen:
☐ »Meine bessere Hälfte«: Wer findet das heute noch witzig?
☐ »Mein Lebensabschnittsgefährte«: Wann ist der Abschnitt zu Ende?
☐ »Meine Bekannte«: Wie gut kennen Sie sich denn nun?

Reden Sie Klartext: »meine Freundin«, »mein Verlobter«. Oder sagen Sie nichts; beobachten Sie nur, was passiert.

ÜBERSICHT »BEKANNT MACHEN« ODER »VORSTELLEN«?

1. Bei einer Party werden junge Leute mit einem schlichten Ritual zusammengeführt: »Das ist Lea aus meiner Klasse, das ist Franzi, die Freundin von Max.«

2. Erwachsene können es genauso halten: »Herr Schuster – Frau Professor Renner.«

3. Sie können die Gesten mit Wörtern unterstreichen: »Ich möchte Sie bekannt machen.« Diese Wendung impliziert das Wort »miteinander« und somit die Idee, dass hier Menschen auf einer Ebene zusammenkommen.

4. »Frau Dr. Köhler, darf ich Ihnen Herrn Baier vorstellen?« Da ist der Gleichheitsgrundsatz verletzt: Frau Dr. Köhler wird ein höherer Status suggeriert als Herrn Baier und dieser hört das natürlich auch. Hoffentlich erhält er dann wenigstens noch die Auskunft: »Das ist Frau Dr. Köhler, sie ist Anwältin in Lörrach.«

5. Gleichbehandlung kann unangebracht sein: Wenn Sie bei der Verleihung des Bundesverdienstkreuzes Ihre Mutter und den Bundespräsidenten zusammenbringen, nennen Sie ihm den Namen Ihrer Mutter. Müssten Sie Ihrer Mutter sagen, dass ihr Gegenüber der Bundespräsident ist, wäre nicht nur Ihre Mutter blamiert. Also: »Herr Bundespräsident, das ist meine Mutter, Frau Bach.« Mehr nicht.

BEGLEITEN HEISST REGIE FÜHREN

»Der Herr geht links von der Dame, weil er früher sein Schwert links trug und so die Dame besser verteidigen konnte.« So lautet einer der beliebtesten Mythen der Etikette; dieser Kausalzusammenhang ist falsch.

Von grünen und anderen Seiten

Jeder der Sachverhalte ist einzeln betrachtet richtig. Da die meisten Menschen die rechte Hand als ihre starke Hand benutzen, basieren viele Gebrauchsgegenstände auf Rechtshändigkeit. Mit Gesten wie Handschlag und Service ist es ähnlich.

Dabei gilt die linke (Herz-)Seite unseres Körpers als die lebendige, bejahende und fröhliche Seite. Da »Grün« Inbegriff des Lebens beziehungsweise der sprießenden Natur ist, wird sie auch unsere »grüne Seite« genannt. Unsere starke Seite ist sie aber nicht. Deshalb schwenkte der Neandertaler seine Keule, zog der Ritter sein Schwert mit der rechten Hand. Damit die Waffe im Gefahrenfall leicht zu ziehen war, musste die Scheide am linken Oberschenkel befestigt sein. Die Dame hatte damit nichts zu tun. Da eine Person, die an unserer rechten Seite geht, mit unserer rechten Hand leicht zu halten, zu stützen und zu beschirmen ist, geht ursprünglich die Dame rechts. Also gilt: Dame rechts, Schwert links – unabhängig voneinander, der Rechtshändigkeit wegen.

Generell geht oder steht die ranghöhere von zwei Personen von ihr aus gesehen rechts.

- Gehen Sie deshalb über Ihr Terrain links von einem Gast, damit Sie ihn gegebenenfalls durch Gesten mit Ihrer rechten – starken – Hand unterstützen können.
- Gehen Sie zwischen zwei Gästen, wenn diese kein Paar sind, um notfalls beiden »unter die Arme greifen« zu können.
- Trennen Sie aber kein Paar, mischen Sie sich nicht ein, docken Sie sich links an. Wie das Paar sich in Bezug auf Sie intern arrangiert, ist Ihre Sache nicht.
- Platzieren Sie bei einer offiziellen Veranstaltung in der ersten Reihe den Ehrengast rechts vom Gastgeber, den zweitwichtigsten Gast links von ihm.
- Da die Nähe zum Gastgeber ein weiteres Kriterium in dem Spiel um Schutz und Ehre ist, sitzt die hierarchische Nummer drei rechts von Nummer eins und Nummer vier links von Nummer zwei.
- Kommt die Gefahr jedoch von rechts – zum Beispiel auf einem Bürgersteig von der Fahrbahn her – gehen Sie rechts. Im Zweifel geht die Sicherheit vor.

Queen Elizabeth steht also als Monarchin bei offiziellen Anlässen rechts von Prinz Philip, Camilla muss mit dem Platz links von Prinz Charles, dem Thronfolger, vorliebnehmen. Der Bräutigam führt die Braut an seinem rechten Arm von der Trauung ins Leben. Bei einer Pressekonferenz steht/sitzt der Gast rechts vom Gastgeber. Ehrenplätze gibt es übrigens sogar im Auto – mehr dazu finden Sie ab Seite 161 in Kapitel 7.

1 Etikette im Alltag

Gönnen Sie den (freien) Blick

»Schau mich an, wenn du mit mir sprichst.« Das fordern Eltern von ihren Kindern, die trotzig den Blick verweigern. Augenkontakt ist wertvoll, an den Augen meinen wir ablesen zu können, wes Geistes Kind das Gegenüber ist. Deshalb hoben die Ritter das Visier, deshalb sollten Sie zumindest bei der Begrüßung die Sonnenbrille absetzen.

Das Sprichwort »Ein schöner Rücken kann auch entzücken« kommt zum Einsatz, wenn Menschen sich mithilfe der Ironie dezent über den Fauxpas einer anderen Person beklagen: Jemandem den Rücken zuzuwenden wird als Ausdruck mangelnder Wertschätzung interpretiert. Generell gilt in unserem Kulturkreis der Blickkontakt als das Minimum an Achtung, das einem Gegenüber entgegenzubringen ist.

Deshalb

- gebührt wichtigen Personen freie Sicht und damit der Vortritt: durch eine Tür, in einen Lift, in einen Raum, aus einem Lift und einem Zimmer hinaus;
- wenden Sie im Kino, Theater oder Konzertsaal, wenn Sie durch eine Reihe gehen, den Personen, an denen Sie sich vorbeischlängeln, Ihre Vorderseite zu. Positive Begleiterscheinung: Dieses Vorgehen erhöht die Bereitschaft der sitzenden Personen aufzustehen;
- sind in einer Kirche die Menschen, die bereits sitzen, mit der Rückseite der später kommenden Personen zu konfrontieren: Das Prinzip »Wertschätzung durch Blick« gilt hier dem Altar.

Nehmen Sie hingegen im Flugzeug, im Bus oder in der Straßenbahn einen Fenster- oder Mittelplatz ein, würde es für eine Drehung am Sitz sehr eng. Da geht jeder aus praktischen Erwägungen so in die Reihe, wie er sitzen wird, auch wenn die Person auf dem Gangplatz dann mit dem Blick auf den Po vorliebnehmen muss.

Der Sicherheitsaspekt

Wäre eine Person dadurch, dass Sie ihr den Vortritt lassen, orientierungslos, gefährdet oder anderweitig in ihrem Wohlbefinden beeinträchtigt, ist dem Sicherheitsaspekt der Vorzug zu geben. Deshalb gehen Sie als Regie führende Person vor Ihren Gästen

- eine Treppe hinunter, für den Fall des Falles;
- durch eine schwere Drehtür, die Sie so besser schieben können;
- durch unüberschaubares Gelände wie eine Kundenhalle, einen schmalen Gang oder einen Saal;
- in Deutschland in ein Restaurant (siehe auch Kapitel 3, Seite 88).

Beweisen Sie Stilsicherheit, indem Sie Ihr Tun verbal ankündigen (»Sie erlauben, dass ich vorgehe …«) und indem Sie Ihr Tempo dem Ihrer Schutzbefohlenen anpassen.

In anderen Ländern wird manche Situation anders gehandhabt, zum Beispiel der Gang durch ein Restaurant. Mehr dazu finden Sie in Kapitel 7 ab Seite 170.

Knackpunkt Treppe

Dass aus Sicherheitsgründen Gastgeber vor ihren Gästen eine Treppe zuerst hinuntergehen, wird schon immer mit der auf der Schwerkraft beruhenden Sturzgefahr nach unten begründet. Gehen Menschen eine Treppe hinauf, bleiben Erdanziehung und Sturzgefahr gleich, ein Gastgeber sollte also sicherheitshalber unterhalb, also hinter seinen Gästen gehen.

Manche Damen mögen das nicht, weil sie sich mit einem Herrn im Rücken/Nacken unwohl fühlen. Gibt eine Person Ihnen am Fuß der Treppe durch einen verlangsamten Schritt das Signal, Sie mögen bitte vorgehen, tun Sie ihr den Gefallen.

EIN KNAPPES GUT: DIE ZEIT

Die Irokesen im Nordosten Amerikas überlegen, bevor sie eine Entscheidung treffen, wie ihre Ahnen gehandelt hätten und wie diese Entscheidung das Leben ihrer Nachfahren beeinflussen würde. Es gibt viele Kulturen auf der Welt, für die Vergangenheit, Gegenwart und Zukunft eins sind und die sich deshalb viel Zeit für Abwägungen und für die Gemeinschaft nehmen. Wir Deutschen zählen nicht dazu.

»Warten Sie schon lange?«

Das Leben ist kurz, die Geduld auch. »Eine Dame lässt man nicht warten.« Übertragen Sie diese Wertschätzungsregel sinngemäß: Lassen Sie niemals irgendjemanden warten.

- ☐ Lassen Sie als Mitarbeiter Vorgesetzte nicht warten. Diese würden das als mangelnden Respekt und fehlende Loyalität deuten: Ihre Zeit läuft!
- ☐ Lassen Sie als Führungskraft Ihre Mitarbeiter nicht warten. Pünktlichkeit gilt als die Höflichkeit der Könige. Sie sind kein König? Stimmt. Sie sind auch kein mit Sonderrechten ausgestatteter Diktator, Sie sind Vorbild.
- ☐ Treffen Sie zu einer größeren Besprechung, einem Vortrag, einer Feier, einem Gottesdienst so zeitig ein, dass Sie nach Ablegen Ihrer Garderobe und Suchen nach Ihrem Platz vor Beginn der Veranstaltung an Ihrem Platz sitzen.
- ☐ Kommen Sie zu einem Bewerbungsgespräch so, dass Sie vor dessen Beginn Unterlagen und Outfit einem unbeobachteten Check unterziehen können.
- ☐ Bei einer Essenseinladung klingeln Sie zur angegebenen Zeit oder höchstens fünf Minuten später an der Tür. Bei einer lockeren Party dürfen es zehn Minuten sein, mehr nicht. Kommen Sie aber nicht zu früh – siehe unten.
- ☐ Sorgen Sie als Gastgeber im Restaurant dafür, dass Sie vor dem Eintreffen der Gäste nach dem Rechten sehen können.

Lieber zu früh als zu spät?

Auch zu früh ist unpünktlich. Stehen Sie bei einem Geschäftstermin zu zeitig vor der Tür, bleiben Sie im Eingangsbereich und bitten Sie den Portier oder die Sekretärin, Sie zum Termin zu avisieren. Diese Person weiß, ob das für Ihren Ansprechpartner zwei Minuten vorher oder auf die Sekunde günstiger ist. Kommen Sie vor der verabredeten Zeit an einem Privathaushalt an, drehen Sie noch eine Runde um den Block.

Wenn Sie nicht pünktlich sein können

Es ist passiert: Man wartet vergeblich auf Sie. Die Interpretation, Sie hätten etwas Besseres zu tun, liegt nah. Sie dürfen bei dem Urteil, das man offen oder hinter Ihrem Rücken über Sie spricht, nur dann mit mildernden Umständen rechnen, wenn Sie

1 Etikette im Alltag

- im Schnee- oder Sandsturm verschollen sind und erst nach Wochen wieder unter den Lebenden auftauchen,
- im Vorfeld angekündigt haben, dass Sie den Termin zu knapp kalkuliert haben, und deshalb bitten, ohne Sie zu beginnen,
- sobald Sie absehen, dass Sie sich verspäten, Bescheid geben, selbst wenn Sie schließlich pünktlich kommen,
- als Gastgeber das Restaurant anweisen, Ihren Gästen ein Getränk zu servieren.

Notieren Sie Festnetz- und Handynummern, um bei Unpünktlichkeit wenigstens rechtzeitig Bescheid zu geben. Eine SMS reicht nicht, denn Sie müssen sicherstellen, dass die Information ankommt, und Farbe bekennen. Lassen Sie nur als very, very important person Ihre Sekretärin diese Nachricht überbringen.

Wenn Ihre Besucher unpünktlich sind

Ob Seminar, Meeting oder Umtrunk: Bestrafen Sie nicht die Gäste, die pünktlich gekommen sind. Bleiben Sie ruhig und freundlich, versorgen Sie sie mit Getränken, besprechen Sie mit ihnen, wie kulant Sie sein wollen. Zehn Minuten? Gut, zehn Minuten. Fangen Sie nach Ablauf der Karenzzeit an. Bieten Sie vor einem Essen einen Aperitif im Stehen an, haben Sie einen Zeitpuffer und können verspätete Gäste anrufen: »Wann genau dürfen wir mit Ihnen rechnen?«

AUCH WENN DIE ZEIT RENNT: AUF DIE MINUTE GEHT ES NICHT

DER ANLASS	DIE DAUER
Besprechung, Telefonat	Die Dauer wird vom Inhalt bestimmt, jeder Beteiligte hat darauf zu achten, dass die Zeit sinnvoll genutzt wird. Zeitfresser wie ausschweifende Ausführungen sollten per Spielregeln ausgeschaltet werden. (Mehr zu Telefonaten finden Sie auf Seite 152; mehr Informationen zu Meetings finden Sie ab Seite 134.)
Empfang mit Zeitangabe »von ... bis ...«	Akzeptieren Sie die Zeitgrenzen und bleiben Sie circa eine Stunde. Nicht nach den Reden – die circa eine halbe Stunde nach Beginn anfangen – kommen oder vorher gehen!
Abendessen, Feste	Veranschlagen Sie mindestens drei Stunden.
Mittagessen	Kalkulieren Sie eineinhalb bis zwei Stunden, für einen Business-Lunch meist nur eine Stunde.
Einladung zum Tee oder Kaffee	Nehmen Sie sich circa zwei Stunden Zeit, gehen Sie vor der Abendessenszeit (18 bis 19 Uhr).
»Auf einen Kaffee«	Das bedeutet »auf eine halbe Stunde«.
»Auf ein Glas Wein«	Das heißt meist mindestens zwei Gläser, eine Stunde sollten Sie einrechnen, in manchen Gegenden einen ganzen Abend.
Spontanbesuch	Werden Sie nicht ins Haus gebeten, suchen Sie nach zwei Minuten das Weite. Lässt man Sie ins Haus, bietet Ihnen aber nicht an, Platz zu nehmen, beanspruchen Sie nicht länger als fünf Minuten.

Sitzfleisch: So lange sollten Sie bleiben

»Trinken Sie doch noch ein Gläschen.« Solange Gastgeber ihre Gäste mit Speisen und Getränken, Informationen und Smalltalk beschäftigen, dürfen diese bleiben, vielleicht sollen sie sogar bleiben. Seien Sie als Gast sensibel für die Zeichen der Regie führenden Personen, ob die Aufforderung wirklich ernst gemeint ist. Einerseits dürfen Sie sie nicht durch eine zu kurze Verweildauer vor den Kopf stoßen, andererseits sollten Sie ihre Geduld nicht über die Maßen strapazieren.

Ende nichts, alles nichts: Abschied mit Stil

Mit Ihrem letzten Eindruck bleiben Sie im Gedächtnis. Wahrscheinlich ist es Ihnen recht, wenn es ein guter ist. Gestalten Sie ihn deshalb stilvoll.

Für das richtige Wort zum Abschied gibt es verschiedene Varianten.
- »Auf Wiedersehen« ist das Pendant zu »Guten Tag«, formvollendet und für viele etwas förmlich.
- »Servus« und andere lokal gefärbte Redewendungen müssen zu Ihrer Aussprache und zur Region passen. Wendungen wie »Adieu« oder »Geh mit Gott« sollten der religiösen Einstellung des Adressaten nicht zuwiderlaufen. »Ciao« ist derzeit chic, »Tschüssi« meistens zu salopp.

Auf jeden Fall sollte eine positive Aussicht wie »Bis zum nächsten Mal« oder »Auf bald« oder wenigstens »Einen schönen Abend noch« folgen. »Danke« ist für Gast wie Gastgeber immer das ideale Wort – als Sprecher und als Adressat.

Bei wem verabschieden Sie sich?

Beim offiziellen Ende eines Meetings oder Festes verabschieden sich alle, die sich begrüßt haben, und schließen somit den Rahmen, der würdevoll begann. Ist das im Tohuwabohu eines gemeinsamen Aufbruchs nicht möglich? Verabschieden Sie sich von den Ehrengästen und zuletzt von Ihren Gastgebern. Lassen Sie sich von der Stellung der Gastgeber am Ausgang lenken: Wer zuletzt steht, will den Abschluss machen. Sortieren Sie nicht nach Ihren eigenen Kriterien wie Rang, Alter und Geschlecht um.

Rufen Sie gegebenenfalls am folgenden Tag Personen, die Sie übergangen haben, an: eine schöne Gelegenheit, um den Kontakt am Leben zu erhalten und sich gegebenenfalls gleich zu verabreden.

Wenn Sie eine Veranstaltung früher verlassen müssen

Bei einem geschäftlichen Anlass melden Sie sich sicherheitshalber bei Ihrem Vorgesetzten ab. Besprechen Sie mit ihm, wie er sich Ihren Abgang wünscht: Sollen Sie sich bei allen Kunden oder Geschäftspartnern verabschieden? Oder würde das als Übergriff und Störung empfunden? Er entscheidet.

Sind Sie Hauptperson eines solchen Anlasses, sieht das anders aus: Wollen Sie mit Ihrem Abschied den Anlass nicht beenden, sagen Sie das. Ersparen Sie aber dann auch allen Beteiligten ein langwieriges Abschiedszeremoniell.

Lautet die Zeitangabe bei einer Cocktailparty »von ... bis ...«, müssen Sie sich nicht verabschieden, danken Sie dem Gastgeber am Folgetag.

Auch bei einer öffentlichen Tanzveranstaltung ist das Weggehen leicht: Da dürfen Sie auf die Tanzfläche gehen und einfach nicht an Ihren Tisch zurückkommen.

Einen Esstisch dürfen Sie nur im Ausnahmefall vorzeitig verlassen. Bis 23 Uhr sollten Sie da auf jeden Fall einplanen. Frühestens sollten Sie nach dem Dessert aufbrechen; danach können die übrigen Gäste durch Aufrücken die Lücke, die Sie am Tisch hinterlassen, wieder schließen.

Müssen Sie tatsächlich (noch) früher gehen? Klären Sie Ihr Vorhaben mit Ihren Gastgebern und begründen Sie die Notwendigkeit, sobald Sie absehen, dass Sie nicht bis zum Ende bleiben können. Danken Sie ihnen zum Abschied möglichst diskret für die Einladung, nicken Sie Ihren direkten Tischnachbarn dezent zu: »Keine Sorgen, kein Aufhebens, wir müssen leider weg. Einen schönen Abend noch.« Keine Gespräche unterbrechen! Ob zur Begrüßung oder beim Abschied: Auf den Tisch zu klopfen ist nur am Kneipentisch akzeptabel.

BEGEGNUNGEN IM VERTRAUTEN RAHMEN

Es ist gar nicht so leicht mit den Umgangsformen: Sie müssen sich in immer kürzeren Zeiträumen den Gegebenheiten einer immer stärker technisierten und internationaler werdenden Welt anpassen. Die Spielregeln im unmittelbaren Umfeld sind von zusätzlicher Brisanz: Je näher wir einander sind, desto besser können wir uns einschätzen – und desto verletzlicher sind wir. Darum ist es klug, gerade die Form des Miteinanders bei geringer Distanz zu beleuchten.

Freundschaftsdienste

Über Freunde weiß der Volksmund viel zu sagen: über Freunde im Glück und im Unglück, über Freunde und Ehrlichkeit, über die Freundschaft unter Frauen und Männern. Als roter Faden zieht sich der Gedanke durch die Weisheiten, dass Freundschaft und Prüfung eng miteinander verknüpft sind: Auf wirkliche Freunde muss man in jeder Situation zählen können.

Logistische Engpässe: Kinder, Katzen, Häuser hüten

Sie müssen länger arbeiten als vorgesehen, der Kindergarten schließt früh: Die Nachbarin holt die Kleine gern ab. Ihre Kollegin besucht ihre Schwiegermutter, der Hund darf nicht mit: Klar, dass Sie ihn für den Abend übernehmen. Sie haben Urlaub gebucht, die Blumen brauchen Wasser, die Katzen Futter: Der Freund zieht bei Ihnen ein.

Damit Missverständnisse und »schlechter Service« nicht später die Freundschaft belasten, klären Sie alles Wichtige vorab, auch bei kleinen Gefälligkeiten. Halten Sie auf einer Checkliste alles Relevante fest.

Die Topfpflanzen haben während Ihrer Abwesenheit zu viel Wasser abbekommen? Sagen Sie nichts, wenn Kleinigkeiten schiefgelaufen sind. Ist eine chinesische Vase zu Bruch gegangen, müssen Sie jedoch Farbe bekennen: als Verursacher wie als Entdecker des Malheurs. Kehren Sie das Missbehagen nicht unter den Teppich!

BEGEGNUNGEN **IM VERTRAUTEN RAHMEN**

CHECKLISTE FREUNDSCHAFTSDIENSTE IM DETAIL

Jeder Freundschaftsdienst benötigt eine individuelle Checkliste, je nachdem, ob Sie sich für einen Nachmittag um die Kinder, für zwei Wochen um eine Katze oder einen Monat um die Wohnung und die Topfpflanzen kümmern. Hier finden Sie Beispiele, welche Fragen sich immer wieder beim Thema »Freundschaftsdienst« ergeben.

1. **Details zur Dauer der Dienstleistung**
   - ✓ Von wann bis wann ist wer im »Dienst«?
   - ✓ Gibt es noch andere »gute Geister«, die aushelfen? (Sie wollen ja keinen Bekannten Ihres Freundes als Einbrecher verdächtigen.)

2. **Details zu den Zeiten und Regeln**
   - ✓ Welche Süßigkeiten und Getränke sind für die Kinder erlaubt?
   - ✓ Wann müssen die Kinder spätestens ins Bett?
   - ✓ Wie oft ist die Katzentoilette zu reinigen?

3. **Details zu den Aufgaben**
   - ✓ Welche Orchideen brauchen welchen Dünger?
   - ✓ Muss der Rasen wirklich während der Abwesenheit des Besitzers gemäht werden?

4. **Details zum Ort**
   - ✓ Welche Räume, Schränke, Wäsche, Geschirr sind zur Benutzung freigegeben, welche heilig?

5. **Details zum Umfeld**
   - ✓ Wer muss über die Vertretung informiert werden? (Tipp: Die Kindergärtnerin sollte Bescheid wissen!)

6. **Ein Notfallprogramm:**
   - ✓ Unter welcher Telefonnummer ist welche Hilfe erreichbar?
   - ✓ Wie heißt der Tierarzt? Wo ist die nächste Tierklinik?
   - ✓ Wo findet sich im Notfall der Impfausweis des Kindes/der Tierausweis?

Vergessen Sie nicht, ein »Danke« auf den Aufgabenzettel zu schreiben!

1 Etikette im Alltag

In der Not

Die beste Freundin hat heute die Kündigung bekommen, natürlich darf sie bei Ihnen auch nach 22 Uhr klingeln. Doch darf sie das unangemeldet tun? Das sollten Sie ihr in aller Freundschaft sagen.

Ein Freund steckt tief in einer Beziehungskrise und bittet Tag für Tag um Rat. Nimmt er ihn auch nicht annähernd an? Suchen Sie mit ihm eine alternative – bestenfalls professionelle – Anlaufstelle.

Ihre Nachbarn – Sie kennen beide gleich gut – trennen sich? Helfen Sie mit praktischen Handreichungen; Kommentare helfen nicht. Und lassen Sie sich nicht als Informant missbrauchen.

> Pünktlichkeit ist die Kunst abzuschätzen, wie viel sich die anderen verspäten.
>
> **AUTOR UNBEKANNT**

Leih mir doch mal was

Die Juristen unterscheiden bei Dingen, die der eine dem anderen überlässt, zwischen Darlehen und Leihgabe: Ein Darlehen kann auf jede beliebige Art benutzt werden – so darf man Geld zum Beispiel ausgeben. Es besteht aber ein Anspruch des Darlehensgebers auf Rückübereignung einer dem Darlehen entsprechenden Sache. Bei einer Leihgabe hingegen ist die Sache selbst wieder zurückzugeben. Somit zielt die Bitte »Kannst du mal ein Papiertaschentuch leihen?« nicht auf einen Leih-, sondern einen Darlehensvertrag ab. Wobei doch vermutlich eher an eine Schenkung gedacht ist … Also Vorsicht, nicht nur mit Worten!

»Sag einfach Karl-Heinz zu mir«

Im Garten erleben wir – nicht zu unserer Freude –, wie Katzen und Hunde ihr Terrain markieren und so zu verhindern versuchen, dass Artgenossen ihnen auf den Pelz rücken, bevor sie sie ausreichend beschnuppern konnten. Menschen bauen zu diesem Zweck Mauern und Zäune und öffnen das Tor nur dem, dem sie Vertrauen schenken.

Auch die deutsche Sprache bietet auf einfache Weise die Möglichkeit, Menschen auf Distanz zu halten beziehungsweise zur Annäherung einzuladen: Die übliche Anredeform unter Fremden ist das »Sie«; dagegen konnte auch eine große Boulevard-Zeitung, die es im Zeichen der WM-Euphorie 2006 abschaffen wollte, nichts ausrichten.

Eine hörbare Differenzierung gemäß der sozialen Distanz gab es schon im Mittelalter: Das Volk redete seinen Lehnsherrn im Plural an: »Ihr«, umgekehrt wurde das »Du«, später das »Er«, also ein Singular verwendet. Heute wird der Verzicht auf das »Sie« oft von der Philosophie des Umfelds – Sportverein, Uni-Seminar, Computerleute unter sich – bestimmt: »Hier duzen sich alle.« Oder es gilt die Regel: Wer die Macht hat, bestimmt das Anredewort. Der Chef, die Chefin, der Chorleiter oder die Seminarleiterin bietet das Du an – oder nicht. Im Bekannten- und Freundeskreis stellt sich immer wieder die Frage, wer das Du anbieten »darf« und wer nicht.

Wer macht den ersten Schritt?

Kramers haben mit den neuen Nachbarn schon oft über den Gartenzaun geplaudert, man findet sich sympathisch. Kramers sollten aufgrund der längeren Verweildauer vor Ort den ersten Schritt machen.

BEGEGNUNGEN **IM VERTRAUTEN RAHMEN**

TIPP LEIHGABEN

»Haste mal...« – so werden ganz verschiedene Bitten eingeleitet. Fragt die Kollegin im Büro: »Haste mal 'nen Radiergummi?«, werden Sie ihn ihr gern reichen – vor allem wenn sie nicht stündlich danach fragt. Bei dem Junkie, der Ihnen auf dem Bahnsteig aggressiv mit »Haste mal'n Euro« zu nahe tritt, wird Ihre Bereitschaft geringer sein. Doch fleht die junge Mutter mit Mitleidsmiene und aus für Sie sicherer Distanz, ist das vielleicht schon wieder etwas anderes.

Wie Sie reagieren, hängt von Ihrer Einstellung dem Bittenden gegenüber und Ihrer unmittelbaren Befindlichkeit, auch in puncto Nähe und Distanz ab, aber auch von der Sache, um, die es geht.

KANNST DU MIR MAL WAS BORGEN, NÄMLICH ...

... ein Pfund Mehl? (Engpässe und Schnorren)	Bei den heutigen Ladenöffnungszeiten ist die Wahrscheinlichkeit gering, dass Lebensmittel ausgehen. Wenn doch, seien Sie großzügig: Teilen Sie, wenn es eben geht. Sehen Sie darüber hinweg, wenn man Ihnen eine Kleinigkeit nicht ersetzt. Geben Sie selbst mehr zurück, als Sie ausgeliehen hatten.
... ein (Wörter-)Buch? (Dinge verleihen)	Setzen Sie beziehungsweise halten Sie sich beim Aus- und Verleihen von Gegenständen an die Bedingungen: 1. Das Buch/der Mixer/der Schraubenschlüssel wird zum (am besten zeitnah gewählten) Datum x zurückgegeben. Lassen Sie Abmachungen schleifen, werden Sie, als Geber wie als Nehmer, unglaubwürdig. 2. Die Leihgabe wird in tadellosem Zustand zurückgebracht. Eselsohr im Wörterbuch und Kratzer auf dem Mixer verlangen zumindest nach einer Entschuldigung, größere Schäden nach Ersatz – damit nicht noch die Freundschaft Schaden nimmt.
... tausend Euro?	Warum nimmt Ihr Freund kein Darlehen bei der Bank auf? Ist der Engpass vorübergehend und für Sie im Detail nachvollziehbar, kommt es Ihnen auf 1000 Euro nicht an? Geben Sie ihm das Geld gegen Quittung. Hat er jedoch seine Kreditwürdigkeit verspielt? So schwer Ihnen das über die Lippen kommt: »Unsere Freundschaft ist mir wichtig, lass sie uns nicht durch Geldsachen gefährden.« Geht der Bittende beleidigt davon, haben Sie keinen Freund verloren; er war keiner.

Werden Sie von einer Person immer wieder angepumpt oder mussten Sie wiederholt Ihren Sachen oder Ihrem Geld hinterherrennen? Reden Sie Klartext: »Mir ist lieber, wenn wir das aufgrund unserer Erfahrungen künftig bleiben lassen!«

1 Etikette im Alltag

Frau Jahn (35) bringt ihre Kinder zur Kita und geht täglich ein Stück des Wegs mit Frau Georg, die ihre Enkel begleitet. Sie sollte bei aller Sympathie Frau Georg als der Älteren das Du nicht anbieten. Geduld!

Herr Baumann kennt Herrn Schröder vom Sport; die beiden duzen sich. Nach dem Training kommen die Frauen auf ein Bier im Lokal dazu. Die Männer sollten zu Hause klären, ob ihre Frauen sich duzen möchten, und wenn ja, den Übergang anregen.

Frau Thomas und Herr Schneider, gleich alt, treffen sich oft beim Après-Golf, in ihrem Klub ist das »Du« nicht generalisiert. Früher galt die Regel: »Ein Herr muss warten, bis die Dame das Du anbietet.« Zu anderen Zeiten hieß es: »Eine Dame macht nie den ersten Schritt.« Beide Empfehlungen gelten heute nicht: Herr und Dame verhandeln.

Am einfachsten ist es, im privaten Rahmen das Duzen anhand eines aktuellen Anlasses zu thematisieren: »Jetzt ist mir schon zum zweiten Mal das Du herausgerutscht. Pardon.« Reagiert Ihr Gegenüber nicht auf den impliziten Appell, ist klar: Es bleibt beim Sie. Möchten Sie ein Angebot zum Duzen nicht annehmen, lehnen Sie es konsequent und schonend ab: »Vielen Dank für Ihr Angebot, es ehrt mich sehr. Mir ist es im Moment noch lieber, wir bleiben beim Sie.«

Auf gute Nachbarschaft

Ruhezeiten, Treppenhaus- und Bürgersteigreinigung und die Nutzung des Waschkellers sind in der Hausordnung nachzulesen. Dass die Phonstärke von Fernseher und Radio auf Zimmerlautstärke zu beschränken ist, gilt als Selbstverständlichkeit. Dennoch bleibt genügend Interpretationsspielraum für Misstöne. Und ohnehin lässt sich eine gute Nachbarschaft nicht per Dekret bestimmen.

Sicherheit und Höflichkeit gehen Hand in Hand

Aufmerksame Nachbarn sind die besten Sicherheitsgaranten. Reduzieren Sie durch Information die Wahrscheinlichkeit, dass Unbefugte ihr Unwesen auf Ihrem Gelände treiben:

- ☐ Grüßen Sie, halten Sie Ihre Kinder an, Hausbewohner und alle Nachbarn, mit denen Sie sprechen, zu grüßen.
- ☐ Stellen Sie sich vor, wenn Sie einziehen und wenn Sie neue Nachbarn einziehen sehen.
- ☐ Lernen Sie die Namen der Nachbarn.
- ☐ Informieren Sie Ihre direkten Nachbarn über Personen, die zum Beispiel als Langzeitgäste oder während Ihres Urlaubs einen Schlüssel zu Ihrer Wohnung oder Ihrem Haus haben.
- ☐ Machen Sie Ihre Nachbarn mit Ihren Haustieren bekannt, vor allem mit frei laufenden Katzen.

Lieber ein bisschen Distanz

In einer gewachsenen Nachbarschaft gibt es Allianzen und manchmal Außenseiter. Diese haben ein vitales Interesse daran, neue Nachbarn zu Verbündeten zu machen. Gehen Sie – ob als »Neue« oder als alte Hasen – keine vorschnellen Bündnisse ein, verhalten Sie sich freundlich, beobachten Sie, wie sich das System organisiert.

Ein Straßenfest ist der ideale Kontakthof, nehmen Sie aus demselben Grund auch die Einladung zu einem Richtfest an. Führen Sie nicht gleich Fremde voller Stolz durch Ihr komplettes Heim. Entscheiden Sie im Lauf der ersten Monate beim Plausch vor dem Haus oder im Treppenhaus über das weitere Vorgehen: mal eine Tasse Kaffee auf dem Balkon oder doch lieber nur das unverbindliche »Hallo« an der Mauer.

BEGEGNUNGEN **IM VERTRAUTEN RAHMEN**

Vorbeugen ist besser als streiten

»Was du nicht willst, das man dir tu, das füg auch keinem andern zu!« Fragen Sie sich, ob Sie wirklich bei offenem Fenster telefonieren, bei temperamentvollen Diskussionen die Türen zuknallen und das Motorrad nachts mit Vollgas vor die Garage fahren müssen. Sie kennen das von sich selbst: Haben Sie den Eindruck, dass jemand um Rücksicht bemüht ist, sind Sie nachsichtiger, als wenn er Ihnen schon im Alltag auf den Nerven herumtrampelt.

Kündigen Sie in einem Mehrparteienhaus an, wenn Sie zum Beispiel Klavierunterricht nehmen. Kündigen Sie ebenfalls Feste an, bei denen es nach 22 Uhr zu Lärm kommen könnte. Und sagen Sie vor Baumaßnahmen langfristig bei den Nachbarn Bescheid.

Wenn Ihnen etwas missfällt

Die Gewohnheiten der Menschen, die Wand an Wand leben, variieren – und stören. Fühlen Sie sich gestört, fragen Sie zuerst andere Nachbarn, ob es ihnen genauso geht. Vielleicht sind Sie ja über die Maßen empfindlich, vielleicht aber erfahren Sie Unterstützung. Sprechen Sie dann möglichst bald die Verursacher direkt an: »Ist Ihnen bewusst, dass ich bei Ihren Telefonaten auf der Terrasse nicht nur höre, dass Sie etwas sagen, sondern Wort für Wort verstehe, was Sie sagen?« Oder: »Wenn Ihr Trockner um Mitternacht rattert, fallen wir jedes Mal aus dem Bett. Wäre es möglich, dass Sie ihn zu einer früheren Zeit anstellen?«

Notfalls müssen Sie bei Gelegenheit nachhaken: »Darf ich Sie daran erinnern …« Die Chancen stehen gut, dass die Übeltäter Besserung geloben. Die Chancen auf eine gute gemeinsame Zukunft stehen noch besser, wenn Sie den Nachbarn bei Gelegenheit für die Rücksicht danken.

Zu Besuch bei Freunden und Bekannten

Die Zeiten, zu denen Menschen einander ihre Aufwartung machen durften, waren lange in Stein gemeißelt, wurden aber im Lauf der Jahre sinngemäß adaptiert: Die Empfehlung »Nie zwischen 13 und 15 Uhr und nie nach 21 Uhr anrufen« oder »Nie zu Gottesdienstzeiten an einer Tür klingeln« wurden mit fortschreitender Informationstechnologie zuerst einmal ergänzt um neue Empfehlungen wie »Nicht während der Tagesschau«. In unserer individualisierten und mobilen Welt scheinen sie nun ersatzlos gestrichen zu sein.

Dabei hatten die alten Regeln einen Sinn: Zu gewissen Zeiten konnten sich jede und jeder sicher sein, dass die Persönlichkeitssphäre geschützt war.

Da die Rückzugsmöglichkeiten zeitlicher und lokaler Natur immer rarer und die Tagesabläufe immer individueller geworden sind, ist es klug, wenn Sie den Sinn der alten Rituale auf zeitgemäße Weise leben und

☐ sich den Tagesablauf in dem Haushalt, den Sie kontaktieren wollen, vergegenwärtigen;

☐ sich an den jeweiligen Ruhezeiten orientieren: Hier werden ab 18 Uhr Gutenachtgeschichten vorgelesen, dort ist ein Schichtarbeiter darauf angewiesen, dass er bis mittags schlafen kann;

☐ abends und an Feiertagen per SMS um einen Anruf oder eine Angabe für einen günstigen Anrufzeitpunkt bitten;

☐ anrufen, bevor Sie an der Tür klingeln: »Ist es recht, wenn ich in einer halben Stunde bei euch vorbeikomme?«;

☐ mit Familienmitgliedern und engen Freunden feste Anrufzeiten verabreden (»samstags nach dem Frühstück«).

Schuhe aus?

Ein Erscheinungsbild ist nur mit Schuhen komplett. Bei Einladungen ist es darum für viele Besucher eine Zumutung, wenn sie die Schuhe ausziehen und ein Abendessen barfuß oder in fremden Pantoffeln absolvieren sollen. Umgekehrt empfinden es Gastgeber als Zumutung, wenn ihnen Gäste mit High Heels oder verschmutzten Schneeschuhen das Parkett ruinieren. Bringen Sie daher bei Schmuddelwetter Wechselschuhe mit. Gastgeber reichen Gästen am Eingang ein Tuch, mit dem sie sich die Schuhe säubern. Pfennigabsätze strapazieren nicht nur das Parkett, sondern auch den Teppich und die Nerven der Nachbarn und müssen darum im fremden Haushalt nicht unbedingt sein. Bringen Ihre Kinder Freunde zum Spielen mit ins Haus, ist das etwas anderes: Da ist die Devise »Schuhe aus« generell akzeptiert.

Übernachtungsbesuch: Empfehlungen für Gäste und Gastgeber

»Fühl dich ganz wie zu Hause«: Als Gastgeber sprechen Sie diesen Satz sicherheitshalber nicht aus, Ihre Gäste könnten ihn wörtlich nehmen. Als Gäste ignorieren Sie diese Aufforderung: Sie sind im fremden Haushalt den fremden Spielregeln unterworfen, so locker diese auch scheinen mögen.

ÜBERNACHTUNGSBESUCH – WAS TUN, WAS LASSEN

	GASTGEBERPFLICHTEN	PFLICHTEN DER GÄSTE
Helfen	Unterstellen Sie einem Besuch, der nicht von sich aus Hand anlegt, keine Faulheit. Integrieren Sie ihn in die Arbeitsabläufe. Nehmen Sie Hilfe an.	Bieten Sie Hilfe bei Arbeiten an, die Sie mit verursachen: von abtrocknen bis Dusche trocken wischen und Mülleimer leeren. Nehmen Sie aber einer Reinigungskraft nicht die Arbeit weg.
Freie und Tabu-Zonen	Sagen Sie den Gästen, welche Bereiche und Geräte ihnen zur Verfügung stehen, z. B. Gästebad ja, Elternbad nein, Fernseher ja, Videokamera nein.	Respektieren Sie Tabuzonen wie Schlafzimmer, Kinderzimmer, Vorratskammer. Öffnen Sie Schränke und bedienen Sie Stereoanlage und Fernseher nur auf ausdrückliche Einladung hin.
Zeiten	Weihen Sie Übernachtungsgäste frühzeitig in Ihre Essens- und Arbeitszeiten ein. Teilen Sie am Vorabend mit, wann das Bad z. B. für ein Schulkind frei sein muss.	Ziehen Sie sich spätestens dann in Ihr Zimmer zurück, wenn die Gastgeber den Zapfenstreich blasen – es sei denn, man bietet Ihnen einen größeren Grad der Freizügigkeit an.
Kleidung	Frühstück angezogen oder im Bademantel? Machen Sie die Regeln im Vorfeld klar.	Lassen Sie Ihr Negligé und Ihren transparenten Pyjama zu Hause. Halten Sie sich bedeckt.
Kosten	Seien Sie nur so großzügig, dass Sie nichts bereuen, wenn die Gegengaben ausfallen.	Beteiligen Sie sich bei einem längeren Besuch an den Kosten; kaufen Sie zum Frühstück ein; kochen Sie etwas Feines.

BEGEGNUNGEN **IM VERTRAUTEN RAHMEN**

»Ich hab da was für dich«: Schenken und gratulieren

»Fällt dir nichts ein? Schenk Wein!«, sagt der Volksmund. Wie oft haben Sie schon Wein verschenkt? Und haben sich die Empfänger nicht doch gefreut? Der Volksmund ist zu streng, aber ein guter Wegweiser. Denn einfallslos darf ein Geschenk nie sein. Es sollte dem Empfänger Ihre Wertschätzung signalisieren, wobei der Wert nicht am Preis, sondern an der Individualität gemessen wird. Lassen Sie sich also etwas einfallen.

Blumen für die Gastgeberin, Champagner für den Gastgeber, Malstifte fürs Kind, das kann gut gehen – oder nicht. Es geht gut, wenn Sie die Lieblingsblumen der Gastgeberin wählen, den Jahrgangschampagner aussuchen, von dem Ihr Gastgeber kürzlich schwärmte, und Sie genau die Stifte treffen, die sich das Kind wünscht.

Fragen Sie sich also nicht, wie Sie sich am leichtesten der lästigen Geschenkpflicht entledigen oder worüber Sie sich selbst freuen würden. Graben Sie in Ihrem Gedächtnis oder fragen Sie im Umfeld der zu beschenkenden Person:
☐ Was tut sie gern?
☐ Welche Wünsche hat sie – vielleicht zwischen den Zeilen – geäußert?
☐ Was gönnt sie nur sich selbst nicht?
☐ An welchem größeren Geschenk können Sie sich beteiligen?

Besondere Geschenkfälle

Da ein Etikett als Verpackung gilt, wird Wein nie in Geschenkpapier eingepackt 1 . Sie haben stattdessen drei Möglichkeiten:
Sie binden nur ein Schleifchen um den Flaschenhals 2 .
Sie stecken sie in eine Tüte für Flaschen und ziehen sie beim Überreichen heraus.
Oder Sie stecken sie in einen aufwendigen Karton, der durch seine Aufmachung ein Präsent an sich ist.

»Statt Geschenken bitte eine Spende an den Freundeskreis Indien«: Wird statt eines Geschenks gewünscht, dass Sie einen guten Zweck unterstützen, kommen Sie diesem Wunsch nach. Möchten Sie nicht mit leeren Händen gratulieren, überreichen Sie eine Karte mit dem entsprechenden Hinweis: »Ich bin Ihrem Geschenkwunsch gern nachgekommen.« Es wäre ein grober Fauxpas, den Überweisungsbeleg beizufügen. Sie lassen ja auch nicht das Preisschild am Geschenk.

Vorsicht bei Geschenken für Amtsträger, Kunden und Einkäufer. Um jeden Anschein

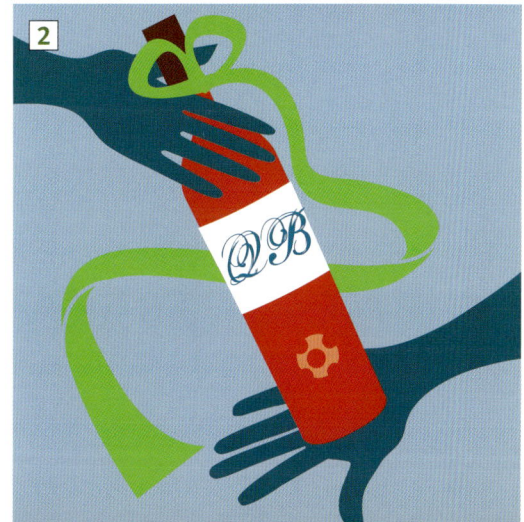

1 Etikette im Alltag

> **TIPP** **BLUMENSPRACHE**
>
> Die Blumensprache ist eine schwer verständliche Kommunikationsform, deren »Wörter« in verschiedenen Gegenden unterschiedliche Bedeutungen haben. Selbst zwischen Volksmund und Literatur liegen manchmal Welten. Allein die Rosensymbolik füllt Bände der Fachliteratur.
>
> **Wenn Sie im Alltag auf Nummer sicher gehen wollen, bedenken Sie:**
>
> - Nicht nur rote Rosen gelten als Zeichen lodernder Liebesglut. Auch rote Gerbera und Nelken werden hin und wieder so gedeutet.
> - Rosa Rosen drücken eine zärtliche Hoffnung aus.
> - Gelb ist für viele die Farbe von Neid, Missgunst und Eifersucht, nicht nur bei Rosen.
> - Sonnenblumen und rote Nelken haben für manche einen politischen Touch.
> - »Zarte« Blumen überbringen ebenso zarte (zärtliche) Botschaften. Ob eine Blume über diesen »Verdacht« erhaben ist oder nicht, entscheidet der Eindruck, der beim Empfänger entsteht. Das lässt sich nur schwer beeinflussen.
> - Weiße Blumen, vor allem Chrysanthemen, Lilien und Rosen, gelten als Trauerblumen, sind aber auch in manchen Brautsträußen zu finden.
> - Bei einzelnen Blumen und in üppigen monochromen Sträußen verstärkt sich die Bedeutung jeder Farbe.
> - Gartenbesitzern im Sommer Blumen schenken hieße Eulen nach Athen tragen.
>
> **Sicherer ist es,**
>
> - einen bunten Strauß zu verschenken, um die Farbsymbolik zu umgehen;
> - eindeutig besetzte »Symbole« zu verschenken, die keine Fehlinterpretation erlauben – so steht beispielsweise vierblättriger Klee immer für Glück.
>
> Die Regel, Blumen nur in ungerader Anzahl zu schenken, entstammte einer Zeit, in der die Bindetechnik der Floristen noch nicht so kreativ war wie heute. Immer aber waren Sträuße ab sechs Blumen erlaubt. Sie können heute Blumen in jeder Anzahl schenken, solange sie attraktiv gebunden sind.
>
> Die Empfehlung, Blumen vor dem Überreichen auszupacken und ihre Schönheit freizulegen, gilt in Deutschland weiterhin. Das Papier entsorgen Sie vor der Übergabe. Umweltfreundliche Folie ist eine für alle praktische Alternative. Sie wird vor dem Überreichen nicht entfernt.

BEGEGNUNGEN IM VERTRAUTEN RAHMEN

eines Versuchs von und einer Anfälligkeit für Bestechung zu vermeiden, haben die meisten Behörden und viele Unternehmen einen Verhaltenskodex für ihre Mitarbeiter. Bei einer Schachtel Pralinen unterstellt Ihnen niemand, dass Sie die Aufgeschlossenheit des Adressaten für Ihre Belange erhöhen wollen.

Auch eine Kunst: Gratulieren

»Herzlichen Glückwunsch und alles Gute!« Dieser Wunsch ist nett gemeint, doch würde er Ihnen als Adressat im Ohr bleiben? Floskeln sind vergänglich und ein guter Wunsch sollte das doch gerade nicht sein.

Gratulationen auf Geschäftspapier oder einer Postkarte wirken neben von Hand beschrifteten Bögen lieblos. Ob Karte oder Brief – die Minimalversion umfasst Anrede, Hauptteil und Abschluss. Sie können diese Elemente mischen und mit einem Zitat und dem Kommentar zum Geschenk ergänzen. (Mehr zum Thema Korrespondenz finden Sie in Kapitel 6 ab Seite 152.)

Zu spät

Haben Sie einen Geburtstag oder anderen freudigen Anlass zu würdigen vergessen? Dann gilt auch hier: »Besser spät als nie.« Fassen Sie sich ein Herz, schreiben Sie, rufen Sie an. Und konzentrieren Sie sich nicht auf sich (und die Gründe für Ihren späten Gruß), sondern auf die beziehungsweise den Adressaten. Sinn des Kontakts bleibt der Anlass, nicht Ihre Befindlichkeit.

Die andere Seite: Geschenke annehmen

Wer bei der Auswahl eines Geschenks Gedanken, Zeit und wohl auch Geld investiert hat, möchte das Leuchten in den Augen des Beschenkten sehen. Darum dekorieren Sie Blumen umgehend in einer passenden Vase. Und geben Sie jedem Strauß ein eigenes Behältnis – »parken« Sie nicht mehrere Sträuße in einer Vase! Packen Sie die Präsente aus, sobald es der Ablauf ermöglicht. Eine gute Gelegenheit ist bei einem kleinen Gästekreis zum Beispiel während des Aperitifs, in einem größeren Kreis zwischen Hauptgang und Dessert. Kommentieren Sie alle Geschenke kurz, möglichst konkret und positiv. Bei einem größeren Fest

☐ bereiten Sie einen Geschenketisch vor;
☐ markieren Sie Geschenke ohne Karte, um sie später zuordnen zu können;
☐ widmen Sie sich nur Ihren Gästen und packen die Präsente am Abend oder am Folgetag im privaten Rahmen aus.

Zumindest bei größeren Präsenten und offiziellen Anlässen dürfen die Schenkenden von Ihnen einen nachträglichen Dank erwarten. Doch auch Ihr Patenkind freut sich, wenn Sie nach ein paar Tagen berichten, wo Sie in Ihrer Wohnung das selbst gemalte Bild aufgehängt haben.

Schwierige Situationen

Viele Menschen drücken sich vor Krankenbesuchen, Beerdigungen und mündlicher Kondolenz. Ihnen fehlen die Worte. Psychologen deuten das so, dass sie sich in solchen Situationen ihrer eigenen Endlichkeit bewusst werden, was in unserer Gesellschaft meist unterdrückt wird. Dabei bieten Begegnungen in schwierigen Lebenslagen eine echte Chance für das künftige Miteinander.

»Wie geht es Ihnen denn heute?« Der Krankenbesuch

Nicht jeder Vorgesetzte möchte von seinen Mitarbeitern im Pyjama gesehen werden, nicht jede Lehrerin ungeschminkt ihren

Schülern unter die Augen treten. Klären Sie deshalb telefonisch mit dem Patienten oder seiner Familie, ob und wann Ihr Besuch erwünscht ist. Ein Patient braucht Ruhe. Richten Sie die Dauer Ihres Besuchs nach seiner Aufmerksamkeit; diese kann bei Schwerkranken in 15 Minuten aufgebraucht sein.

Ihre Präsenz ist wichtig, nicht was Sie mitbringen. Ein kleiner – nicht duftender! – bunter Strauß ist meist gut (außer für Allergiker). Ob ein Taschenbuch mit Kurzgeschichten oder eine Flasche Saft angemessen ist, richtet sich nach Krankheitsbild und Interessenlage des Patienten. Fragen Sie ohne Erwartungsdruck nach dem Genesungsverlauf: Schon die Frage »Geht es Ihnen heute schon besser?« würde dieses Risiko in sich tragen. Insistieren Sie nicht, wenn der Patient keine Details preisgeben will. Erzählen Sie lieber bei Interesse von Ihrem Alltag oder rufen Sie gemeinsame Erlebnisse wach.

»Mein Beileid«: Im Todesfall

Das Trauerjahr, während dessen in Schwarz gekleidete Hinterbliebene mit Umsicht der Umwelt rechnen konnten, wird heute nur noch selten praktiziert. Deshalb sollten Sie als Hinterbliebene auf andere Weise Zeichen setzen, als Gegenüber sollten Sie diese Zeichen aufmerksam deuten.

Stellen Sie sich vor, Sie sehen auf dem Markt eine frühere Nachbarin. Morgens haben Sie in der Zeitung die Anzeige vom Tod ihrer Mutter gelesen. Was tun? Mit einem kurzen Händedruck und dem Ausdruck Ihres Mitgefühls machen Sie nichts falsch. »Kondolieren« bedeutet im Wortsinn »mit dem anderen Schmerz empfinden«. Da ist Herzenswärme wichtiger als geschliffene Rhetorik.

- »Aufrichtige Anteilnahme« und »Herzliches Beileid«: Diese Wendungen klingen zwar nicht persönlich, sind aber üblich.
- »Das tut mir leid«: Das ist schlicht, kann aber – vor allem in einer persönlichen Beziehung – passen.
- »Mir fehlen die Worte«: Das kommt nicht ausweichend, sondern ehrlich an.
- »Wie geht es Ihnen?« Diese Frage ist im Angesicht des Todes obszön. Mit der paradoxen Aussage »Ich wage nicht zu fragen, wie es Ihnen geht« eröffnen Sie der Person die Wahl: Will sie darüber sprechen, versteht sie den Satz als Appell, will sie das nicht, lässt sie ihn als Aussage über ihre Befindlichkeit im Raum stehen.
- »Ich kann mir vorstellen, wie es Ihnen geht« ist nicht einmal glaubwürdig, wenn Sie selbst gerade einen lieben Menschen verloren haben: Jeder trauert anders.

Beobachten Sie nun die Reaktion der Hinterbliebenen. Will sie erzählen, jammern, weinen? Gestatten Sie ihr das. Geht sie zur Tagesordnung über? Folgen Sie ihr.

Kondolieren Sie schriftlich, gilt:

- Umschlag und Papier mit schwarzem oder grauem Rand sind für Mitteilungen der Hinterbliebenen reserviert. Greifen Sie zu einem weißen Blatt.
- Motive wie Kreuz oder betende Hände passen nicht immer. Wählen Sie ein dem Personenkreis entsprechendes Motiv.
- Schreiben Sie nicht an ein »Trauerhaus«, sprechen Sie eine einzelne Person an.
- Unterschreiben Sie nicht für ein Unternehmen, sondern als Person.
- Würdigen Sie den Verstorbenen.
- Bieten Sie Unterstützung an.

Abschied nehmen und neu beginnen

»Von Beileidsbezeigungen bitten wir Abstand zu nehmen.« Diese Formulierung bedeutet nicht, dass Ihre Anwesenheit bei einer Trauerfeier nicht erwünscht wäre.

BEGEGNUNGEN IM VERTRAUTEN RAHMEN

»Kondolenzbuch liegt auf.« Hier wollen die Hinterbliebenen sicherstellen, dass sie keinen Trauergast übersehen. Tragen Sie Ihren Namen leserlich ein, ein Hinweis auf das von Ihnen vertretene Unternehmen wäre geschmacklos.

Sie brauchen als Gast bei einer Trauerfeier nicht schwarz gekleidet zu sein. Sie sollten aber förmlich in gedeckten Farben gekleidet und bedeckt erscheinen. Kein Anorak, kein heller Regenmantel, kein bunter Schirm, kein Minirock, keine Sandalen.

Legen Sie Ihr Gebinde oder Ihren Kranz an der ausgewiesenen Stelle ab. Betreten Sie die Kapelle oder Halle mindestens zehn Minuten vor dem Beginn der Feier, nehmen Sie schweigend vom Toten Abschied, setzen Sie sich diskret auf einen Platz. Grüßen Sie schweigend Ihnen bekannte Gäste, verzichten Sie auf Plaudereien.

Betrachten Sie eine Einladung zum Beerdigungskaffee, in manchen Gegenden »Reuzech« oder »Leichenschmaus« genannt, als Pflicht und Ehre zugleich. Sie sollten nicht kneifen! Er dient zum einen dazu, nach der förmlichen Feier in einem zwanglosen Umfeld traurige Gefühle zu verdrängen und positive Erinnerungen an den Verstorbenen wachzurufen. Tragen Sie durch die eine oder andere Anekdote zur Trauerarbeit bei. Es darf gelacht werden! Den Leichenschmaus in ein Gelage (das Wort »Reuzech« spricht Bände) ausarten zu lassen wäre allerdings pietätlos. Zum andern signalisiert dieses Ritual den Hinterbliebenen, dass sie trotz des schmerzlichen Verlustes Mitglied einer Gemeinschaft und in dieser geborgen sind: Das Leben geht weiter. Ganz profan ist die Einladung zu Umtrunk und Essen auch der Appell zu einer Gegeneinladung.

FAQ HÄUFIG GESTELLTE FRAGEN

Man hört so widersprüchliche Dinge: Soll ich nun, wenn jemand niest, »Gesundheit« sagen?

Wir haben dem medizinischen Fortschritt das Wissen zu verdanken, dass Niesen und Husten keineswegs Hinweise auf unterschiedlich schwere Krankheitsbilder sind. Deshalb wird das Niesen einer Person praktischerweise genauso ignoriert wie andere kleine Störungen. In konservativen Kreisen wird aber auf das »Gesundheit« weiterhin Wert gelegt. Unterbrechen Sie selbst ein Gespräch – ob mit Niesen, Husten, dem Klingeln Ihres Handys ist unerheblich – bitten Sie um Entschuldigung.

Wann darf ich mit Verweis auf »das akademische Viertel« zu spät kommen?

Studenten wird für den Übergang von einem Hörsaal zum anderen zwischen zwei Vorlesungen eine Viertelstunde zugestanden und diese ist Teil des Stundenplans. Deshalb beginnt eine Vorlesung häufig »c. t.« nach der vollen Stunde, cum tempore, mit Zeit, also mit einem Spielraum, dann aber pünktlich. Sollen hingegen die Studenten zur vollen Stunde auf ihren Plätzen sitzen, ist der Vorlesungsbeginn mit »s. t.«, sine tempore, ohne Spielraum markiert. Das akademische Viertel als Ausrede für eine Verspätung zu nutzen ist albern.

Bei Tisch

Viele Tischmanieren in aller Welt ruhen auf dem gleichen Fundament: einem Opfermahl, das die Teilnahme an der Gemeinschaft besiegelt. Wer denkt heute noch daran, wenn er in froher Runde das Glas zum Umtrunk hebt oder erst zu essen beginnt, wenn alle bedient sind?

TISCHLEIN DECK DICH

An einer reich gedeckten Tafel in feiner Gesellschaft zu speisen, das war bis weit ins 18. Jahrhundert hinein dem Adel vorbehalten. Die französische Revolution veränderte sogar in dieser Hinsicht die Welt. Köche, Kellermeister und Bedienungspersonal – bis dahin dem Gesinde zugerechnet – wussten nach dem Fall des Adels ihr Know-how gezielt zu nutzen, eröffneten in großen französischen Städten Restaurants und boten den Bürgern erstmalig die Gelegenheit, in öffentlichem Rahmen kulinarische Köstlichkeiten zu genießen.

Das erstarkende Bürgertum nahm dieses Angebot gern an, lernte von den Experten und trug Küchenkunst und Tischmanieren über die Grenzen Frankreichs und Europas hinaus. Somit verdanken wir unsere heutige Gourmetküche tatsächlich einem radikalen republikanischen Akt.

Am richtigen Platz: Tischdecke und Gedeck

Feines Leinen, Kristall und Silber sind nicht auf jedem Esstisch zu finden. Das ist auch gar nicht notwendig. Doch ein perfekt gedeckter Tisch bietet nicht nur einen ästhetischen Anblick, er ist auch ausgesprochen praktisch.

So decken Servicekräfte – das ist der korrekte Begriff für Bedienungs-»Personal« heute – einen Tisch:

☐ Die Tischdecke mit Überhang von 25 bis 30 Zentimetern auf jeder Seite auflegen. Tischsets werden mit dem unteren Rand einen halben bis einen Zentimeter vom Tischrand platziert.

☐ Den größten Teller, der zum Einsatz kommen wird, eindecken; mit 70 bis 80 Zentimetern Abstand von Tellermitte zu Tellermitte tafelt man komfortabel.

☐ Für ein einfaches Gedeck links die Gabel, rechts Messer und Suppenlöffel und oberhalb vom Tellerrand Dessertgabel (Griff schaut nach links) und darüber wiederum den Dessertlöffel (Griff nach rechts) eindecken.

☐ Links vom Gedeck Brotteller mit Brotmesser platzieren.

☐ Rechts oben vom Teller ein Wein- und rechts davon ein Wasserglas stellen.

☐ Die Serviette (aus Stoff, Vlies oder Papier) in die Mitte des Gedecks stellen oder legen.

☐ Die Tische mit Kerzen, Blumen – nicht höher als 25 Zentimeter, damit sie den Gästen den Blick nicht verstellen –, Bändern und saisonalem Dekorationsmaterial wie Kastanien, Muschelschalen oder Glaskugeln individuell gestalten.

> Wenn man nach einem Festessen die Gastgeberin auf beide Wangen küsst, erspart man sich die Serviette.
>
> **ALEXANDER RODA RODA**
> österreichischer Schriftsteller und Publizist

Der Profi zeigt sich auch in der Wortwahl: Verlangen Sie beim Einkauf »Tafelwäsche«, wenn Sie edles Tuch meinen; »Tischwäsche« steht für normale Stoffqualität.

2 Bei Tisch

DAS ETIKETTE-QUIZ

Tischsitten heute: Verhalten Sie sich bei Tisch korrekt? Testen Sie sich selbst.
Bitte markieren Sie jeweils die richtige Antwort.
Die Lösung finden Sie am Ende des Buches auf Seite 188.

1. **Das Essen kommt auf den Tisch. Ihre Papierserviette ...**

   a lassen Sie im Unterschied zu einer Stoffserviette, die auf den Schoß gelegt wird, auf dem Tisch liegen; Sie nehmen sie auf, um sich vor dem Trinken die Lippen abzutupfen, danach kommt sie wieder auf den Tisch.

   b legen Sie jetzt neben Ihren Teller und erst nachdem Sie sie zum ersten Mal benutzt haben, auf den Schoß.

   c legen Sie spätestens jetzt auf Ihren Schoß, genau wie Sie das mit einer Stoffserviette täten.

2. **Sie dürfen Geflügel mit den Fingern essen, wenn ...**

   a Sie auf dem Tisch ein Zeichen vorfinden, dass dies erlaubt ist: ein Zitronentuch, ein heißes Tuch, eine Wasserschale (Fingerbowl).

   b es schwierig ist, es mit Messer und Gabel zu zerteilen.

   c die älteste Dame am Tisch das tut; generell folgen Sie ihrem (guten) Beispiel.

3. **Der Grundsatz »Rotes Fleisch: roter Wein, weißes Fleisch: weißer Wein« ...**

   a ist veraltet; heutzutage trinkt grundsätzlich jeder, was er mag, und ältere Menschen vertragen ohnehin oft keinen Weißwein.

   b ist richtig: Auch wenn die Geschmäcke verschieden sind, passt zu rotem Fleisch nun einmal nur ein roter Wein.

   c ist schon immer falsch gewesen: Sie können nicht allein aufgrund der Fleischsorte entscheiden, welcher Wein passt; auch Zubereitungsart und Beilagen sind für die Weinwahl relevant.

Wenn Sie Feste feiern

Bei größeren Einladungen kann sowohl das »einfache Gedeck« (siehe Abbildung 1 auf Seite 44) als auch das festliche Gedeck zum Einsatz kommen.

Beim festlichen Gedeck (Abbildung 2 auf Seite 44) kommen je nach Bedarf Fischmesser und/oder Gourmetlöffel (rechts) nebst Fischgabel (links) sowie eine Vorspeisengabel (links außen) und ein Vorspeisenmesser (rechts außen) zu dem »Alltags-Arrangement« hinzu. Mehr als vier Teile rechts und drei Teile links werden nicht eingedeckt, damit die Gäste den Überblick behalten.

Platzieren Sie die Gläser nach dem Orgelpfeifenprinzip 3 (nebeneinander, kleinstes außen) oder in Blockform 4 (kleine vor größere). Immer steht das Glas für das Getränk zum Hauptgang vor dem Messer für den Hauptgang, dem »Richtmesser«.

Das Besteck: Verlängerung der Hände zum Speisen

In Europa ist es selbstverständlich, bei Tisch Speisen mit dem Besteck zu zerteilen und zum Mund zu führen. Das ist nicht überall so: Schätzungen beziffern die Benutzer von Essstäbchen weltweit auf circa 1,2 Milliarden. Mit den Fingern beziehungsweise einem einzigen Besteckteil essen etwa 4,2 Milliarden. Messer und Gabel verwenden hingegen nur etwa 900 Millionen. Das Verwenden von Messer plus Gabel ist eine relativ junge Sitte. Kulturpessimisten befürchten, dass sie im Zuge des Trends zum Fastfood bald ausstirbt. Mögen sie sich täuschen!

Der schöpfenden Hand nachgebildet: Der Löffel

Es ist noch nicht lange her, dass ein Mensch zur Taufe seinen ersten Löffel bekam und ihn sein Leben lang verwendete. Noch bis ins 20. Jahrhundert hinein war er auf dem Land das einzige Besteckteil, das Bauer und Knecht benutzten, um aus der gemeinsamen Schüssel zu essen; sobald die ranghöchste Person ihren Löffel hinlegte, war die Mahlzeit zu Ende. Wenn ein Mensch seinen Löffel definitiv nicht mehr brauchte, »gab er ihn ab«, das heißt, er vererbte ihn.

2 Bei Tisch

TISCHLEIN DECK DICH

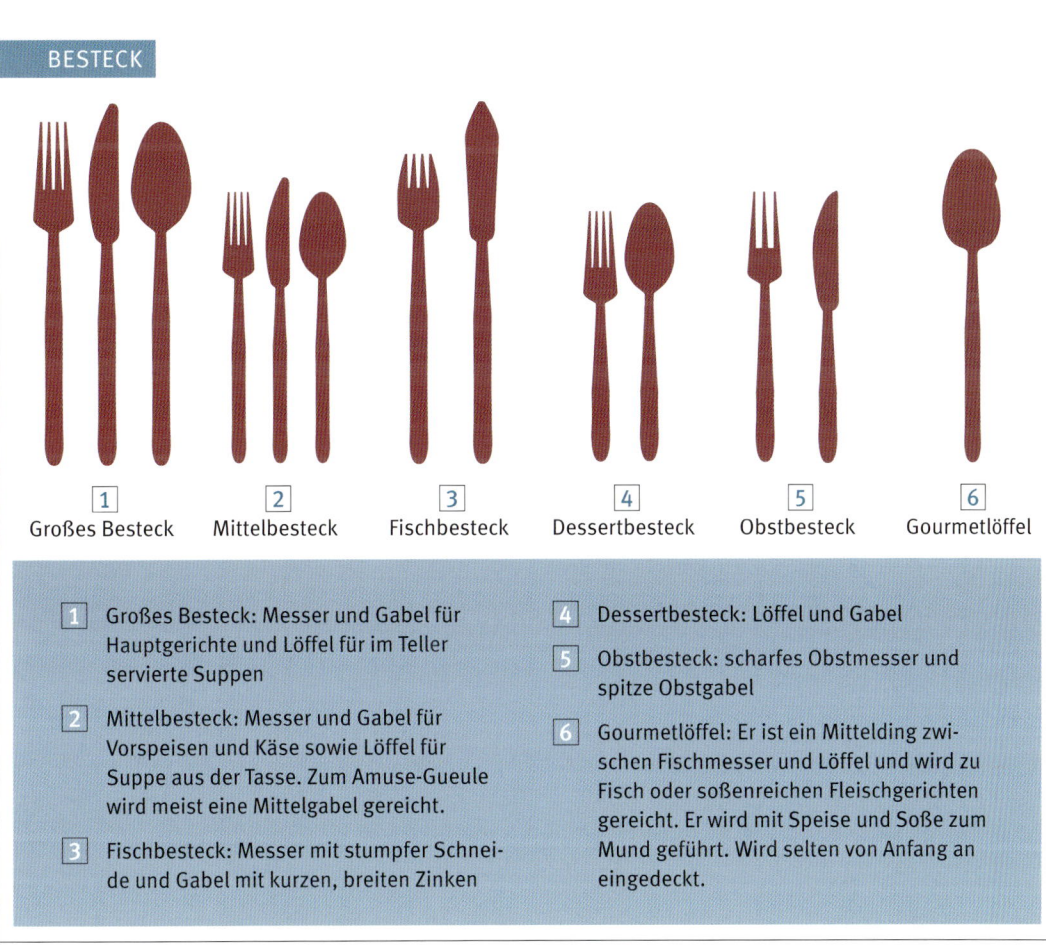

BESTECK

1. Großes Besteck
2. Mittelbesteck
3. Fischbesteck
4. Dessertbesteck
5. Obstbesteck
6. Gourmetlöffel

1. **Großes Besteck:** Messer und Gabel für Hauptgerichte und Löffel für im Teller servierte Suppen
2. **Mittelbesteck:** Messer und Gabel für Vorspeisen und Käse sowie Löffel für Suppe aus der Tasse. Zum Amuse-Gueule wird meist eine Mittelgabel gereicht.
3. **Fischbesteck:** Messer mit stumpfer Schneide und Gabel mit kurzen, breiten Zinken
4. **Dessertbesteck:** Löffel und Gabel
5. **Obstbesteck:** scharfes Obstmesser und spitze Obstgabel
6. **Gourmetlöffel:** Er ist ein Mittelding zwischen Fischmesser und Löffel und wird zu Fisch oder soßenreichen Fleischgerichten gereicht. Er wird mit Speise und Soße zum Mund geführt. Wird selten von Anfang an eingedeckt.

Heute sind die Sitten feiner: Ein Suppen- oder Dessertlöffel wird im Idealfall nur an die Lippen geführt und nur im Notfall (zum Beispiel bei einer festeren Creme oder einem Eintopf) zum Teil in den Mund geschoben. Auf das Ablecken eines Löffels sollten Sie verzichten, beim Kaffeelöffel auf jeden Fall. Wenn Sie den Milchschaum von Cappuccino und Latte macchiato genießen wollen, sollten Sie ihn also mit einem kurzen Schlag vom Löffel zurück in das Gefäß fallen lassen. Wenn Sie dennoch verstohlen schlecken: Strecken Sie wenigstens Ihrer Umgebung nicht die Zunge heraus.

Gezahnt, glatt oder stumpf, doch immer zum Zerteilen: Das Messer

»Bloß nicht das Messer ablecken, nur ja keinen Salat schneiden, niemals das Frühstücksei köpfen« – was ist dran an diesen einschneidenden Ratschlägen?
Ein Messer abzulecken wäre unmanierlich und gefährlich, schließlich ist es oft scharf. Es wurde ursprünglich als persönlicher Besitz am Gürtel getragen; in alten französischen Besteck-Sortimenten gibt es darum keine passenden Messer. Dort zieht mancher Gourmet sein Laguiole-Taschenmesser aus dem Etui, um sein Steak zu zerteilen.

2 Bei Tisch

Da es mühsam war, Besteck aus Stahl oder Silber mit Schlämmkreide zu reinigen, wenn es mit Säure, Stärke und Eigelb in Berührung gekommen war, wurde der Gebrauch des Messers auf das Notwendigste beschränkt.

Wer historisch korrekt speist, zerteilt Kartoffeln, Knödel, Nudeln, Eier, Gemüse und Salat mit der Gabel. Wer hingegen bedenkt, dass Edelstahlbesteck in der Spülmaschine leicht zu säubern ist, wählt die praktische Variante und nimmt das Messer – auch um sein Frühstücksei zu öffnen. Ein Genießer allerdings weiß: Wenn Sie eine Kartoffel brechen und einen Knödel »reißen«, entwickeln diese ihr Aroma und können mehr Soße aufnehmen, als wenn Sie sie mit dem Messer geschnitten hätten.

Zunächst als »Teufelszeug« verschrien: Die Gabel

Hätten Sie eine hübsche kleine Kuchengabel mit dem Dreizack, dem Symbol des Teufels, assoziiert? Sicherlich nicht. Im christlichen Europa des Mittelalters war das aber der Fall. Daher wurde die in Kleinasien benutzte Gabel von der katholischen Kirche verboten. Martin Luther (1483 bis 1546) flehte: »Gott behüte mich vor Gäbelchen«, und Erasmus von Rotterdam (1465 bis 1536) forderte: »Was gereicht wird, hat man mit drei Fingern oder mit Brotstücken zu nehmen. Hat uns die Natur nicht fünf Finger an jeder Hand geschenkt?«

Katharina von Medici (1519 bis 1589) wird das Verdienst zugeschrieben, neben anderen Alltagsgegenständen die »Forke« aus Florenz an den französischen Hof gebracht zu haben. Danach war der Siegeszug der Gabel nicht mehr aufzuhalten; konnten die edlen Damen und Herren ihre verfeinerte Lebensart doch durch ihr Geschick im Umgang mit der neuen Gerätschaft zur Schau stellen.

So gilt es heute in manchen Kreisen als anmutig, bei Tisch mit Werkzeug in einer einzigen Hand auszukommen und bei Pasta, Salat und Dessert nur die Gabel zu benutzen. Alle, die mit Stäbchen essen, legen dieses Geschick ebenfalls an den Tag.

Sollten Sie Ihre Finger zum Zerteilen von Speisen benutzen, reinigen Sie sie in einem Wasserschälchen, mit einem heißen feuchten Tuch oder einem Zitronen-Tuch. Werden diese nicht automatisch gereicht, bitten Sie darum.

Vorwiegend zum Tupfen gedacht: Die Serviette

Die gute Nachricht vorweg: Die Serviette – ursprünglich als Tellertuch zum Servieren verwendet (darum »Serviette«) – wurde in der Renaissance bei Tisch eingeführt, um die kostbare Kleidung der Adligen vor Verunreinigungen zu schützen; das ist weiterhin der Fall. Die schlechte Nachricht: Es ist verpönt, sie in Kragen oder Ausschnitt zu stecken oder vor den Oberkörper zu halten. So machen Sie es heute richtig:

- Ob sie aus Stoff ist, Vlies oder Papier – legen Sie Ihre Serviette zum Beginn des Essens auf den Schoß.
- Falten Sie sie dort so, dass die Öffnung der Falte auf Ihren Oberkörper weist. So können Sie sie später sauber auf dem Tisch ablegen.
- Nehmen Sie die Serviette auf, um sich vor dem Ergreifen Ihres Glases die Lippen abzutupfen. Elegante Esser tupfen zudem, nachdem sie getrunken haben und bevor sie sprechen.

Nur wenn Sie den Tisch zwischen zwei Gängen verlassen und am Ende des Essens legen Sie die Serviette auf den Tisch.

FISCH ZERLEGEN

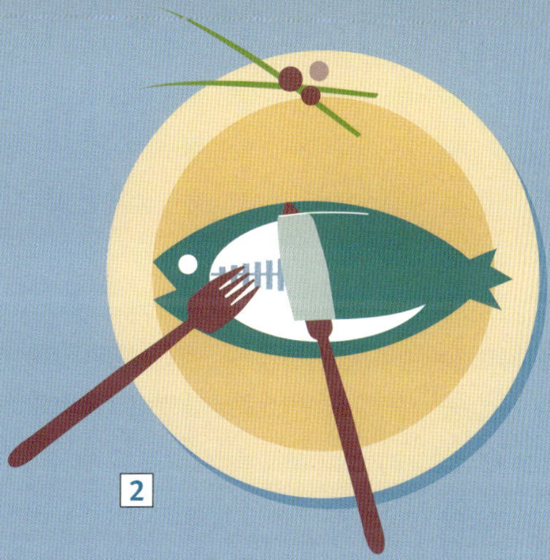

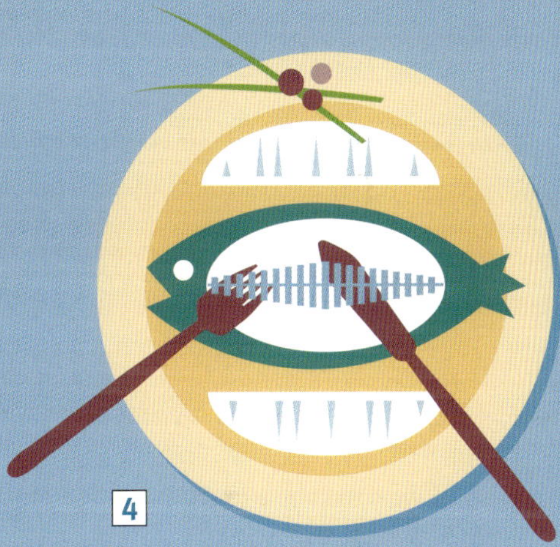

1. Mit dem Fischbesteck die Rücken- und Bauchflossen abtrennen. Linkshänder brauchen ein symmetrisches Fischmesser, eine zweite Gabel oder ein Fleischmesser.

2. Je nach Fischart, Zubereitung und Ihrem Geschmack die Haut entfernen.

3. Die oberen Filets von der Hauptgräte ablösen, ohne diese zu durchtrennen. Diese Filets sofort essen oder abheben und neben dem Fisch ablegen.

4. Kopf und Schwanz und – beginnend am Kopf – den zentralen Teil der Hauptgräte von den unteren Filets lösen.

5. Die komplette Hauptgräte auf den Gräteteller legen. Sie können auch den ganzen Fisch umdrehen und die zweite Seite wie die erste bearbeiten.

2 Bei Tisch

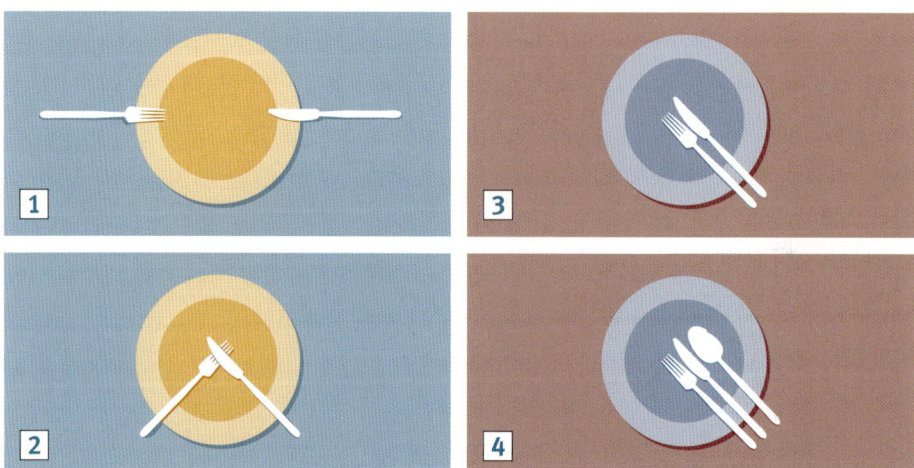

Nonverbale Kommunikation: Codes bei Tisch

Stellen Sie sich vor, Sie seien von adeligem Stande und hätten andere noble Personen bei sich zu Gast: Würden Sie da mit Ihrem Personal diskutieren und Ihren Gästen Anweisungen geben wollen? Sicherlich nicht! Das war früher nicht anders. Daher wurde eine Zeichensprache rund um das Essen und Bedienen entwickelt.

- Die Gastgeberin legt die Serviette auf den Schoß: Das Essen kann beginnen. Service: Bitte auftragen!
- Sie nimmt ihr Besteck auf: Werte Gäste, bitte beginnen Sie zu essen!
- Sie legt ihr Besteck so ab, dass Messer und Gabel liegen wie die Zeiger der Uhr bei »zwanzig nach sieben«. Das bedeutet: Ich mache eine Pause; für die Servicekräfte: Bitte Speisen nachlegen!
- Sie legt ihr Besteck in einem Winkel entsprechend der Uhrzeit zwanzig nach vier ab: Abräumen bitte!
- Sie platziert ihre Serviette links neben ihr Gedeck: Ich verlasse kurz den Tisch.
- Sie platziert sie rechts: Werte Gäste, das Essen ist beendet.

Die Illustrationen oben zeigen es:
1 »Ich mache Pause« – falsch
2 »Ich mache Pause« – richtig
3 »Ich bin fertig« – richtig
4 »Ich bin fertig« – ebenfalls richtig, in der Variante mit Gourmetlöffel

Diese Sitten wurden durch die Jahrhunderte transportiert und werden, wenn es förmlich zugeht, weiterhin praktiziert. Wer es mit der Zeichensprache nicht so genau nimmt, landet darum, wenn er unter Beobachtung steht, schnell im Fettnäpfchen.

Beginnen Sie nicht zu essen, ohne von den Gastgebern aufgefordert worden zu sein. Ist die Gastgeberrolle nicht definiert, jedoch eine ranghöhere oder ältere Person am Tisch, warten Sie, bis diese Person beginnt.

Legen Sie ein einmal benutztes Besteckteil nie so ab, dass der Griff die Tischdecke berührt. Denken Sie an das Pausenzeichen »zwanzig nach sieben«. Es fallen auch nicht die Zeiger aus der Uhr!

Drehen Sie die Messerschneide nicht vom Teller weg, sondern zum Tellerinneren. Ein empfindsamer Nachbar könnte sich unwohl fühlen. Früher wurde ein solches Verhalten als feindlicher Akt ausgelegt wie auch das (drohende) Fuchteln mit dem Besteck.

TIPP EINLADUNGEN

Mustertext für eine Einladung per Brief:

Guten Tag, sehr geehrte Frau Schmidt,

meine Cousine Janine Meier ist immer für eine Überraschung gut, das zeigen nicht nur ihre Skulpturen, mit denen sie in ihrer Heimatstadt Braunschweig Furore macht.

Janine Meier stellt in diesem Sommer in unserem Garten ihre neuesten Werke aus. Zu diesem Anlass laden wir Sie, sehr geehrte Frau Schmidt, mit Ihrem Mann zu einem Umtrunk am 15. August 2009 ab 17 Uhr zu uns in die ABC-Allee 156 in Stuttgart ein.

Anschließend gehen wir zu einem schwäbischen Abendessen in die Kronenstube am Württemberger Platz. Seien Sie unsere Gäste!

Bitte geben Sie uns bis 25. Juli unter Telefon 0711/111 111 111 Ihren – hoffentlich positiven – Bescheid.

Herzliche Grüße aus Stuttgart

Ihre Antje und Max Sauer

Mustertext für eine Einladungskarte:

Wir feiern unsere Silberhochzeit
und hoffen, Sie, sehr geehrte Frau Kur, sehr geehrter Herr Kur,
sind dabei.

Das Fest beginnt am
Samstag, dem 10. Juli 2009 um 19.30 Uhr
im Hotel-Restaurant Waldhorn in Waldhausen.

Was Sie erwartet?
Familie und Freunde aus allen Lebenszeiten und Lebenslagen, badische Küche und badischer Wein sowie Musik, nicht nur aus den 70er-Jahren.

Dürfen wir uns auf Sie freuen? Wir wünschen es uns.

Ihre Lisa und Georg Ort

Legerer Anzug, Sommerkleid. U. A. w. g. – bitte bis 10. Juni auf beigefügter Karte.

Benutzen Sie Ihr Besteck nicht zur Unterstützung Ihrer Gestik. Legen Sie es, während Sie lebhaft diskutieren, auf dem Teller ab. Achten Sie als Gastgeber darauf, dass Sie das Schlusszeichen (Besteck auf zwanzig nach vier) nicht setzen, wenn Gäste noch essen. Sie würden sich gegängelt fühlen.

Auch wenn sich das Gerücht hartnäckig hält: Ein stilles Signal für Ihre Unzufriedenheit gibt es in der »Bestecksprache« aus Gründen der Höflichkeit nicht. Als zahlender Gast reklamieren Sie bei Ihrer Servicekraft. Wenn Sie eingeladen wurden, hat es Ihnen immer geschmeckt!

STILVOLL SPEISEN IN GESELLSCHAFT

Sich um einen (Altar-)Tisch vereinen, aus einer gemeinsamen Schüssel essen, einen Pokal kreisen lassen – diese Rituale schaffen von jeher ein Zusammengehörigkeitsgefühl und spiegeln gleichzeitig die Identität einer Gruppe wider.

Tischsitten: Tradition mit Sinn

Im Lauf der Zivilisationsgeschichte sind die Besteckteile immer aufwendiger geworden, die traditionellen Sitten leben jedoch im Rahmen ihrer Praxistauglichkeit weiter.

»Eine Tischgemeinschaft teilt den Tisch, niemand sorgt für sich allein.« Diese Grundregel ist eine wichtige Orientierung für das Essen in Gesellschaft. Sie wird konkret auf mancherlei Weise praktiziert:

- Im Normalfall gehen alle gemeinsam an den Tisch und nehmen gleichzeitig Platz.
- Mitgebrachte Gegenstände wie Handy, Brille und Autoschlüssel bleiben in der Tasche; deponieren Sie eine Handtasche unter dem Stuhl oder, wenn sie klein ist, auf Ihrem Schoß.
- Bieten Sie zuerst Ihren Sitznachbarn Wasser, Brot und Butter an, bevor Sie sich selbst etwas nehmen.
- Es ist weiterhin üblich, sich beim ersten gemeinsamen Schluck Alkohol und beim Wechsel der Weinsorten zuzuprosten.
- Danach greifen Sie gleichzeitig zum Besteck. Nur wenn bei einer größeren Gruppe der Service schleppend ist, können die Gastgeber oder die Personen, die noch nicht bedient sind, die, die bereits ihr warmes Essen vor sich stehen haben, auffordern zu beginnen.
- Verzichten Sie darauf, Ihr Besteck und Geschirr zu verrücken oder damit herumzuspielen. Ausnahme 1: Linkshänder nehmen das jeweils zu benutzende Glas oder Besteck so auf, wie sie es verwenden, und stellen gegebenenfalls ein Glas links vom Gedeck ab. Ausnahme 2: Wird bei einem gutbürgerlichen Essen der Beilagensalat vor dem Hauptgang serviert, können Sie ihn – um Kleckern zu vermeiden – mittig positionieren, bis der Hauptgang eingesetzt wird. Stellen Sie ihn dann an seinen Platz zurück.

STILVOLL SPEISEN IN GESELLSCHAFT

- Irritieren Sie die Gemeinschaft nicht durch Geräusche (schlürfen, mit dem Besteck auf den Teller klappern) und durch den Blick auf Ihren Speisebrei, weil sie beim Essen sprechen. Sie wissen ja, was schon Ihre Großmutter riet: »Mit vollem Munde spricht man nicht.«
- Beteiligen Sie sich am Tischgespräch – schalten Sie Ihr Handy aus. Erwarten Sie ein Telefonat, informieren Sie Ihre Tischnachbarn vorab und verlassen Sie zum Telefonieren den Raum.
- Verlassen Sie den Tisch nicht, während jemand isst. Entschuldigen Sie sich diskret bei den direkten Nachbarn, wenn Sie es doch tun.
- Die Bequemlichkeit ist der Tod der guten Sitten: Seien Sie aufmerksam, sitzen Sie aufrecht, halten Sie Ihre Arme nah am Oberkörper. Greifen Sie nicht in die Tischmitte: Wenn Sie Salz, Pfeffer, Brot benötigen, bitten Sie Ihre Nachbarschaft, Ihnen das Gewünschte anzureichen.
- Ersparen Sie der Tafelrunde jegliche Restaurierungsarbeiten vor, während und nach dem Essen: Reinigen Sie Ihre Zähne mit dem Zahnstocher auf der Toilette, frischen Sie dort Ihr Make-up auf.
- Rauchen Sie weder am heimischen noch am externen Tisch zwischen den Gängen und ohne die Einwilligung der Anwesenden eingeholt zu haben.
- Teilen Sie Ihre Zeit mit der Tischgemeinschaft. Das bedeutet auch, dass Sie im Idealfall immer erst dann gehen, wenn das Essen offiziell beendet ist.
- Es ist leicht, der Person zu Ihrer Linken ein Getränk einzuschenken. Wollen Sie die Person an Ihrer rechten Seite bedienen, sollten Sie nicht in deren Hoheitsgebiet eindringen. Bitten Sie sie, ihr Glas in Ihre direkte Reichweite zu stellen.
- Salz, das »weiße Gold«, war kostbar, begehrt und rar. Wundern Sie sich also nicht, wenn Ihr Nachbar Ihnen den erbetenen Salzstreuer nicht in die Hand drückt (»schenkt«), sondern indirekt übergibt und vor Ihnen auf den Tisch stellt.

Das Brot:
Eine Sache für sich

»Brot darf man nicht schneiden, Brot wird gebrochen.« Hat die Person, die Ihnen diese Regel beigebracht hat, Ihnen den Grund dafür genannt? Und hat sie Ihnen die Ausnahmen erklärt?

Seit Jahrtausenden wird im Orient mit der Geste des Brotbrechens durch den Ranghöchsten der Beginn einer Mahlzeit eingeläutet. Dieses Ritual findet sich in der Bibel in der Abendmahlszene, wo dem Brotbrechen die symbolische Bedeutung eines Segens beigemessen wird: »Und er nahm das Brot, dankte, brach es, gab es ihnen und sprach: ›Das ist mein Leib, der für euch gegeben wird. Das tut zu meinem Gedächtnis‹« (Lukas 22:19).

Selbst wenn weder das Teilen noch das Segnen beabsichtigt sind, ist es weiterhin üblich, während eines Menüs

- vom Brötchen oder vom Baguette-Stück nur Brocken in der Größe eines Bissens abzubrechen,
- Butter in kleiner Menge darauf zu geben (»Flöckchen aufs Bröckchen«),
- gegebenenfalls Salz hinzuzufügen und das Stück ohne abzubeißen in den Mund zu schieben.

Aus praktischen Gründen ist es jedoch üblich, dünne Toast- oder Schwarzbrotscheiben im Ganzen mit Butter, Schmalz oder Quark zu bestreichen und abzubeißen.

2 Bei Tisch

ÜBERSICHT — KÖSTLICHKEITEN VON A BIS Z

»Vor den Erfolg haben die Götter den Schweiß gesetzt«, sagt der Volksmund. Für Produkte, welche die Natur nicht für den leichten Verzehr gestaltet hat, gilt: Vor den Genuss haben die Götter das Know-how gesetzt. Damit kommen Sie sogar bedrohlichen Angstgegnern bei.

SPEISE	BESTECK	VERZEHR
Artischocke, groß, gekocht	Gabel und evtl. Messer	1 | Artischocke mit der Linken auf dem Teller festhalten und mit der Rechten die grünen Blütenblätter abzupfen. 2 | Die fleischige Masse am inneren Ende der Blätter in Soße oder Dip tunken und mit den Schneidezähnen vom Blatt ziehen; Reste auf dem Resteteller ablegen. 3 | Ist das Blattfleisch verzehrt, entfernen Sie die pelzigen Staubgefäße mit einem Ruck der rechten Hand. 4 | Mit der Gabel (notfalls Messer) das zarte Herz zerteilen, mit Soße/Dip versehen, mit der Gabel zum Mund führen.
Austern, gegart	Messer und Gabel	Kein Fingereinsatz
Austern, roh	Austerngabel	1 | Auster in die linke, Gabel in die rechte Hand nehmen. 2 | Mit der Gabel das Fleisch von der Schale lösen. 3 | Die Auster zum Mund führen, lautlos mit dem Wasser aus der Schale schlürfen oder das Muskelfleisch mit der Gabel zum Mund führen und das Austernwasser erst anschließend trinken. 4 | Schale auf dem Teller ablegen.
Bach- oder Flusskrebse	Krebsbesteck: Gabel mit zwei Zacken, Messer mit kurzer Klinge mit Loch	1 | Mit dem Krebsbesteck oder mit den Fingern den Kopf vom Schwanz trennen. 2 | Den Panzer mit dem Krebsmesser öffnen. 3 | Das Fleisch mit der Krebsgabel herausziehen und essen.
Fischfilet	Fischgabel und Fischmesser oder Gourmetlöffel	Kein Fingereinsatz 1 | Ein Stück Fisch mit Gabel und Gourmetlöffel beziehungsweise Fischmesser vom Filet abteilen. 2 | Mit Gabel oder Gourmetlöffel zum Mund führen.
Fisch, ganz	Fischbesteck und Grätenteller, evtl. Gourmetlöffel	Kein Fingereinsatz; die Beschreibung auf Seite 47 zeigt Ihnen, wie es geht.

STILVOLL SPEISEN IN GESELLSCHAFT

SPEISE	BESTECK	VERZEHR
Gans, Huhn, Ente	Fleischbesteck	Fingereinsatz möglich, wenn Wasserschale oder Frischetuch eingedeckt ist – aber nur um die Flügel abzulösen und die Keulen festzuhalten. Besser: Gelenke mit Besteck trennen und das Fleisch vom Knochen ziehen. Dieses immer mit Besteck essen.
Gänseleber, gebraten	Mittelbesteck	Kein Fingereinsatz Als Hauptspeise kann die Leber auch mit dem Fleischbesteck gegessen werden.
Gänseleber, eingemacht (Terrine de foie gras)	Gabel des Mittelbestecks	Fingereinsatz zumindest für die Brioche Leber Stück für Stück mit der Gabel auf eine Miniportion Brioche legen und diese zum Mund führen. Oder mit der Gabel zum Mund führen und die Brioche brechen und dazu essen.
Hummer, Languste	Hummerzange, Hummernadel. Wenn in der Küche vorbereitet: Mittel- oder Fleischbesteck	1 | Das Muskelfleisch des Schwanzstücks ganz oder stückweise aus dem Panzer heben. 2 | Scheren mittig mit der Hummerzange knacken. 3 | Mit den Fingern an deren Enden ziehen, bis sich das Fleisch löst. 4 | Mit der Nadel Restfleisch aus den Scheren ziehen. (Punkte 2 bis 4 nur für Hummer, Langusten haben keine Scheren.) 5 | Beine vom Corpus abdrehen, zerbrechen und das Fleisch geräuschlos heraussaugen.
Jakobsmuschel	Mittelbesteck	Kein Fingereinsatz Wie Fleisch mit dem Messer in Stücke schneiden und mit Messer und Gabel essen.
Käse als Nachtisch	Mittelbesteck oder nur ein Messer	1 | Vom Käsebrett oder -wagen Portionen wählen. 2 | Stück für Stück mit dem Messer abtrennen. 3 | Mit der Gabel zum Mund führen oder mit dem Messer auf ein Stück Brot legen und dieses mit der Hand in den Mund schieben. Sich niemals ein zweites Mal bedienen.
Kaviar	Kaviarmesser und -schaufel, im Idealfall aus Horn oder Perlmutt	Fingereinsatz zum Halten von Blini oder Toast 1 | Mit der Schaufel Kaviar auf den Teller heben. 2 | Mit dem Messer auf Buchweizenküchlein (Blini) oder dünnem Toast (Melba Toast) verteilen. 3 | Crème fraîche oder gehacktes Ei, aber weder Zwiebeln noch Zitronensaft hinzufügen. 4 | Große Bissen abbeißen: Kaviar ist besonders schmackhaft, wenn Sie »den Mund voll nehmen«.

2 Bei Tisch

SPEISE	BESTECK	VERZEHR
Krebstiere aus dem Meer, länglich, wie Garnelen, Kaisergranat, Langustinos, Scampi	Mittelbesteck	Fingereinsatz möglich 1 | Mit Besteck oder mit den Fingern den Kopf vom Schwanz trennen. 2 | Die Beine entfernen. 3 | Den Panzer mit Besteck oder Fingern gliedweise vom Fleisch lösen, auf den Teller legen. 4 | Gegebenenfalls mit Besteck den Darm und den Corail (Krebsrogen) entfernen. 5 | Das Muskelfleisch mit Besteck essen.
Muscheln im Sud	Gabel, Löffel	1 | Mit zwei Fingern eine offene Muschel nehmen. 2 | Mit der Gabel das Fleisch herausnehmen und zum Mund führen. 3 | Leere Muschelschale als Zange benutzen, um das Fleisch aus allen weiteren Muscheln zu holen. 4 | Mit dem Löffel zwischendurch und/oder am Ende den Sud aus dem Teller löffeln. Die Finger jeweils reinigen, bevor Sie den Löffel berühren.
Obst, klein, roh		Erdbeeren, Kirschen, Trauben gegebenenfalls säubern und mit der Hand zum Mund führen. Steine und Kerne in die linke Hand spucken und auf den Teller legen.
Obst, mittelgroß, roh	Obstbesteck, zumindest Obstmesser	Fingereinsatz möglich 1 | Orangen, Mandarinen und gegebenenfalls Äpfel, Birnen, Pfirsiche von Hand schälen. 2 | Vierteln oder achteln. 3 | Mit Fingern oder Gabel zum Mund führen. Banane mit der Hand schälen und mit Besteck zerteilen, Stücke mit der Gabel zum Mund führen.
Pizza	Messer und Gabel	Fingereinsatz möglich Mit dem Messer Stücke abschneiden und mit der rechten Hand zum Mund führen.
Pommes frites	Messer und Gabel	Kein Fingereinsatz Große Stücke mit Gabel oder Messer zerteilen.
Spargel, grün	Messer und Gabel	Kein Fingereinsatz Mit Messer und Gabel Stück für Stück zerteilen und mit der Gabel zum Mund führen.

STILVOLL SPEISEN IN GESELLSCHAFT

SPEISE	BESTECK	VERZEHR
Spargel, weiß	Messer und Gabel oder nur die Gabel, evtl. Spargelzange	Wie grüner Spargel oder: 1 | Mit drei Fingern oder einer Spargelzange das Ende der Spargelstange festhalten. 2 | Kopf und Vorderteil mit der Gabel unterstützen und anheben. 3 | Stückweise – geräuschlos – abbeißen und das Ende gegebenenfalls auf den Teller zurück legen.
Sushi	Stäbchen, niemals Messer und Gabel	Wenn Stäbchen, dann kein Fingereinsatz. Ob mit oder ohne Finger: 1 | Sushi-Stückchen aufnehmen. 2 | Kurz die feste Seite in die Sojasoße tunken (siehe auch Kapitel 7, Seite 180). 3 | Nur abbeißen, wenn das Stück zu groß ist, um es auf einmal in den Mund zu schieben.
Taschenkrebse	Mittelbesteck, notfalls Hummerbesteck	Meist wird der Panzer der Scheren bereits vom Koch angeknackt. 1 | Scheren und Beine mit Spezialbesteck oder mit den Händen knacken. 2 | Fleisch mit der Gabel zum Mund führen.
Wachtel	Messer und Gabel	1 | Wachtelbeine mit Besteck oder den Fingern vom Corpus lösen. 2 | Mit der Gabel oder der rechten Hand zum Mund führen. 3 | Den Hauptteil der Wachtel mit Messer und Gabel ausgehend von einem Einschnitt entlang der Rückenmitte zerteilen. 4 | Die Filets vom Knochen abziehen. 5 | Die Filets zerteilen und mit der Gabel zum Mund führen.
Weinbergschnecken im Häuschen	Schneckenbesteck, Suppenlöffel	Kein Fingereinsatz 1 | Suppenlöffel in den tiefen Teller legen. 2 | Mit der Schneckenzange in der linken Hand ein Schneckenhaus zum Teller befördern, festhalten. 3 | Mit der Schneckengabel in der rechten Hand das Schneckenfleisch aus dem Häuschen holen und essen. 4 | Das Haus über dem Löffel mit der Öffnung nach unten drehen, die flüssige Kräuterbutter ausleeren. 5 | Die Butter trinken oder mit Weißbrot aus dem Löffel tunken. 6 | Restliche Butter aus Teller und Pfännchen heraustunken.

2 Bei Tisch

Vom Sandwich zum Fingerfood

Was haben die Südlichen Sandwichinseln und ein Club Sandwich gemeinsam? Beide verdanken ihren Namen dem britischen Diplomaten John Montagu, dem 4. Earl of Sandwich (1718 bis 1792). Mit der Benennung der Inselgruppe wurden seine Dienste für die britische Krone gewürdigt; ob es aber wirklich seine Begeisterung für das Kartenspiel war, die ihn motivierte, sich Fleisch zwischen zwei Brotscheiben legen zu lassen, um weiterspielen zu können, ist nicht belegt. Wahrscheinlich ist, dass sich mit diesem Butterbrot in der Hand gut arbeiten ließ; sicher ist, dass die Erfindung des John Montagu schnell die Welt eroberte.

Genauso ist Fingerfood heute allen dienlich, die sich praktisch und schnell ernähren wollen; man muss dabei ja nicht gleich ernährungsphysiologische Grundsätze und den guten Geschmack vernachlässigen und Fastfood mit (minderwertigem) Junkfood gleichsetzen.

Brot- und andere kleine Mahlzeiten

Auch bei Frühstück und Imbissen ist meist Brot im Spiel, es wird – ob in Scheibenform oder als Brötchen – in der Regel mit dem Messer zerteilt und bestrichen und mit der Hand zum Mund geführt. Croissant und Brioche hingegen werden wie Baguette-Stücke gebrochen.

Fauxpas bei Tisch

Wenn Sie Opfer eines Missgeschicks werden, treten Sie nicht durch hysterisches Verhalten freiwillig in einen zusätzlichen Fettnapf. Retten Sie die Situation durch Ihre Gelassenheit: Tief durchatmen und handeln!

Sie haben eine Gräte, einen Kern, ein Stück Knorpel im Mund. Haben Sie das mit Gabel oder Löffel zum Mund geführt? Lassen Sie es über das Besteckteil wieder aus dem Mund herausgleiten. Legen Sie den Abfall nicht zur allgemeinen Betrachtung auf dem Tellerrand ab, sondern diskret auf (gleich in) dem Teller.

Haben Sie das Stück Fisch, die Kirsche, das Stück Fleisch zum Beispiel bei einem Aperitif aus der Hand gegessen? Spucken Sie den Rest dezent in eine Papierserviette oder notfalls in Ihre linke Hand.

Ein Stück Petersilie, Kümmel, Schinken o. Ä. klemmt zwischen Ihren Zähnen. Können Sie es nicht problemlos mit der Zunge entfernen (bitte keine konzentrierten artistischen Versuche bei Tisch!), verlassen Sie bei der nächsten Gelegenheit den Raum, um ungestört im geschützten Rahmen Ihre Mundhygiene vollziehen zu können.

Sie haben sich verschluckt, müssen ohne Unterbrechung niesen oder husten? Verlassen Sie umgehend den Tisch, lassen Sie sich gegebenenfalls helfen.

Sie haben auf die Tischdecke gekleckert. Ein kleiner Fleck wird am besten ignoriert. Ist der Fleck jedoch so groß, dass er das Gesamtbild stört, decken Sie ihn in Ihrem eigenen Haushalt mit einer sauberen Serviette ab, bitten Sie an fremdem Ort darum, dass man das für Sie erledigt.

Sie haben ein Glas umgeworfen und dabei die Krawatte Ihres Sitznachbarn oder die weiße Ledercouch der Gastgeber in Mitleidenschaft gezogen. Da hilft nur: Ruhig bleiben sowie Hilfe und Entschädigung beziehungsweise Ersatz anbieten. Hoffentlich sind Sie haftpflichtversichert.

Ihrem Gegenüber ist ein kleines Malheur passiert. Helfen Sie ihm aus dem Fettnapf heraus, indem Sie sein Missgeschick schlicht ignorieren. Geht das nicht, bieten Sie unspektakulär Hilfe an.

SEKT ODER SELTERS?

Die Gepflogenheit, miteinander das Glas zu erheben, um auf die Gesundheit, auf einen gemeinsam verdienten Erfolg oder auf die Zukunft zu trinken, sollte in grauer Urzeit übernatürliche Kräfte beschwören. Alkohol kam dabei nicht nur ins Spiel, weil er die Stimmung hebt. Vielmehr wäre ein ungorenes Getränk gesundheitlich bedenklich gewesen. Letzteres ist durch unsere Konservierungstechniken nicht mehr der Fall. Und doch fällt noch heute in geselliger Runde die Entscheidung eher für Sekt als für Selters.

Wein: Der König unter den Getränken

In Weinbauregionen zählt Wein zu den Grundnahrungsmitteln, in den christlichen Kirchen ist er Teil des Abendmahls, die gezielte Wahl eines passenden Weines zur feinen Speise wird vom Gourmet als Medium genutzt, um Kennerschaft zu demonstrieren. Es liegt mehr als nur eine Wahrheit im Wein.

Das beste Glas für Ihren Wein

Die Qualität eines Weines ist die Basis für Ihren Genuss, ein Glas kann keinen schlechten Wein retten, ist aber bei einem guten Wein ein wesentlicher zusätzlicher Genussfaktor.

Das ist bei den in der Abbildung gezeigten Glasformen der Fall. Dort sehen Sie:

1. Weißweinglas
2. Wasserglas
3. Bordeauxglas
4. Roséglas
5. Burgunderglas
6. Dessertweinglas

Haben Sie wenig Platz in Ihrer Wohnung und wollen sich auf einen einzigen Glastyp beschränken? Dann sollten Sie wissen: Eine Studie der Technischen Universität Dresden ergab, dass ein Wein am intensivsten roch und schmeckte, wenn er aus eiförmigen, sich leicht nach oben verjüngenden Gläsern getrunken wurde.

2 Bei Tisch

> **TIPP — WEINETIKETTEN LEICHT GELESEN**
>
> Eine Angabe zum Alkoholgehalt, in Volumenprozent, ist überall zwingend vorgeschrieben, ebenso die Angabe über die Füllmenge der Flasche. Zusätzlich finden sich auf dem Etikett meist Angaben zum Erzeuger und zum Abfüllbetrieb (falls dieser nicht identisch mit dem Erzeuger ist), zum Anbaugebiet und zur Qualitätsstufe des Weins (Tafelwein, Vin de Pays …). In Deutschland und Österreich ist auch ein Hinweis auf die verwendete Rebsorte üblich, ebenso bei vielen Weinen aus der »Neuen Welt«. (»Verwendet« heißt hier: Der Wein muss zu mindestens 85 Prozent aus dieser Rebsorte bestehen.) In Ländern, in denen in bestimmten Gebieten nur eine Traube angebaut wird, ist die Angabe der Rebsorte nicht üblich. Bei vielen französischen oder italienischen Weinen wird einfach vorausgesetzt, dass Sie wissen, welche Rebsorte für den Wein in diesem Herkunftsgebiet verwendet wird.
>
> Mehr zum Weingesetz finden Sie unter http://bundesrecht.juris.de/weing_1994. Einen schönen Künstler-Streifzug durch die Weinetiketten von Mouton Rothschild können Sie auf www.theartistlabels.com machen. Seit 1946 wird bei Mouton Rothschild jedes Jahr ein besonderes Etikett von einem Künstler gestaltet – und auf der Seite finden Sie die Galerie aller Etiketten.
>
> ### Deutsche Weine
>
> Dem Weingesetz zufolge sind deutsche Weine nach steigender Qualität klassifiziert in:
>
> - Deutscher Tafelwein
> - Landwein
> - Qualitätswein bestimmter Anbaugebiete (QbA)
> - Qualitätswein mit Prädikat (QmP).
>
> Letztere tragen entsprechend ihrem natürlichen Zuckergehalt weitere Zusätze in steigender Reihenfolge:
>
> - Kabinett
> - Spätlese
> - Auslese
> - Beerenauslese
> - Trockenbeerenauslese
> - Eiswein
>
> Entsprechend gibt ein typisches deutsches Etikett Auskunft über:
>
> - Alkoholgehalt (z. B. 13,2 %)
> - Amtliche Prüfnummer
> - Anbaugebiet (z. B. Deutschland: Baden)
> - Erzeuger (z. B. Weingut Nägelsförst)
> - Flascheninhalt/Menge (meist 0,7 l)
> - Geschmack (z. B. trocken/halbtrocken)
> - Lesejahr (z. B. 2004)
> - Qualitätsstufe (z. B. Kabinett)
> - Rebsorte (z. B. Riesling)

Französische Weine

Obwohl die Bezeichnungen im Ausland den deutschen ähneln, entsprechen sie ihnen nicht genau. In Frankreich finden Sie in steigenden Qualitätsstufen:

- Vin de Table
- Vin de Pays
- Vin Délimité de Qualité Supérieure (VDQS)
- Appellation d´Origine Contrôlée (AC, AOC)

Nur bei der Angabe appellation + Ort + contrôlée (AO/AOC, Bezeichnung geprüfter Herkunft) stammt der Wein hundertprozentig aus der genannten Region. Über deren Größe sagt das aber noch nichts aus. Sie variiert von mehreren Départements bis zu einem einzigen Areal innerhalb einer Gemeinde.

Ein »grand cru« ist immer ein erstklassiger Wein, ein »premier grand cru classé« ein Spitzenwein. Die Angabe »mis en bouteille au château« bedeutet Erzeugerabfüllung.

Italienische Weine

Italienische Weine sind in steigender Qualität so klassifiziert:

- Vino da Tavola
- Vino da Tavola con Indicazione Geografica
- Vino Tipico
- Denominazione di Origine Controllata (DOC)
- Denominazione Controllata e Garantita (DOCG)

Ein DOCG-Wein ist vom Erzeuger oder einer anderen haftbaren Person abgefüllt und mit einem staatlichen Siegel verschlossen.

Spanische Weine

Die Qualitätsstufen der spanischen Weine lauten:

- Vino Corriente, Vino de Pasto, Vino de Mesa
- Vino de la Tierra
- Denominación de Origen (DO)
- Denominación de Origen Calificada (DOCa)

Das Prädikat DO entspricht zwar der französischen AOC oder der italienischen DOC, bedeutet jedoch keine Qualitätsgarantie.

1988 wurde DOCa als Verschärfung der DO-Bestimmungen eingeführt. Die DOCa-Weine dürfen nur als Erzeugerabfüllungen in den Verkehr gebracht werden.

Der Zusatz »Reserva« weist bei spanischen Weinen auf mindestens ein Jahr Fassreife und zwei Jahre Flaschenreife hin. Gran-Reserva-Weine sind zwar zwei Jahre im Fass und drei Jahre in der Flasche gereift, doch manchmal aufgrund schlechter Lagerung fehlerhaft. Am besten kaufen Sie diese Weine nur im guten Fachgeschäft.

2 Bei Tisch

WELCHER WEIN WOZU?	
CHARAKTER DER SPEISEN	WEINE, DIE DAMIT HARMONIEREN
säuerlich, wie z. B. Salat in Salatsoße	Hier passt kein Wein; wählen Sie entsprechend der Beigabe wie Fisch, Pastete o. Ä.
flüssig: Suppe	Kein Wein passt richtig; bleiben Sie beim Wein des vorigen Gerichts oder gehen Sie gleich zu dem des folgenden über.
scharf und bitter, z. B. Oliven, Peperoni, Artischocken	fruchtige weiße Weine mit wenig Alkohol, z. B. halbtrockene Rieslinge
eiweißreiche Vorspeisen wie Meeresfrüchte und Räucheraal	kräftige Weißweine ohne viel Säure, z. B. Silvaner, Weiß- und Grauburgunder, Sauvignon blanc
eiweißreiche Hauptgänge, z. B. Lamm und Rind, sowie Käse	tanninbetonte Weine: Barolo, Bordeaux, Cabernet Sauvignon, Shiraz
milde Speisen wie z. B. Fisch, Huhn oder Kalb, gekocht	der Wein, der zum Kochen verwendet wurde; im Restaurant fragen Sie den Sommelier
fett, wie Schweinebraten	ein säuregeprägter Wein wie z. B. ein Riesling oder leichte säurebetonte Rotweine wie Beaujolais
kräftig, z. B. Huhn, Ente, Gans, Wild, gebraten	ein kräftiger Weißer oder ein Roter aus der Pinot-Familie
Käse: Ziegenkäse junge, frische Schafs- und Kuhkäse Blauschimmel gereifter Bergkäse	je nach Geschmacksrichtung: Sauvignon Blanc frische Weißweine Beerenauslese oder Sauternes Rotwein
süß, also Nachspeisen	edelsüße Dessertweine, sollten süßer als die Speise sein

Kombinieren geht über studieren – welcher Wein passt wozu?

Eine Faustregel für die Weinwahl ist: Steigern Sie die Eindrücke, die Sie dem Gaumen bieten. Trinken Sie daher zuerst stark gekühlte, dann weniger kühle Weine; zuerst weiße und dann erst rote Weine; junge, leichte Weine vor alten, kräftigen Weinen.

Und so machen Sie es am besten

Ihr Wein sollte in einem Keller trocken, kühl und geschützt vor Gerüchen lagern; Putzmittel verstauen Sie bitte anderswo. Vom Keller kommt er in den Kühlschrank oder in das Esszimmer. Doch nicht nur die Lagerung beeinflusst den Genuss. Zwischen Keller und Tisch kann viel passieren …

SEKT ODER SELTERS?

1. Temperieren

Die ideale Trinktemperatur eines Weines hängt von seinem Alter und der Herkunft, von der Traubensorte und der Qualitätsstufe ab. Vorsicht: Die heute übliche Zimmertemperatur von über 20 Grad schadet jedem Wein. Selbst ein gehaltvoller Rotwein wie ein großer Burgunder, ein Barolo oder ein Grand Cru aus Bordeaux hält nicht mehr als 18 Grad aus. Ein normaler, gereifter Roter aus dem Burgund oder ein Chianti classico entfaltet sich bei 15 bis 16 Grad. Kräftige Weiße und leichte Rote gehören in den Kühlschrank und werden bei 10 bis 12 Grad serviert. Säurebetonte Weißweine, Rosés und edelsüße Dessertweine müssen noch kälter sein: Circa 8 Grad sind genug.

Da der Wein beim Einschenken und beim Verbleib im Glas Wärme aus dem Raum aufnimmt, sollten Sie ihn jeweils um circa weitere zwei Grad herunterkühlen.

2. Verkosten

Um einen Wein zu begutachten, brauchen Sie ein farbloses Glas ohne Dekor und gutes Licht. Der Wein sollte klar und frei von Schwebteilen sein. Bei einem kräftigen Wein mit hohem Alkoholgehalt bilden sich an der inneren Glaswand Schlieren, sogenannte »Kirchenfenster«, bei anderen nicht. Die viel zitierte Annahme, es handele sich um Spuren von Glyzerin, ist falsch.

Um sein Aroma zu testen, schwenken Sie den Wein im Glas und halten die Nase in das Glas hinein. Der Geruch sollte typisch für Rebe, Region und Alter und frei von unerwarteten, vielleicht muffeligen oder korkigen Untertönen sein.

Um den Geschmack zu prüfen, nehmen Sie einen kräftigen Schluck, den Sie nach einer kurzen Verweildauer im Mund durch Ihre Kehle rinnen lassen. Sie können monieren, wenn er einen Fehlton hat (Kork usw.) oder falsch temperiert ist. Erfüllt der Wein diese zwei Qualitätsbedingungen nicht, reklamieren Sie: »Würden Sie bitte den Wein selbst verkosten? Ich habe Zweifel.«

Darf eingeschenkt werden? »Gern.«

3. Einschenken

Schenken Sie einer Person über deren rechte Schulter in das auf dem Tisch stehende Glas ein; halten Sie dabei die Flasche so, dass sie einen Blick auf das Etikett werfen kann. Sicherheitshalber nehmen Sie Rotweinkelche zum Einschenken zu sich. Niemals berührt die Flasche das Glas; um Tropfenbildung zu verhindern, drehen Sie die Flasche am Ende des Vorgangs leicht ab. Schenken Sie bei der ersten Runde bis zur bauchigsten Stelle des Glases ein, bei großen Kelchen circa einen Achtelliter. Es ist eine Geste der Höflichkeit, dass ein Gast sein Glas nicht ganz austrinkt – und dass Gastgeber keinen Gast auf dem Trockenen sitzen lassen.

4. Trinken

Der Wein hält die Temperatur besser, wenn Sie das Glas am Stiel anfassen. Ausnahmen sind Gläser mit kurzem Stiel und großem Kelch wie Pils- und Cognacgläser. Wassergläser (mit Stiel) sind keine Ausnahmen.

Beginnen Sie in Gesellschaft nie allein zu trinken. Heben Sie das Glas so, dass Sie Blickkontakt zu den übrigen Anwesenden haben. Trinken Sie und stellen Sie vor dem Absetzen des Glases erneut Blickkontakt her. Trinkrituale dienten früher nicht nur zur Festigung der Gemeinschaft, sondern gaben in fremdem Umfeld Sicherheit: Wer sich mit einem Humpen den Blick verstellte, setzte sich der Gefahr aus, Opfer eines Überrumpelungsangriffs zu werden. Eine gute Beobachtung des Umfelds vor und nach dem Trinken beugte dem vor. So etwas müssen wir heutzutage nicht mehr fürchten, dennoch ist das Zeremoniell weiterhin beliebt.

2 Bei Tisch

INTERVIEW

KARL-HEINZ SCHOPF ist Chef-Sommelier im Park-Restaurant von Brenner's Park-Hotel & Spa in Baden-Baden. Er erläutert, welcher Aperitif den angemessenen Auftakt für ein gutes Essen bildet.

Herr Schopf, es gibt so viele verschiedene Aperitifs. Was empfehlen Sie?
Eindeutig einen Schaumwein: Er enthält wenig Alkohol, läuft prickelnd über die Zunge und belebt durch Kohlensäure und Kühle.

Es gibt allein in Europa eine große Bandbreite an Schaumweinen.
Das ist richtig und die Lage ist unübersichtlich. Champagner kommt zwar garantiert aus der französischen Region Champagne, doch Crémant zum Beispiel klingt französisch, kann aber auch aus Deutschland kommen. »Cava« ist spanisch, »Frizzante« kommt meist aus Italien, »Sekt« ist deutsch. Das Ganze ist eine Geschmacks- und offen gesagt eine Preisfrage.

Bleiben wir zuerst einmal beim Geschmack.
Als Aperitif trinken Sie am besten etwas Herbes: einen »extra brut« oder einen »brut«. »Extra dry« lässt auf eine etwas vollmundigere Note schließen. Die Varianten »dry«, »demi-sec« und »doux« sind fruchtbetont bis lieblich und vor dem Essen ungeeignet.

Verraten Sie uns bitte: Was ist das Besondere am Champagner?
Das Wort »Champagner« bezeichnet ausschließlich Schaumweine aus der Region um Epernay und Reims, der Champagne. Er ist eine Cuvée (Verschnitt) von Weinen aus Chardonnay-, Pinot-Noir- und Pinot-Meunier-Trauben, die in der Champagne gewachsen und gekeltert sind, und hat deshalb einen stabilen Geschmack. Er wird mindestens ein Jahr in der Flasche vergoren, ein aufwendiges Verfahren. Flaschengärung gibt es auch in anderen Regionen; das Produkt darf sich aber nicht »Champagner« nennen.

Was darf ein Champagner kosten?
Das kann man so nicht beantworten. Bei einem Jahrgangschampagner werden Grundweine eines einzigen Jahrgangs mindestens 36 Monate in der Flasche gegoren; das muss seinen Preis haben. Rosé-Jahrgangschampagner großer Champagnerhäuser sind heute rar und gesucht und kosten im Fachhandel 250 Euro und mehr. Dafür können Sie sie länger aufbewahren als normale Champagner. Die sollten nach spätestens einem Jahr getrunken werden.

Was müssen wir beim Verzehr beachten?
Champagner muss sehr kühl getrunken werden, nur Jahrgangschampagner darf bis zu 10 Grad warm sein. Die Flasche darf keine Erschütterung erfahren, sonst bekommen Sie Probleme beim Öffnen. Am besten halten Sie beim Öffnen die Flasche mit einer Serviette. Entfernen Sie zuerst die metallene Kapsel, dann die Agraffe, das ist der Draht, der den Korken hält. Von jetzt an ist Vorsicht geboten! Halten Sie den Korken mit der rechten Hand gut fest, drehen Sie ihn stets in die gleiche Richtung und aus der Flasche heraus. Und lassen Sie den Korken nicht knallen!

Stimmt es, dass ein Silberlöffel in der Flasche die Kohlensäure bis zum nächsten Tag erhält?
Nein, da leistet ein Champagnerkorken einen besseren Dienst. Noch besser: Die Flasche am Abend leer trinken.

Und was muss ich bei der Lagerung der geschlossenen Flasche beachten?
Mit Naturkorken verschlossene Weinflaschen lagern Sie stets liegend, damit der Korken feucht und dicht bleibt. Bei anderen Flaschen gilt jedoch, wie bei Spirituosen: Der Inhalt sollte nicht mit dem Verschluss in Kontakt kommen, lagern Sie die Flaschen also bitte stehend.

Haben Sie einen Tipp für das richtige Glas?
Für Sekt oder Prosecco ist eine schmale Flöte richtig, ein wertvoller Schaumwein entwickelt sich besser in einem größeren bauchigen Glas.

Und Omas Sektschalen?
Die sind ideal für Krabbencocktail oder Quarkspeise, für einen gepflegten Schaumwein sind sie ungeeignet: Der Inhalt erwärmt sich zu schnell und die feinen Perlen verflüchtigen sich. Es wäre schade um einen Champagner!

Dann sind Sie auch gegen Zusätze?
Nein, im Gegenteil. Wenn Sie häufig Schaumwein trinken, bieten sich Geschmacksvarianten geradezu an: Kombinationen mit Holunderblütenextrakt oder Cassis, dem Likör von Schwarzer Johannisbeere – das ergibt einen »Kir Royal«. »Bellini« ist Champagner mit Pfirsichfleisch.

Warum gilt Bier nicht als Aperitif?
Bier ist ein herrliches Getränk für ein geselliges Beisammensein, hat aber im Unterschied zu den Produkten aus Weintrauben nie als Statussymbol gegolten. Darum hat es bei einem feierlichen Anlass nichts zu suchen, wird aber gerade nach einem Arbeitstag vor dem Essen gern getrunken. Wenn Sie schon Bier trinken, dann ein Pils, die »Königin der Biere«. Überzeugte Alt-, Kölsch- oder Weißbiertrinker sehen das anders, ich weiß.

Welche Alternativen zu kohlensäurehaltigen »Einsteigern« empfehlen Sie?
Einen trockenen White Port oder einen Fino Sherry, die beide gekühlt getrunken werden, oder einen vollmundigeren und deshalb nicht gekühlten Amontillado. Alle werden im Übrigen im Keller bei gleichbleibender Temperatur, trocken und dunkel gelagert. Stellen Sie eine geöffnete Flasche nach dem Einschenken verkorkt in den Kühlschrank – und bewahren Sie sie nicht länger als vier Wochen auf.

Welches ist der Unterschied zwischen einem Cocktail und einem Longdrink?
Mit Longdrink ist, wie der Name sagt, ein »verlängertes«, also aufgegossenes alkoholhaltiges Getränk gemeint, dazu zählen zum Beispiel Campari Orange, Gin Tonic und Wodka Lemon. Ein Cocktail – Caipirinha, Dry Martini oder Manhattan beispielsweise – erfordert Präzision, weil er immer auf sechs Zentiliter gemixt ist, und macht wesentlich mehr Arbeit.

Muss Alkohol vorneweg sein?
Niemand kann Sie zwingen. Caipirinha auf Fruchtsaftbasis und Cocktails auf der Basis von Sanbitter – das ist eine Komposition aus Zitrusfrüchten und Alpenkräutern – beispielsweise sind sehr beliebt. Aber da sind wir vom Champagner sehr weit entfernt.

2 Bei Tisch

ZUPROSTEN

1. Falsch: Das Aneinanderstoßen der Gläser war früher Freundschaftsbeweis oder Sicherheits-Check. Beides ist heute nicht mehr nötig, darum stoßen die Gläser nicht aneinander.
2. Richtig: Heben Sie das Glas mit Blickkontakt zu den übrigen Anwesenden. Trinken Sie und stellen Sie vor dem Absetzen des Glases erneut Blickkontakt her.

Das gilt auch für das Anstoßen. Das Klingen der Gläser erinnert an den Pokal, aus dem die Gruppe gemeinsam trank – und beim evangelischen Abendmahl heute noch trinkt. Zudem stießen unsere Ahnen ihre Becher und Humpen gegeneinander, damit die Getränke überschwappten und sich mischten: »Trink, Brüderlein, trink…«. Freundschaftsbeweis oder Sicherheits-Check? Zwei Seiten einer Medaille! Wir müssen heute nichts beweisen oder testen und darum nicht anstoßen. Wenn wir es tun, schließen wir Personen, die anderes trinken als wir – selbst Wasser! – nicht aus.

Ganz ohne Alkohol: Alternativen zum Wein

Ob Sie zum Essen Wein trinken oder nicht: Wasser gehört immer dazu. Sie können
- eine Karaffe Leitungswasser servieren;
- Tafelwasser anbieten;
- natürliches Mineralwasser reichen, es darf enteisent – von Eisen sowie von anderen Mineralien befreit – sowie »mit Kohlensäure versetzt« sein, seine Reinheit wird behördlich geprüft;
- Quellwasser trinken, dieses stammt aus unterirdischen Quellen und enthält weniger Mineralien als Mineralwasser, es bedarf keiner amtlichen Anerkennung;
- natürliches Heilwasser aus unterirdischen Quellen wählen; solches amtlich zugelassenes Wasser darf nicht bearbeitet sein.

Die Wirkung scharfer und fetter Speisen lässt sich mit arabischen und asiatischen Joghurtgetränken wie Ayran (türkisch), Dugh (persisch) oder Lassi (indisch) mildern; kühl serviert sind sie sehr schmackhaft. Chinesische Speisen können auf traditionelle Art von Jasmintee begleitet werden. Softdrinks sind zum Essen ungeeignet, da sie sättigen und den Geschmack von Speisen überdecken. Leicht säuerliche Fruchtsäfte wie Apfel- oder Johannisbeersaft sind möglich, sollten aber mit (sprudelndem) Wasser verlängert werden.

»One for the road«: Zum guten Abschluss

Ernährungsphysiologen streiten sich, ob zum Abschluss eines Essens ein Kaffee besser sei oder ein Digestif. Gourmets haben sich längst entschieden – und wählen beides.

Das Getränk der Vernunft: Kaffee

Kaffee trägt den Beinamen »Wein des Islam«: Er hatte seinen Ursprung in der arabischen Welt und wurde von den alkoholabstinenten Moslems seiner anregenden Wirkung wegen geschätzt. Wachheit des Geistes gepaart mit Leichtigkeit des Körpers – dieser Effekt ebnete dem Kaffee im Zeitalter der Vernunft in Europa den Weg.

Grämen Sie sich übrigens nicht, wenn Ihnen zu Hause kein Schaum auf dem Espresso gelingen will. Die »Crema« bildet sich nur bei Maschinen mit über zehn Bar Druck und hat keinen Einfluss auf den Geschmack.

Hochprozentiges von Weinberg, Baum, Strauch und Feld

Brände aus Weintrauben sind weltweit bekannt. Sie heißen international »Brandy«, in Frankreich je nach Herkunft »Cognac« oder »Armagnac« (beide im Südwesten Frankreichs gelegen) und in Deutschland »Weinbrand«. Gemeinsam ist ihnen allen, dass sie nur bei guter Qualität aus einem großen, bauchigen Glas getrunken werden sollten.

Auch Grappa stammt von Trauben, ist aber ein aus gegorener Traubenmaische gewonnenes Destillat. Durch die Verbesserung der Destillationsverfahren ist der – früher gewöhnliche – »Klare« in den Rang der edlen Spirituosen aufgestiegen.

Der bekannteste Apfelbrand ist sicherlich der Calvados aus dem Département Calvados in der Normandie, wo er nicht nur als Digestif geschätzt wird. Als »trou normand« (normannisches Loch) schafft er im Magen nach Vorspeise und Zwischengängen Platz für Hauptgang, Käse und Dessert.

Werden Edelbrände nicht in Holz, sondern in Glas- oder Steinzeugbehältern gelagert, bleiben sie farblos und werden zu »Wässerchen«. Das richtige Obst dafür – Aprikosen, Birnen, Kirschen, Mirabellen, Pflaumen, Quitten, Vogelbeeren und Zwetschgen – gedeiht vor allem im Umland der Vogesen: in Baden, im Elsass und in der Nordschweiz.

Werden Himbeeren, Brombeeren oder Schlehen – Früchte mit niedrigem Zuckergehalt – vor dem Destillieren mit Alkohol angesetzt, entsteht ein »Geist«.

Zuckerrohr ist die Basis von Rum (meist aus der Karibik) und Cachaça (immer aus Brasilien). Auch diese Brände haben in den letzten Jahren eine Qualitätssteigerung und somit einen Imagewandel erfahren und sind zu beliebten Getränken in exklusiven Bars aufgestiegen.

Wodka aus der Schweiz ist im Moment »in«. Während die anderen oben erwähnten hochprozentigen Drinks ihr volles Aroma bei Zimmertemperatur entfalten, wird Wodka gut gekühlt und aus kleinen Gläsern genossen. Genauso Aquavit, Korn und Gin.

Whisky oder Whiskey? Diese »Lebenswässer« (so die Bedeutung des gälischen Wortes) unterscheiden sich nicht nur in der Schreibweise. Im Überblick: »Whiskey« stammt aus Irland oder den USA, nennt sich dort Bourbon und enthält mehr Mais als Gerste. »Whisky« (ohne »e«) ist schottischen Ursprungs. Hier sind der Blended Scotch, der als Verschnitt auf verlässliche Weise immer gleich schmeckt, und der Single Malt zu unterscheiden. Dieser weist je nach Herkunft von grasig über süß bis torfig sehr verschiedene Nuancen auf.

2 Bei Tisch

KLEINE LESEHILFE

BEGRIFF AUF DER KARTE	DAS VERBIRGT SICH DAHINTER
Vorneweg	
Amuse-bouche/Amuse-gueule	Appetithappen, »Gruß aus der Küche«
Consommé	geklärte Kraftbrühe
Feuilleté	Blätterteigstück (je nach Füllung auch zur Nachspeise)
Foie Gras	Gänseleber
Galantine	Rollpastete aus Fleisch oder Fisch
Hors d'œuvre	Vorspeise
legiert (für Suppe oder Soße)	mit Eigelb und Sahne gebunden
mariniert	in einer gewürzten Flüssigkeit eingelegt
Mousse	feines Püree z. B. aus Geflügel, Gemüse (zum Nachtisch oft aus Schokolade)
Nizzaer Art	mit Tomaten, Knoblauch, Oliven und Sardellen
Parfait	Feinkosterzeugnis, eine feine Farce z. B. mit Gänseleber und Aspik vermengt (siehe auch Hauptspeisen)
Straßburger Art	(Wurstsalat) mit Käsestreifen (siehe auch Hauptspeisen)
Terrine	eingemacht, z. B. Terrine de Foie Gras: Gänseleberpastete
Vinaigrette	Salatsoße aus Essig, Öl und Kräutern
Hauptspeisen	
Bourguignon	mit Rotwein nach Burgunder Art; Fondue Bourguignonne: Fleischfondue
braisiert	geschmort
Concassé	grob zerkleinert, z. B. für Tomaten
Espuma	schaumartige Creme, aus der Molekularküche
Farce	Füllung aus Fleisch, Fisch oder Gemüse
Fleuron	ungesüßter kleiner Halbmond aus Blätterteig
Florentiner Art	mit Blattspinat und Mornay-Soße
Försterin Art	mit Morcheln, Speck und Nusskartoffeln
Frühlings-Art	mit jungem Gemüse
Gärtnerin Art	mit frischen Gemüsen umlegt, holländische Soße

SEKT ODER SELTERS?

BEGRIFF AUF DER KARTE	DAS VERBIRGT SICH DAHINTER
Hubertus	mit Wildbret
Julienne	in feine Streifen geschnittenes Gemüse oder Fleisch
Jus	Fleischsaft
Müllerin Art	in Mehl gewendet, mit Butter und Zitronenscheiben
Pommes allumettes	mit Sahne und Calvados, Apfelwein und/oder Äpfeln
Pommes Dauphine	sehr dünn (wie Streichhölzer) geschnittene Pommes frites
Pommes Duchesse	Kartoffelkroketten
Pommes Macaire	im Backofen gebratene Kartoffelkroketten
Pommes rissolées/sautées	in der Pfanne gebräunte Kartoffelküchlein
Pommes vapeur	Bratkartoffeln
Rossini	Salzkartoffeln
Sauce Périgueux	mit Gänseleber und Trüffeln, meist zu Rinderfilet gereicht
Schlosskartoffeln	mit schwarzen Trüffeln aus dem Périgord
Straßburger Art	olivenförmig geschnittene, in Butter gebratene Kartoffeln
Suprême	mit Gänseleber und Sauerkraut
Tournedos	das beste Stück z. B. von der Poularde
Tranche	kleine Scheibe vom Rinderfilet
Vichy	mit Karotten garniert
Wellington	in Blätterteighülle mit Trüffelsoße
Danach	
Charlotte	gebackener Obstpudding mit Früchten
Crêpe	dünner gebackener Eierkuchen
Crêpes Suzette	am Tisch flambierte Crêpes
Eclair	Feingebäck zum Kaffee
Parfait	Halbgefrorenes aus Eigelb, Sahne, Fruchtsaft u. Ä.
Petits fours	kleine, bunt verzierte Gebäckstücke
Sabayon	Weinschaum
Soufflé	Auflauf

2 Bei Tisch

KAFFEE-GENUSS

MÖCHTEN SIE …,	BESTELLEN SIE IN …	EINE BZW. EINEN …	BESONDERHEITEN
einen kleinen, starken, schwarzen Kaffee	Deutschland	Espresso	
	Frankreich	café	
	Italien	caffè	
	Österreich	Schwarzen	
	Spanien	café solo	
	der Türkei	arabischen Mokka	mit Kardamom, auch Zimt und Nelken, ungesüßt
einen starken, kleinen Kaffee mit wenig Milch	Deutschland	Espresso mit Milch	
	Frankreich	noisette	
	Italien	caffè macchiato	
	Österreich, außer Wien	kleinen Braunen	Milch oder Sahne werden à part (getrennt) serviert
	Spanien	cortado	
eine etwas größere Menge Kaffee mit Milch	Deutschland	Kaffee	
	Frankreich	café au lait*	
	Italien	caffè latte*	
	Italien	cappuccino*	mit Wasser gestreckter Espresso mit aufgeschäumter Milch und einem Hauch Kakao
	Italien	latte macchiato*	aufgeschäumte Milch mit etwas Espresso
	Österreich	Kapuziner	verlängerter Espresso mit etwas heißer Milch
	nur Wien	Braunen	
	Spanien	café americano	Kaffee, Milch à part
	Spanien	cafe con leche*	Kaffee mit viel heißer Milch
	Spanien	café bombón/canario	Espresso mit Kondensmilch aus der Tube

* Sättigender Frühstückskaffee mit viel Milch; daher nach dem Essen nicht geeignet.

Für den süßen Zahn: (Kräuter-)Likör

»Wer Sorgen hat, hat auch Likör«, sagt die fromme Helene bei Wilhelm Busch. Das ist gar nicht naiv, denn den Likör verdanken wir dem Wissen von Nonnen und Mönchen über die Heilkraft von Kräutern. Profan gesagt: Alkoholhaltige Flüssigkeit mit Kräuterextrakten galt als für Leib und Seele gesund! Jedenfalls ist Kräuterlikör (Jägermeister, Fernet Branca, Averna …) derzeit »angesagt«. Mancher Gourmet schwört auf Kräuter in anderer Form: Eisenkrauttee, auch »Verveine« genannt, hat ein mildes Aroma und ist auch als Schlummertrunk ideal.

SEKT ODER SELTERS?

FAQ — HÄUFIG GESTELLTE FRAGEN

Wie verhalte ich mich, wenn meine Serviette auf den Boden fällt?

»Eine Dame bückt sich nicht« – diese Regel ist überholt. Schon aus Gründen der Hygiene verzichten Sie – ob Dame, Herr oder Kind – darauf, etwas, das auf dem Boden gelegen hat, noch einmal zu benutzen. Ist die Serviette weit unter den Tisch gefallen, machen Sie kein Aufhebens, lassen Sie sie liegen. Andernfalls heben Sie sie auf. Bei sich daheim sorgen Sie kommentarlos für Ersatz, in einem fremden Haus bitten Sie darum. Genauso verfahren Sie in einem Gasthaus. In einem Sterne-Restaurant entfernt eine Servicekraft diese Serviette und bringt diskret eine neue – aus hygienischen Gründen ohne sie selbst anzufassen.

Wie bekomme ich den Rest meiner Suppe aus Tasse und Teller heraus?

Streng genommen winkeln Sie einen Suppenteller nicht an. Es ist aber meist erlaubt, ihn in Richtung Tischmitte anzuheben: Wenn dann etwas herausschwappt, beschmutzen Sie nicht Ihre Kleidung.
Bei Suppentassen ist die Etikette weniger streng, diese dürfen Sie auf jeden Fall anheben. Nachdem Sie alle Einlagen gegessen haben, können Sie den Rest einer klaren Brühe sogar aus der Tasse trinken. Weil Consommé-Tässchen mit der linken Hand am Henkel fixiert werden, heben Sie auch größere Suppentassen nur am linken Henkel zum Mund. Den Löffel vorher ablegen!

Darf ich vom Nachbarteller naschen?

Es soll Restaurants geben, die ihre Gäste des Ortes verweisen, wenn sie den Nachbarn von ihrem Teller probieren lassen. Aber Sie können Speisen auf den Brotteller legen und diesen weiterleiten.

Wie kann ich verhindern, dass bei einem alten Rotwein Ablagerungen aus der Flasche ins Glas gleiten?

Füllen Sie ihn in eine Karaffe um – dekantieren Sie ihn. Dabei bleiben die Ablagerungen – das Depot – in der Flasche. Am besten halten Sie ihn beim Dekantieren über eine Kerze, um die Details zu sehen. Das Dekantieren setzt außerdem Aromen frei; deshalb ist es heutzutage sogar bei jüngeren Rotweinen und gehaltvollen Barrique-betonten Weißen sinnvoll.

Wie benutze ich Messerbänkchen?

Sie sind sowohl fürs Messer als auch für die Gabel gedacht. Sie kamen früher zum Einsatz, wenn zwischen zwei Gängen oder zum Servieren einer weiteren Portion des Hauptgangs (»Nachservice«, im Volksmund »Nachschlag«) nur die Teller, aber nicht das Besteck gewechselt wurden. Wohin damit ohne Teller? Natürlich nicht auf das Tischtuch, sondern aufs Messerbänkchen! Und zwar so: Die sauberen Griffe der Besteckteile lagen auf dem Tischtuch, die beschmutzten Enden ruhten säuberlich auf dem Bänkchen. Heute wird das Besteck mit dem Teller gewechselt, daher sind diese Bänkchen überflüssig.

Frohe Gäste, schöne Feste

Ein Fest ist weit mehr als eine nette Gelegenheit, Freunden ein gastliches Verwöhnprogramm zu bieten. Die perfekte Organisation eines Festes bietet Ihnen eine Bühne und Ihre Einladung hinterlässt immer einen Eindruck – überlassen Sie ihn nicht dem Zufall.

GUT ORGANISIEREN – ENTSPANNT FEIERN

Spontan bei den Nachbarn klingeln: »Wir haben was zu erzählen, Kommt ihr schnell auf ein Glas Wein vorbei?« Wenn sich dann der Hunger meldet, das Szegediner Gulasch, das ohnehin auf dem Ofen steht, teilen, noch eine Flasche aus dem Keller holen … So kann sich ein gelungener Abend entwickeln.

Ist Ihre Absicht jedoch, bestimmte Personen zu einem definierten Anlass zusammenzubringen, diese kulinarisch zu verwöhnen und selbst dabei entspannt zu bleiben, ist Planung angesagt.

So gehen Sie strategisch klug vor

Bestimmen Sie im Vorfeld, was Sie mit Ihrer Einladung erreichen möchten und wie viel Zeit, Geld und Nerven Sie für dieses Ziel investieren wollen. Behalten Sie die Verhältnismäßigkeit im Auge.

Die Mischung macht's: Ihre Gästeliste

Gehört die Patentante zum gegebenen Anlass naturgemäß dazu? Passen Sommers zu Schulzes? Warum soll Ihre Schwester unbedingt Ihre neue Nachbarin kennenlernen? Definieren Sie Ihre Ziele. Machen Sie sich – jenseits aller Verpflichtungen – die Gastfreundschaft nicht zu schwer, mischen Sie die Berufsgruppen: Menschen, die Umgang mit anderen Menschen haben, gern genießen und viel erleben, sind ideale Alliierte bei der Unterhaltung, ob sie in der Medienbranche tätig sind, in der gehobenen Gastronomie oder im Tourismusbereich. Dorothea von Eberhardt, Geschäftsführerin der Event-Agentur Hardenberg Concept in Berlin: »Nichts ist so langweilig wie eine ›homogene Masse‹, eine ›gut gewürzte‹ Gästeliste ist das A und O.«

> Mich deucht, das Größt' bei einem Fest ist, wenn man sich's wohl schmecken lässt.
>
> **JOHANN WOLFGANG VON GOETHE** | deutscher Dichter

Komm doch mal vorbei: Ihre Einladung

Ihre potenziellen Gäste schließen von der Form der Einladung auf das Niveau der Veranstaltung und den unausgesprochenen Dresscode: Wer sich aufgrund einer Sammel-Mail »zu einem gemütlichen Abend« in Jeans und Sneakers aufmacht und vor Ort an einer festlich gedeckten Tafel Platz nehmen soll, fühlt sich unfair informiert. Geben Sie Ihren Gästen daher eine Orientierung.

☐ Laden Sie zu einem lockeren Anlass mündlich oder per E-Mail (»Hallo Karsten!«) ein. Schicken Sie hingegen für einen förmlichen Anlass eine Büttenkarte: »Wir feiern Goldene Hochzeit, bitte geben Sie uns die Ehre.«

3 Frohe Gäste, schöne Feste

DAS ETIKETTE-QUIZ

Gastgeber und Gäste – hier gelten ganz eigene Regeln. Wie machen Sie's am besten? Testen Sie sich selbst. Bitte markieren Sie jeweils die richtige Antwort. Die Lösung finden Sie am Ende des Buches auf Seite 188.

1. **Sie feiern Ihren Geburtstag und laden Freunde aus einer anderen Stadt ein, die finanziell ähnlich gestellt sind wie Sie. Deren Hotelübernachtung ...**

   a ist keinesfalls automatisch in Ihrer Gastfreundschaft inbegriffen; Sie müssen das aber bei der Einladung bereits ankündigen.

   b teilen Sie hälftig mit ihnen.

   c müssen Sie auf jeden Fall bezahlen; wie sollen Sie ihnen auch klarmachen, dass das anders gedacht wäre?

2. **Sie sind bei einem großen Geburtstagsfest in einem Lokal zu Gast. Das Essen zieht sich hin, Sie müssten dringend nach Hause. Sie verlassen die Veranstaltung zwischen Hauptgang und Dessert ...**

   a auf keinen Fall; eine Lücke am Tisch wäre eine Zumutung für den Gastgeber und die übrigen Gäste.

   b nachdem Sie sich formvollendet bei allen Gästen an Ihrem Tisch verabschiedet haben.

   c mit einem diskreten Hinweis an Ihre direkten Tischnachbarn, nachdem Sie dem Gastgeber Ihr Problem dargelegt und ihn um sein Verständnis gebeten haben.

3. **Sie, männlich, werden von einer Geschäftspartnerin in ein Restaurant eingeladen. Sie müssen selbst einen Tisch suchen. Wer geht durch das Lokal voran?**

   a Sie, weil grundsätzlich der Herr in einem Restaurant schützend vorangeht, es sei denn, ein Kellner übernähme die Führung.

   b Ihre Geschäftspartnerin, weil sie als Einladende die Regie übernimmt.

   c Ihre Geschäftspartnerin, weil einer Dame grundsätzlich der Vortritt zu lassen ist.

GUT ORGANISIEREN – ENTSPANNT FEIERN

- Sprechen Sie den Termin mit Gästen, auf deren Anwesenheit Sie viel Wert legen, vorher ab: »Wir hätten euch als Trauzeugen bei unserem Hochzeitstag auf jeden Fall gern dabei; haltet ihr euch bitte den 2. Mai schon einmal für uns frei?«
- Machen Sie detaillierte Angaben zu Ort, Zeit, Anlass und Bewirtungsform: »zum Grillfest am Samstag, 5. Juli ab 18 Uhr in der Sollestraße 8 in Freiburg-West«.
- Geben Sie an, wie Ihre Gäste sich kleiden sollten: »Legerer Anzug, Sommerkleid« umreißt Ihre Vorstellung vom Erscheinungsbild der Gästeschar deutlicher als der Begriff »Freizeitkleidung« und lässt doch einen gewissen Freiraum.
- Geben Sie an, bis wann und auf welchem Weg Sie eine Antwort wünschen. Auf einer Büttenkarte nutzen Sie die in formellen Kreisen übliche Angabe »U. A. w. g.« (Um Antwort wird gebeten). Ein Beispiel: »…auf beiliegender Karte bis 4. Juni 2009«. Lockerer formuliert geht's auch: »Bitte gebt im Lauf der Woche per E-Mail Bescheid, ob ihr zum Grillen kommt und welchen Salat ihr mitbringt.«
- Unterstellen Sie auf Ihrem Antwortformular keine Gefühle; verzichten Sie daher auf die Formulierungen »muss leider absagen« und »komme gern«.
- Bestehen Sie darauf, die Identität der zu erwartenden Personen zu erfahren. Geben Sie vor: »Ich komme mit… (bitte Namen einfügen).«
- Sie müssen für Ihre Gäste keine Hotelübernachtung bezahlen. Fügen Sie der Einladung ein Beiblatt mit Adressen und Preisen von Hotels bei. Die Aufforderung: »Es handelt sich hierbei um Vorzugspreise. Bitte kümmert euch selbst um die Reservierung« schließt auf elegante Weise jeden Zweifel aus.

Alles hat seine Zeit: Das richtige Timing

Die Tages-, Wochen- und Jahresabläufe unterscheiden sich heute selbst im Freundeskreis ganz erheblich, da ist es nicht leicht, den richtigen Zeitpunkt für ein Fest abzupassen. Dennoch haben sich generell bestimmte Uhrzeiten bewährt:

11.00 bis 13.00 Uhr: Geburtstagsempfang und Jubiläumsfeier
12.30 bis 14.30 Uhr: Mittagessen
15.30 bis 17.30 Uhr: Kaffeetrinken
17.00 bis 18.30 Uhr: Teestunde
18.00 bis 20.00 Uhr: After-Work-Party
19.00 bis 21.00 Uhr: Cocktailparty
19.30 bis 22.30 Uhr: Abendessen

Natürlich können Sie Ihre Gäste auch zu einem Abend im Club einladen. Der wird vor 22 Uhr nicht beginnen und das Ende ist offen. Vielleicht klingt der Abend beim gemeinsamen Frühstück aus?

Menü oder Büfett? Entscheiden Sie praktisch

Für ein Menü spricht, dass es durch seine Form einen festlichen Charakter hat, Ihre Gäste in Ruhe – und ohne sich bei jedem Gang für oder gegen ein Gericht entscheiden und dieses durch den Raum tragen zu müssen – speisen können. Außerdem haben Sie leichter Zeiten, Mengen und die gesamte Regie im Griff.

Beim Büfett haben Ihre Gäste die Wahlfreiheit und können sich frei bewegen. Zudem ermöglicht es Ihnen, unspektakulär Sonderwünsche wie vegetarische Kost zu erfüllen.

Was liegt Ihnen eher? Das wissen nur Sie. Machen Sie es sich nicht zu schwer. Es ist auch nicht verboten, andere, die es besser können, für sich kochen zu lassen und einen lokalen Caterer zu beauftragen. Selbst Servicekräfte können Sie dort buchen.

3 Frohe Gäste, schöne Feste

CHECKLISTE — ABENDESSEN FÜR FREUNDE

Sie laden eine kleine oder größere Runde von guten Freunden zu sich nach Hause ein. So könnte Ihre Zeitplanung aussehen, damit die Organisation wie am Schnürchen läuft.

4 bis 2 Wochen zuvor
- ✓ Zeit und Rahmen festlegen
- ✓ Gäste bestimmen und einladen
- ✓ Menü/Speisen und dazu passende Getränke auswählen

Eine Woche zuvor
- ✓ Speiseplan erstellen
- ✓ Getränke und haltbare Speisen einkaufen
- ✓ Tischwäsche und Geschirr prüfen – wenn in zu geringer Zahl vorhanden, entweder aufstocken oder Quellen zum Ausleihen herausfinden

Am Vortag
- ✓ Restliche Einkäufe tätigen
- ✓ Suppen, Braten usw. vorkochen
- ✓ Muss etwas mariniert, eingelegt oder eingefroren (z. B. Parfait) werden?
- ✓ Getränke kalt stellen

Vorabend
- ✓ den Tisch decken und dekorieren (nichts, das verwelkt)
- ✓ Kleidung rauslegen

Bis 2 Stunden vor Ankunft
- ✓ Frische Produkte (Obst, Gemüse) und Dekoration (Schnittblumen) vorbereiten
- ✓ Ess- und Wohnbereich dekorieren, kleine Eyecatcher als Gesprächsöffner deponieren
- ✓ Flur und Bad auf Besuchertauglichkeit checken
- ✓ Tisch fertig eindecken und dekorieren
- ✓ Rotwein auf die richtige Temperatur bringen
- ✓ Vasen bereitstellen
- ✓ Platz frei räumen in der Küche (zum Vorbereiten der Teller) und im Esszimmer/Essbereich (zum Anrichten von Speisen)

1 Stunde vor Ankunft
- ✓ Kleidung prüfen bzw. sich umziehen und fertigmachen
- ✓ Kinder ins Bett oder zu Freunden bringen

Auf der Einladung angegebene Zeit
- ✓ Gastgeber sind bereit, ihre Gäste entspannt zu empfangen.

GUT ORGANISIEREN – **ENTSPANNT FEIERN**

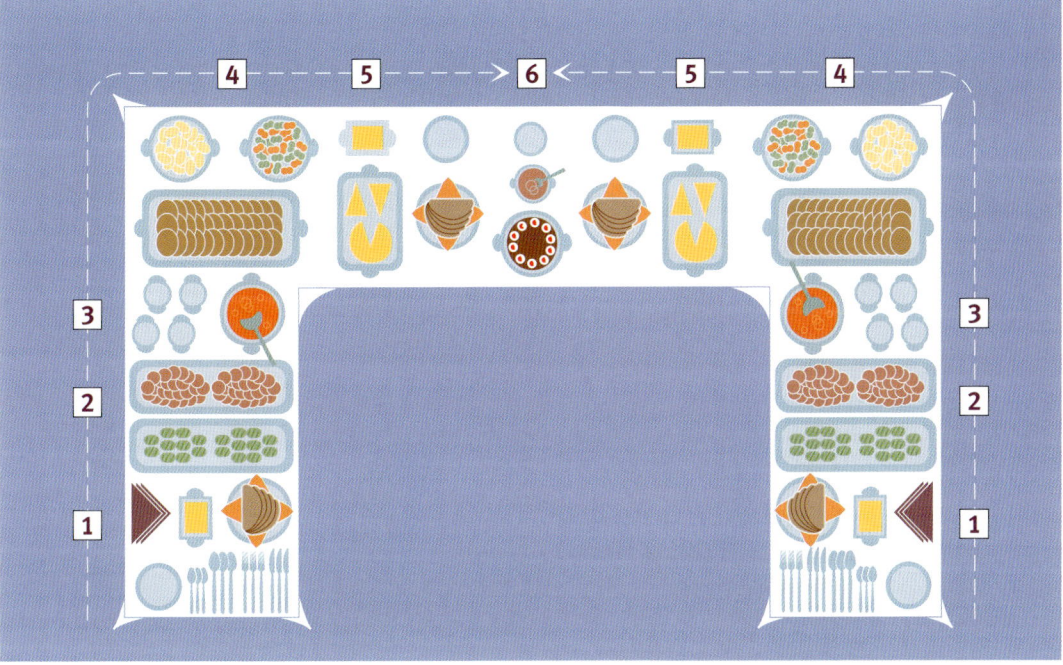

Das Büfett – gewusst wie

Verkürzen Sie Wartezeiten und verhindern Sie Überholmanöver, indem Sie (in Gehrichtung betrachtet) alle Gegenstände und Speisen in der Reihenfolge positionieren, in der die Gäste sie logischerweise benötigen – die Gehrichtung wird in der Illustration oben mit den Pfeilen angezeigt.

1. kalte Teller, Brot, Butter, gegebenenfalls Besteck und Servietten
2. Vorspeisen und Salate
3. Suppentassen und Suppen
4. angewärmte Teller und warme Gerichte
5. Käse mit Brot und Butter, Teller
6. Desserts, Teller dafür

Gut ist ein frei stehendes Büfett, da sich die Gäste dann von beiden Seiten Speisen nehmen können, ohne sich ins Gehege zu kommen. Oder platzieren Sie, wie in der Illustration gezeigt, alle Speisen zweimal, spiegelbildlich aufgestellt. So kommen Sie einer typischen Frage von Gästen am Büfett zuvor: »Soll ich mit dem oder gegen den Uhrzeigersinn am Büfett entlanggehen?«

Vorsicht Fettnäpfchen
ESSEN AM BÜFETT

Ihr Büfett wird Ihren Gästen als Volltreffer in den Fettnapf in Erinnerung bleiben, wenn Sie
- die Speisen so stellen, dass die Gäste beim Bedienen keine Bewegungsfreiheit haben,
- die Speisen nicht in der Reihenfolge platzieren, in der die Gäste sie essen werden,
- versäumen, das Büfett offiziell zu eröffnen und die ersten Gäste dorthin zu begleiten,
- die Gäste darüber im Unklaren lassen, dass Sie später noch Speisen auf das Büfett stellen werden,
- die Speisen nicht eindeutig identifizieren,
- nicht zwischendurch die übrig gebliebenen Speisen auffüllen und/oder neu appetitlich anordnen.

3 Frohe Gäste, schöne Feste

GUT ORGANISIEREN – **ENTSPANNT FEIERN**

»Wo darf ich Platz nehmen?« Alles geklärt!

Vom Protokoll lernen heißt Ordnung lernen. Sie müssen nicht wissen, wie Sie Gäste bei einem Staatsbankett platzieren. Die Grundgedanken können Sie aber auf Ihre eigenen Feste gut übertragen.

Am besten sitzen die Gastgeber an der Längsseite einer Tafel einander gegenüber und behalten von dort aus den Überblick. Freier Blick in den Raum und zur (Flucht-)Tür vermittelt Sicherheit, daher sitzen wichtige Gäste mit dem Rücken zur Wand. Protokollarisch korrekt ist der beste Platz für einen weiblichen Gast rechts neben dem Gastgeber, der zweitbeste links von ihm. Der beste Platz für einen männlichen Gast ist rechts neben der Gastgeberin, der zweitbeste links. Je weiter vom Zentrum entfernt ein Gast sitzt, desto geringer sein Status. »Nah (bei den Gastgebern) ist besser als fern.«

Paare werden gemeinsam geladen, aber im Interesse der Kommunikation getrennt platziert: Denn wer sich auf den Partner verlassen kann, überlässt ihm leicht die Unterhaltung. Da (Ehe-)Partner jeweils den gleichen Status haben, sitzen Paare einander diagonal gegenüber, die mit dem geringsten Status weiter voneinander entfernt als die Ehren-Paare.

Plätze am Esstisch – die Faustregeln

Fremde wie Freunde haben das Recht auf eine gute Regie: »Das ist die Gelegenheit, euch zu beschnuppern, deshalb habe ich die Paare gemixt.« Oder: »Sie kennen Frau Waldherr noch nicht, deshalb bitte ich Sie, als ihr Tischherr links neben ihr Platz zu nehmen.« Einer Person zu Ihrer Rechten können Sie Brot, Butter und anderes leichter anreichen als einer Person links von Ihnen. Also sitzt der wichtigste Gast entweder rechts von Ihnen oder Ihnen gegenüber rechts von einer Person, die ihm an Ihrer Stelle assistiert.

Zum Beispiel:

1 Zwei befreundete Paare am Tisch. Rechts von Freund 1 (a) sitzt Freundin 2 (b), rechts von Freund 2 (c) sitzt Freundin 1 (d).

2 Laden Sie als Paar zwei Paare an einen rechteckigen Tisch (insgesamt sind Sie also sechs Personen), sitzen sich an der Stirnseite des Tisches gegenüber: Gastgeberin (a) und Gastgeber (d). Die weiblichen Gäste umrahmen den Gastgeber: Dame 1 (b) und Dame 2 (f), die Herren die Gastgeberin: Herr 2 (c), Herr 1 (e).

Setzen Sie kommunikativ starke Personen gezielt zwischen ruhigere Gäste und des Deutschen nicht mächtige Gäste neben solche, die deren Sprache sprechen. Wer kann mit wem worüber am leichtesten reden? Bilden Sie entsprechende Grüppchen.

Partner sollten einander nicht in der Unterhaltung fesseln, aber sehen können. Die Regel, dass Verlobte und frisch Verliebte nicht getrennt platziert werden dürfen, ist heute, wo Menschen, lange bevor oder ohne dass sie miteinander zum Standesamt gehen, Tisch und Bett teilen, nicht mehr zeitgemäß. Behandeln Sie sie wie andere Paare auch.

Kindern wird es bei Tisch schnell langweilig. Setzen Sie sie entweder zu ihren Müttern oder mit einer pädagogisch geschulten Begleitung an einen Extratisch.

Wenn's ganz festlich wird: Das Bankett

Gäste in einem Saal zu platzieren stellt eine besondere Herausforderung dar. Sie haben die Wahl zwischen runden Tischen (für jeweils acht bis zwölf Personen), großen Tafeln in den Formen eines I, eines T, eines E, eines U oder eines Kammes. Immer sitzen

3 Frohe Gäste, schöne Feste

ÜBERSICHT: TISCHFORMEN UND PLATZIERUNG

Diese Tischformen gelte für große private Feste wie Hochzeiten, Silberhochzeiten, Goldene Hochzeiten. Das Braut- beziehungsweise Jubelpaar sitzt jeweils auf den andersfarbig markierten Plätzen in der Mitte.

DIE FORM	ES FINDEN PLATZ	VORTEILE	NACHTEILE
I-Tafel	bis 30 Personen	Alle Gäste sind gebündelt, keiner fühlt sich durch Abwesenheit der Gastgeber an seinem Tisch zweitrangig, für Tischreden ist leicht Ruhe herzustellen.	Gäste an den Stirnseiten können sich abgeschoben fühlen, abgerundete Stirnseiten mit zwei bis drei Plätzen können dem jedoch entgegenwirken.
T-Tafel	bis 40 Personen	Gastgeber haben den Überblick über alle Gäste, die meisten Gäste können die Gastgeber von vorn sehen.	Braucht viel Platz; Gefahr, dass Gäste Rücken an Rücken sitzen.
U-Tafel	zwischen 40 und 60 Personen	Gastgeber haben den Überblick über die Gäste.	Nicht alle Gäste sehen die Gastgeber, ohne sich zu drehen, einige Gäste sitzen Rücken an Rücken.

GUT ORGANISIEREN – **ENTSPANNT FEIERN**

DIE FORM	ES FINDEN PLATZ	VORTEILE	NACHTEILE
E-Tafel	zwischen 40 und 60 Personen	Gastgeber haben den Überblick über die Gäste.	Nicht alle Gäste sehen die Gastgeber, ohne sich zu drehen, einige Gäste sitzen Rücken an Rücken.
Kammtafel	ab 60 Personen und erweiterbar, am schönsten mit ungerader Schenkelzahl	Gastgeber haben den Überblick über die Gäste.	Nicht alle Gäste sehen die Gastgeber, ohne sich zu drehen, einige Gäste sitzen Rücken an Rücken.
Mehrere runde Tische	jeweils 8 bis 10 Personen, erweiterbar	In kleineren Gruppen ergeben sich Gespräche leichter; besondere Wertschätzung der Gäste am Ehrentisch; Last-Minute-Korrekturen der Gedeckzahl sind gut möglich.	Abwesenheit der Gastgeber am Tisch kann für die Betroffenen den Eindruck von fehlender Wertschätzung entstehen lassen, bei Tischreden entsteht leicht Unruhe.

> **TIPP** **MENÜKARTEN**
>
> Die Menükarte dient Ihren Gästen dazu, den Überblick über die kulinarischen Genüsse zu behalten. Wählen Sie darum eine ansprechende, verständliche Ausdrucksweise, vermeiden Sie ein Sprachgemisch. Die Wendung »à la« ist überflüssig und Anführungszeichen werden in der Gastronomie nur bei Fantasienamen verwendet, also schreiben auch Sie das Filet Wellington ohne, das Filet »Kirsten« hingegen mit Anführungszeichen.
>
> Zum einheitlichen Bild tragen Menükarten bei, die in Papier, Format und Schrift Ihrer Einladung – und später Ihrem Dankschreiben – entsprechen. Auf jeden Fall müssen sie auf Tischkarten und Tischwäsche abgestimmt sein.
>
> Nach klassischer Form werden auf den Innenseiten einer Doppelkarte die Speisen rechts und die Getränke links zentriert geschrieben, nach moderner Form linksbündig. Datum und Anlass nicht vergessen: Ihre Gäste nehmen eine schöne, für einen kleinen Kreis handschriftlich gestaltet Karte zur Erinnerung besonders gern mit nach Hause.

die Gastgeber zentral, immer fühlen sich Gäste durch deren Nähe gewürdigt. Deshalb ist es üblich, dass zum Beispiel ein Brautpaar nicht an seinem Ehrentisch bleibt, sondern im Laufe des Festes jedem Tisch die Ehre seiner Anwesenheit gibt. Bei Firmenveranstaltungen ist es gleichermaßen höflich wie praktisch, wenn sich die Repräsentanten des Unternehmens im Saal verteilen und bei Bedarf im Laufe des Abends einmal die Plätze tauschen. Bei hochoffiziellen Essen an runden Tischen sitzen Ehepartner nicht am gleichen Tisch, sondern werden getrennt platziert.

Ordnen Sie (für den Übersichtsplan) den Tischen Namen zu, die untereinander kein Gefälle aufweisen, wie das bei einer Nummerierung immer der Fall ist. Dem Anlass entsprechend bieten sich die Bezeichnungen beispielsweise von Ländern, Städten, Regionen, Flüssen, Seen, Farben, Blumen oder Sportarten an.

Tischkarten

Tischkarten sind im kleinen Kreis einander bekannter Personen überflüssig. Ist nur eine der beiden Bedingungen nicht erfüllt, leisten sie Ihnen gute Dienste. Damit Ihre Gäste ihre Plätze im Saal leicht finden, geben Sie ihnen auf einer Übersicht am Eingang zum Saal einen Hinweis auf das Placement, im Idealfall weisen Sie sie noch ein.

Tischkarten dienen als Platzhalter und helfen den Gästen bei der gegenseitigen Anrede. Deshalb beschriften Sie Tischkarten von Hand, leserlich, korrekt, mit Tinte und auf beiden Seiten, damit sie Tischnachbar und Gegenüber gleichermaßen lesen können.

Nur bei Feiern im Familienkreis genügt für Tischkarten als Beschriftung der Vorname, geben Sie sonst bei allen Anlässen Vor- und Nachnamen an. Nur »Frau/Herr« und den Nachnamen zu verwenden gilt als konservativ, außer Adelstiteln werden akademische Titel und Grade weggelassen.

VON »WILLKOMMEN« BIS »ADIEU«

Ob ein Geburtstag oder eine Silberhochzeit der Anlass ist oder »damit wir uns mal wieder sehen«: Wenn sich Gastgeber und Gäste um den Tisch versammeln, zelebrieren sie ein Stück Vergangenheit oder beginnen eine gemeinsame Zukunft.

Gastgeber als Regisseure …

Wenn Familie Röhrig zu Silvester immer die Johns und die Abels zum Käsefondue bittet, läuft alles von selbst. Weniger Vertrautheit erfordert aber mehr Regieführung:

- ☐ Empfangen Sie Ihre Gäste an der Haus- oder Wohnungstür; geben Sie Ihnen das Ehrengeleit durch Ihre Räumlichkeiten.
- ☐ Versorgen Sie gegebenenfalls Mäntel und Schirme an der Garderobe: nicht auf einen Küchenstuhl werfen!
- ☐ Geleiten Sie die Besucher in den vorgesehenen Raum; eine Terrasse mit Ausblick oder ein Bildband auf dem Couchtisch erleichtert den Einstieg ins Gespräch.
- ☐ Stellen Sie die Gäste einander vor; nennen Sie keine privaten Details, aber genug Informationen, damit sie sich gegenseitig schon ein wenig einschätzen können.
- ☐ Bieten Sie einen Aperitif im Stehen an, können Ihre Gäste sich eingewöhnen und Sie haben Zeit für letzte Vorbereitungen.

Laden Sie als Single Gäste ein, bitten Sie einen Bekannten um Hilfe: Während er ankommende Gäste hereinlässt, bringen Sie die Anwesenden im Gespräch zusammen.

… und als Hauptdarsteller

»Das wäre zu offiziell, Rampenlicht liegt mir nicht, ich würde vor Lampenfieber kein Wort herausbringen« – scheuen Sie als Gastgeber vor einer Begrüßungsrede zurück? Sie haben Ihr Ensemble zusammengetrommelt, Sie haben Kulissen vorbereitet und Requisiten besorgt – da wollen Sie doch vor Ihrem Auftritt nicht kneifen! Sie stehen ohnehin auf der Bühne, ob Sie dies freiwillig oder unfreiwillig tun. Würdigen Sie den Anlass und die Gäste daher mit einer kurzen Ansprache, die alle auf den Abend einstimmt.

Vorsicht Fettnäpfchen
DIE BEGRÜSSUNGSREDE

Sie machen bei Ihrer Begrüßungsrede garantiert keine gute Figur, wenn Sie

- ■ unvorbereitet drauflosplappern,
- ■ keinen deutlichen Anfang machen,
- ■ mit Floskeln langweilen,
- ■ den Anlass übergehen,
- ■ nicht sämtliche Gäste würdigen,
- ■ viele Ehrengäste aufzählen, andere Gäste übergehen,
- ■ krumm stehen und an Ihrer Kleidung nesteln,
- ■ Blickkontakt zu Ihren Zuhörern vermeiden,
- ■ schnell und leise oder atemlos sprechen,
- ■ keinen Schlusspunkt setzen.

Machen Sie's doch – einfach – anders herum!
Weitere Tipps zur Ansprache finden Sie auf Seite 95 f. und in Kapitel 6 ab Seite 150.

3 Frohe Gäste, schöne Feste

ÜBERSICHT — SO BEDIENEN SIE IHRE GÄSTE RICHTIG

Für Rechtshänder ist die Rechte die starke Hand. Also gilt für Gastgeber:

- ✓ Schenken Sie Getränke über die rechte Schulter jedes Gastes ein.
- ✓ Decken Sie Gläser von rechts nach.
- ✓ Setzen Sie Teller, Suppenschalen und Kaffeetassen von rechts ein.
- ✓ Heben Sie leere Teller und Gläser auf dem gleichen Weg aus.
- ✓ Legen Sie Speisen wie Fleisch von der Platte oder Gemüse aus der Schüssel an der linken Seite des Gastes mit Ihrer rechten Hand vor.
- ✓ Reichen Sie Schüsseln, Brotkörbe usw. von links an, damit sich der Gast mit seiner rechten Hand leicht bedienen kann.
- ✓ Bedenken Sie als linkshändiger Gastgeber, dass Ihre Gäste auf Service in der klassischen Form eingestellt sind. Bitten Sie Rechtshänder um Hilfe.
- ✓ Hat ein linkshändiger Gast sein Glas im Lauf des Essens links vom Gedeck abgestellt, schenken Sie ihm ausnahmsweise über die linke Schulter ein.
- ✓ Haben Sie nur einen Gast eingeladen und dieser ist Linkshänder, bedienen Sie ihn jeweils von der Seite, die für ihn die günstige ist. In einer größeren Runde und im Restaurant darf er diesen Sonderservice allerdings nicht erwarten.

»Die Damen zuerst.« Diese alte Regel wird in der Zeit der Gleichstellung der Geschlechter bei mehr als fünf Personen der Praktikabilität geopfert. Bedienen Sie zuerst die Ehrengäste, gehen Sie dann bei Arbeiten, die Sie an der rechten Seite des jeweiligen Gastes ausführen, im Uhrzeigersinn von Gast zu Gast weiter.

Seien Sie großzügig, aber nötigen Sie Ihre Gäste nicht:

- ✓ Lassen Sie sie nicht auf dem Trockenen sitzen.
- ✓ Einen großzügigen Schluck Wein sollte jeder in seinem Glas haben – es sei denn, Sie wollten Ihre Gäste bald verabschieden.
- ✓ Schenken Sie reichlich Wasser nach.
- ✓ Akzeptieren Sie, wenn Gäste Alkohol ablehnen, ohne nach dem Grund zu fragen.

So bleibt alles sauber: Lassen Sie beim Anreichen von Speisen den Rand der Platte oder Schüssel mit dem des Tellers abschließen. Entfernen Sie nach dem Abräumen des Hauptgangs mit einer Serviette Brotkrümel vom Tisch. Flecken werden ignoriert.

VON »WILLKOMMEN« BIS »ADIEU«

... sowie als Zeremonienmeister

Ihre Gäste fühlen sich frei, wenn sie wissen, was sie tun sollen. Das ist kein Paradox. Ihre Gäste bewegen sich bei Ihnen nicht in ihrem eigenen Revier. Daher ist es sinnvoll, wenn Sie ihnen sagen, was zu tun ist.

»In circa zehn Minuten gehen wir an den Tisch.« Innerhalb dieses Zeitrahmens kann jeder entscheiden, ob er sich schnell die Hände waschen, (draußen) rauchen oder klären will, ob der Babysitter mit den Kindern zurechtkommt.

»Nehmen Sie bitte Ihren Aperitif mit an Ihren Platz.« Ohne diese Ansage gilt: Die Aperitifgläser werden nicht mitgenommen. Sorgen Sie für eine Abstellmöglichkeit.

»Du, Nicola, bitte neben Christoph.« Weisen Sie jedem Gast den bestmöglichen Platz zu.

»Dann lassen Sie uns Platz nehmen.« Alle setzen sich, sobald die Gastgeber das tun. Traditionsgemäß ist ein Herr seiner Tischdame beim Platznehmen behilflich. Das ist eine nette Geste, die jeder Gast (auch die Damen) ebenso älteren Personen und Kindern zuteilwerden lassen sollte.

»Bedienen Sie sich bitte.« Selbst wenn Brot und Butter jetzt schon zur allgemeinen Verfügung auf dem Tisch stehen, sollten Ihre Gäste streng genommen warten, bis die Vorspeise serviert ist und Sie den Auftakt machen. Seien Sie lieber nicht so streng. Bieten Sie Brot und Butter sofort an, nehmen Sie als Gastgeber den ersten Bissen. Das gilt auch für das Wasser: Trinken Sie bald den ersten Schluck, damit Ihre Gäste den Durst stillen können.

»Zum Wohl«: Der Gastgeber regt an, den ersten Schluck Alkohol miteinander – im übertragenen Sinn – zu teilen, das ist später bei jedem Weinwechsel der Fall.

»Guten Appetit sagt man heute nicht mehr« – diese Aussage wird dadurch, dass sie häufig wiederholt wird, nicht richtiger. Bei eleganten Essen ist dieser Wunsch noch nie üblich gewesen.

Ob das Startzeichen nun fromm »Gesegnete Mahlzeit«, fröhlich »Lassen Sie es sich schmecken« oder, profan an den Verdauungsvorgang erinnernd, »Wohl bekomm's« lautet, das Brechen des Brotes oder ein schweigendes Lächeln ist, ist ein Detail. Es bleibt allerdings dabei: Es darf nicht von Gästen oder rangniederen Personen kommen und »Mahlzeit« allein ist auf jeden Fall zu wenig. Führen Sie klar Regie – damit Ihre Gäste sich bei Ihnen gut aufgehoben fühlen.

»Ich freue mich sehr, dass Sie mir zu meinem Geburtstag die Ehre geben – zumal in dieser ungewohnten Konstellation. Frau Dr. König, Sie sind heute zum ersten Mal in St. Blasien?« Setzen Sie das Tischgespräch in Gang, motivieren und steuern Sie notfalls durch Fragen und kurze Anekdoten.

»Kommt bald wieder«: Wie Sie Gäste elegant nach Hause schicken

Sobald der Kaffee serviert ist, weiß der geschulte Gast: Fordert der Gastgeber ihn nicht zu einem Drink ins Wohnzimmer oder auf eine Zigarre ins Raucherzimmer auf, sollte er sich in etwa einer halben Stunde auf den Heimweg machen.

So mancher würde gern gehen, wenn er nicht fürchten müsste, Sie zu kränken. Setzen Sie deshalb einen Punkt. Auch ein Theaterstück ist einmal zu Ende.

Geben Sie Ihrem Gäste-Ensemble in zwei Schritten Ihren Applaus:

☐ Ziehen Sie Ihr Fazit, danken Sie für den Besuch. Verzichten Sie darauf, Ihre eigene Gastfreundschaft (»was da meine liebe Uschi für euch gezaubert hat«) zu loben.

3 Frohe Gäste, schöne Feste

TIPP   SO VERGRAULEN SIE IHRE GÄSTE

Hoffentlich dienen Ihnen die folgenden zehn »Tipps« nur zur Erheiterung und rufen keine unangenehmen Erinnerungen an vergangene Erlebnisse als Gast in Ihnen wach. Als Gastgeber sollten Sie diese Liste nur verwenden, wenn Sie Ihre Gäste garantiert davon abbringen wollen, Sie ein weiteres Mal zu besuchen.

- Verkosten Sie beim Kochen ausgiebig den Wein, den Sie für die Soßen verwenden, nur so gehen Sie sicher, dass alles schmeckt, wie es schmecken soll. Probieren Sie auf jeden Fall alle Flaschen, die Sie öffnen.

- Parfümieren Sie sich ausgiebig, damit die Gäste das Bukett eines minderwertigen Weines nicht riechen.

- Behalten Sie zum Auftragen der Speisen die Schürze an, an der Sie sich beim Kochen die Hände abgewischt haben. Ihre Gäste sollen schon sehen, dass Sie etwas geschafft und welche Mühe Sie sich gegeben haben.

- Die Gäste müssen wissen, warum die Beilagen so knapp ausfallen. Malen Sie deshalb bildhaft aus, wie Sie den Gemüsehändler, der Ihnen faules Gemüse und stark verlausten Salat untergejubelt hat, bei nächster Gelegenheit »zur Schnecke machen«.

- Belehren Sie Ihre Gäste über den Wert der Rohstoffe, die Sie verwenden; beklagen Sie die vielen Stunden, die Sie für Einkauf und Zubereitung geopfert haben. Die Herrschaften dürfen wissen, was sie Ihnen wert sind.

- Kompromittieren Sie Ihren Ehepartner, der Ihnen beim Service falsch oder zu wenig zur Hand geht.

- Machen Sie es sich beim Einschenken bequem, indem Sie sich auf der Rückenlehne des Gastes aufstützen.

- Beschmutzen Sie einen Gast beim Servieren oder Abräumen, sehen Sie elegant darüber hinweg.

- Essen Sie schnell, räumen Sie, sobald Sie mit einem Gang fertig sind, zügig ab – auch bei den Gästen, die noch essen.

- Ignorieren Sie zögerliches Zugreifen, das verstohlene Abwischen von Besteckteilen an der Serviette und das Übriglassen von Resten. Die Leute sind wirklich oft viel zu pingelig und stellen sich etwas an.

VON »WILLKOMMEN« BIS »ADIEU«

☐ Beginnen Sie den Weg in die gemeinsame Zukunft. Freuen Sie sich auf das nächste Zusammensein. Begehen Sie nicht den Fehler, eine Gegeneinladung (»nächstes Mal bei Ihnen, hohoho«) zu erpressen.

Und nun: Nicht sitzen bleiben! Ein Widerspruch zwischen dem, was Sie sagen (»bitte gehen«) und dem, was die Gäste bei Ihnen sehen (sitzen bleiben), würde zu Irritationen führen und Sie bräuchten einen zweiten Anlauf für ein weiteres Schlusswort. Seien Sie konsequent, stehen Sie auf. Geben Sie Ihren Gästen ein gutes Beispiel.

Nach Protokoll verlässt die Tischdame mit dem männlichen Ehrengast die Tafel zuerst, dann folgen die übrigen Gäste; die Dame hat jeweils den Vortritt. Als Letzter verlässt der Gastgeber gemeinsam mit dem weiblichen Ehrengast den Raum.

Geleiten Sie Ihre Gäste mindestens bis zur Haustür, besser noch bis zum Taxi oder zum Auto. Müssen Sie ein Hupkonzert befürchten? Weisen Sie mit gesenkter Stimme auf die so angenehm ruhige Nachbarschaft hin.

... und als Krisenmanager

Im unangenehmen Fall bringen Ihre Ensemble-Mitglieder nicht alle den gleichen Teamgeist ein und spielen nicht so recht mit. Sorgen Sie dafür, dass das Stück dennoch gut über die Bühne gehen kann.

Unzufriedene Gäste gibt es (eigentlich) nicht

»Der Gast ist König« ist Ihr Prinzip? Dann
☐ haben Sie für Gäste, die keinen Alkohol trinken, ein alternatives Getränk parat;
☐ bitten Sie Vegetarier oder Diätpatienten, die Sie über die Notwendigkeiten ihrer Ernährung fälschlicherweise nicht informiert haben, zu entscheiden, was Sie ihnen aus Ihren Vorräten ohne Aufwand servieren können;
☐ nehmen Sie es hin, wenn ein Gast um Salz, Pfeffer oder Geschmacksverstärker bittet;
☐ bringen Sie Ihr Mitgefühl zum Ausdruck, wenn es ihm bei Ihnen nicht schmeckt: »Das tut mir leid«;
☐ verzichten Sie auf jegliche Rechtfertigung.

Ein kleines Beispiel? Die Tomatensuppe war total versalzen, die Gäste aßen sie kommentarlos. Beim Abschied sagt die Gastgeberin mit charmantem Lächeln und ganz ohne drohenden Unterton: »Kommen Sie bald wieder. Dann koche ich Ihnen eine richtig feine Tomatensuppe.«

Streithähne bei Tisch

Herr Weber und Frau Schön sind über ein politisches Thema aneinandergeraten; Sie bemerken das leider erst, als es am Tisch laut wird. Leiten Sie umgehend die Deeskalation ein, damit Ihre Gäste (»Könige«!) sich wieder nobel benehmen können.

1. Stufe: Wechseln Sie das Thema. »Wussten Sie eigentlich, dass wir im Urlaub ...«

2. Stufe: Tauschen Sie unter einem Vorwand die Plätze. »Herr Weber, ich wollte Frau Schön etwas fragen. Würden Sie mich kurz auf Ihrem Stuhl sitzen lassen?«

3. Stufe: Erinnern Sie an die Spielregeln: »Gehen wir doch bitte freundlich miteinander um. Lassen Sie uns anstoßen.«

Wenn Gäste zu viel trinken

Alle Gäste wahren die Form, doch einer trinkt zu viel und wird laut? Stellen Sie den Weinservice ein. Klagt die Person über mangelnden Nachschub, dürfen Sie flunkern: Geben Sie vor, Sie hätten nicht mehr als den bereits ausgeschenkten Wein temperiert.

Insistiert sie, bitten Sie einen ihr nahestehenden Gast, sich ihrer anzunehmen und sie gegebenenfalls nach Hause zu begleiten. Notfalls suchen Sie das Vier-Augen-Gespräch mit ihr: »Wie würden Sie an meiner Stelle handeln?« Nur im äußersten Notfall bestellen Sie ein Taxi. Sprechen Sie das Thema weder bei Tisch noch jemals später an: Sie haben für die Zufriedenheit der größten Zahl Ihrer »Könige« gesorgt; es ist des Liebesdienstes am Spielverderber genug, wenn Sie ihm geholfen haben, wenigstens halbwegs sein Gesicht zu wahren.

Wollen Sie stets Herr der Lage bleiben? Halten Sie Ihren eigenen Alkoholkonsum so niedrig wie nötig und möglich.

ORTSWECHSEL: IM RESTAURANT

Wörtlich betrachtet soll ein Gast in einem Restaurant »Stärkung« finden, sich »restaurieren«. Der Überlieferung nach gibt es gehobene Orte dieser Art in Europa erst seit der Flucht des genussfreudigen französischen Adels ins Ausland und der Aufhebung der auch die Zubereitung von Speisen betreffenden Zunftrechte im 18. Jahrhundert. In Restaurants sind Experten der Gastlichkeit am Werk, erlauben Sie ihnen, Sie und Ihre Gäste zu verwöhnen.

Wen wohin wozu:
Den passenden Ort wählen

Bitten Sie in Ihre Wohnung oder laden Sie Ihre Gäste lieber in ein Restaurant ein? Das ist nicht nur eine Kostenfrage. Entscheiden Sie frühzeitig: Sollen Ihre Gäste einen Einblick in Ihr privates Umfeld erhalten? Können Sie sich auf Ihre Gastgeberqualitäten verlassen und auf Unterstützung zählen? Dann laden Sie zu sich nach Hause ein.

Sie können auch Kompromisse eingehen. Ein Beispiel: Thorsten Zahn möchte dem neuen Kollegen den Einstieg in die Abteilung erleichtern, kann aber nicht kochen. Er entscheidet sich für ein kaltes Büfett vom Italiener um die Ecke und bittet das gesamte Team zu sich ins Apartment. Wein ist mitzubringen. Bestens gelöst.

Entscheiden Sie sich hingegen für einen Restaurantbesuch, helfen Ihnen folgende Fragen bei der geschickten Auswahl des geeigneten Lokals:

☐ Werden Sie dort garantiert rundum gut bedient? Sie können sich besonders gut auf die Servicekräfte verlassen, wenn Sie sie kennen und sie Sie kennen.

☐ Ist es für Ihre Gäste bequem zu erreichen? Schicken Sie gegebenenfalls eine Anfahrtsskizze oder organisieren Sie für ältere Gäste einen Hol- und Bringdienst.

☐ Bietet es Ihren Gästen einen gewissen Statusgewinn? Sorgen Sie dafür, dass Ihre Gäste später in ihrem Umfeld mit einem Bericht von dieser Einladung ein wenig glänzen können. Wenn hingegen beispielsweise Preisniveau und Ambiente eines Sterne-Lokals Ihre Gäste überfordern, ist Ihr Geld falsch investiert.

ORTSWECHSEL: **IM RESTAURANT**

CHECKLISTE WAS FÜR EIN RESTAURANT SPRICHT

Besuchen Sie das Lokal mit Ihren Gästen nicht, wenn bei einem Probelauf mehr als zwei der folgenden Punkte nicht beachtet werden.

- ✓ Beim Ablegen der Garderobe wird Ihnen geholfen.
- ✓ Ihre Tischreservierung wurde ordnungsgemäß ausgeführt.
- ✓ Sie werden an einen Tisch mit sauberer Tischwäsche geleitet.
- ✓ Man zündet Ihnen die Kerze auf dem Tisch an, ohne dass es einer Nachfrage Ihrerseits bedarf.
- ✓ Brot wird ohne Aufforderung nachgereicht.
- ✓ Sie werden nicht genötigt, mehrere Gänge zu bestellen.
- ✓ Man schenkt Ihnen nicht ständig aufdringlich Wein nach.
- ✓ Es wird auch daran gedacht, Ihnen Wasser nachzuschenken.
- ✓ Die Speisen eines Ganges werden gleichzeitig gebracht.
- ✓ Die Servicekräfte halten Sie nicht zur Eile an, auch wenn der Tisch dringend anderweitig benötigt wird.
- ✓ Man kümmert sich um die heruntergefallene Serviette oder Gabel und bringt Ihnen rasch Ersatz.
- ✓ Abgebrannte Kerzen werden zügig erneuert.
- ✓ Aschenbecher werden ohne Aufforderung ausgewechselt.
- ✓ Man begegnet Ihren Bitten und gegebenenfalls auch Ihren Reklamationen stets freundlich.
- ✓ Alle Mitarbeiter haben ein tadelloses Erscheinungsbild.
- ✓ Das Personal meistert auch Gästeandrang souverän.
- ✓ Der Oberkellner mischt sich nicht in Ihre Gespräche ein.
- ✓ Das Personal vertreibt sich bei geringem Gästeaufkommen nicht mit Essen, Trinken und lauter Unterhaltung die Zeit.
- ✓ Bei der Bezahlung wird auch ein geringes Trinkgeld dankend und ohne die Nase zu rümpfen entgegengenommen.

- Passen Ambiente und Art der Speisen zum Geschmack Ihrer Gäste? Einen Vegetarier ins mit Hirschgeweihen dekorierte Jägerstübchen einzuladen wäre ungeschickt.
- Haben Sie und Ihre Gäste sich viel zu sagen? Dann braucht das Umfeld Ihnen keinen Gesprächsstoff zu bieten. Ansonsten: Der Ausblick auf einen See oder der Einblick in die Küche (»open kitchen«) bringt selbst ein stockendes Gespräch immer wieder in Gang. Gut auch, wenn eine Servicekraft an Ihrem Tisch filetiert, tranchiert oder flambiert.

Der Parcours durch das Lokal

Im Restaurant spielen Sie als Gastgeber eine Doppelrolle: Einerseits sind Sie (zahlender) Gast, andererseits führen Sie, wenn Sie Gäste einladen, Regie. So agieren Sie souverän – ob Sie als Frau einladen oder als Mann:

- Alles in Ordnung? Sie öffnen die Tür und betreten das Lokal zuerst.
- Sie lassen Ihre Gäste eintreten. Haben Sie eine oder zwei Personen in Ihrer Obhut, schließen Sie die Tür hinter ihnen. Gehen mehrere Gäste durch die Tür, überlassen Sie diese Aufgabe einem der Gäste.
- Achtung: In den meisten westlichen Ländern lässt ein Gastgeber einem Gast im Gegensatz zu Deutschland beim Passieren der Restauranttür den Vortritt. Er übernimmt erst die Führung, wenn es darum geht, mit dem Kellner über seinen Tischwunsch beziehungsweise seine Reservierung zu sprechen.
- Sie kümmern sich um den Tisch. Haben Sie – in einem Gasthaus oder einem Biergarten – nicht reserviert? Dann gehen Sie durch das Lokal voran, bis Sie einen Platz gefunden haben; Ihre Gäste folgen Ihnen.
- Achtung: Es ist in anderen Ländern nicht üblich, sich selbst einen Tisch zu suchen. Böse Zungen behaupten, deutsche Restaurantbesucher seien auf der ganzen Welt daran zu erkennen, dass sie sich ohne zu fragen an einen Tisch setzen, ob er nach den vorherigen Gästen gesäubert wurde oder nicht.
- Werden Sie von einem Oberkellner empfangen, nimmt dieser Ihnen die Mäntel ab und führt Sie an Ihren Tisch. Haben Sie nur ein bis zwei Gäste, lassen Sie ihnen hinter dem Oberkellner den Vortritt; bei einer größeren Gruppe wäre es unpraktisch, wenn Sie zuletzt den Tisch erreichten. Schließlich müssen Sie Ihre Gäste einweisen.
- Platzieren Sie die Gäste so, dass sie sich durch gute Aussicht und nette Tischnachbarschaft wohlfühlen.

Wer zahlt, bestimmt

Über 50 Prozent selbst der gut verdienenden Frauen wollen laut Statistik im Restaurant eingeladen werden. Sie können es also nur mit 50-prozentiger Wahrscheinlichkeit richtig machen. Das ist zu wenig!

Wer bezahlt? Sprechen Sie mit den Personen, mit denen Sie ein Lokal besuchen, das Spiel der Rollen frühzeitig ab: »Danke für die Einladung« oder »Heute bin ich an der Reihe«. Denn eine Servicekraft schließt aus den Worten und Gesten der ankommenden Gäste auf ihre Ansprechperson.

Möchten Sie als Frau einen Geschäftspartner, einen Freund, einen Verwandten einladen, der Herr hat aber Schwierigkeiten damit, sich von Ihnen lenken zu lassen? Machen Sie ihm in kleinen Dingen die Sache leicht: Erlauben Sie ihm, die Tür hinter Ihnen zu schließen oder Ihnen den Stuhl an den Tisch zu schieben.

ORTSWECHSEL: IM RESTAURANT

Seien Sie aber wachsam und führen Sie ihn sanft, doch eindeutig: »Ist Ihnen dieser Platz recht?« Später dann: »Sherry, Campari oder Prosecco – was würden Sie am liebsten vorneweg trinken?«

Definieren Sie dem Oberkellner gegenüber Ihre Rolle: »Ich habe einen Tisch reserviert.« Und später: »Würden Sie bitte meinem Gast Wasser nachschenken.«

Ersparen Sie dem Herrn, Ihnen beim Bezahlen zuzusehen. Verlassen Sie gegen Ende des Essens den Tisch, um »sich die Hände zu waschen«, regeln Sie die Rechnung hinter seinem Rücken.

Ein anderer Fall: Zwei Ehepaare gehen miteinander essen. Solange nicht klar ist, wer welche Rechnung übernimmt, weiß niemand, was er tun muss und tun darf. Sie haben keinen Grund, die komplette Rechnung zu übernehmen? Klären Sie das: »Ist es für euch okay, wenn wir heute fifty-fifty machen?« Oder: »Ich freue mich so, dass wir zusammensitzen. Deshalb lade ich euch alle zu einem Glas Sekt ein.« Danach sind Sie frei in Ihrer Wahl, alle anderen sind es auch.

Begegnungen mit anderen Gästen

Sehen Sie auf Ihrem Weg durch das Lokal Bekannte an einem Tisch sitzen, bedenken Sie: Auf Hygiene bedachte Menschen waschen sich vor einer Mahlzeit die Hände – ein Händeschütteln wäre ihnen also eher unangenehm. Die Personen sind außerdem möglicherweise in Begleitung hier, Sie ebenfalls. Eine Begrüßung würde eine Vorstellung und diese ein Gespräch nach sich ziehen – mitten im Lokal.

Darum: Finger weg! Grüßen Sie Ihre Bekannten aus der Ferne nonverbal: mit einem Lächeln, Kopfnicken und, wenn Sie einen lockeren Umgang pflegen, einer kleinen winkenden Handbewegung. Nähern Sie sich dem Tisch nur, wenn Sie ausdrücklich dazu aufgefordert werden.

Betritt ein Bekannter das Lokal und Sie sind mit Kollegen auf ein Bier unterwegs, bitten Sie ihn gegebenenfalls nach Absprache mit den Kollegen an Ihren Tisch. Sind jedoch Gäste in Ihrer Obhut, verzichten Sie darauf: Wer will Sie als Gastgeber schon unvermittelt teilen müssen?

Möchten sich im ansonsten voll besetzten Lokal Unbekannte an Ihren Tisch setzen? Im Gasthaus oder im Biergarten dürfen Sie nicht kleinlich sein. Die Notlüge, Sie erwarteten weitere Gäste, wäre feige. Sie können aber, zum Beispiel wenn einer der »Neuen« bei Tisch laut telefoniert, um Rücksicht und eine reduzierte Phonstärke bitten.

Speisen à la carte

»Menu« ist französisch und bedeutet wörtlich eine »winzige«, also Mini-Auswahl der möglichen Speisen. Die Legende berichtet, dass der Braunschweiger Herzog Heinrich während des Reichstages von Augsburg 1555 im Vorfeld eine Aufstellung der vielen Speisen zu sehen verlangte, die offeriert werden würden. Dieser »lange Zedel« (Zettel) ermöglichte ihm, sich auf die Speisen zu konzentrieren, die ihm am besten munden: Die Menükarte war erfunden.

Im Lauf der Jahrhunderte ist zwar nicht die Speisekarte kürzer, aber die Anzahl der Gänge eines Essens kleiner geworden. Die moderne, am Vorbild der französischen Küche orientierte Speisenfolge umfasst in der Regel die kalte Vorspeise, eine Suppe, ein warmes Zwischengericht, die Hauptspeise sowie Käse und/oder ein Dessert. Zehn-Gänge-Menüs bei Festbanketten oder Amuse-Gueule-Menüs mit vielen winzigen Portionen bleiben die Ausnahme.

INTERVIEW

GERTI WENDE leitet die Catering-Abteilung der Freiburger Traditions-Fleischerei Müller-Herkommer, welche die Zeitschrift DER FEINSCHMECKER als eine der besten Fleischereien bezeichnet. Die gelernte Hotelkauffrau war zuvor in München mit der Organisation vom privaten Diner bis zum Staatsempfang betraut. Beispiele ihrer Arbeit sehen Sie auf www.mueller-herkommer.de.

Frau Wende, woran erkenne ich als Kunde einen guten Caterer?
Er muss Ihnen den Eindruck vermitteln, dass er Sie versteht und dass Sie genau das bekommen, was Ihnen vorschwebt. Wenn Sie ein Gartenfest wollen, darf er nicht versuchen, Ihnen ein Galadiner zu verkaufen.

Wird er nicht versuchen, mir etwas besonders Aufwändiges zu verkaufen?
Natürlich, aber in dem von Ihnen gesteckten Rahmen. Er muss Ihnen zuhören, und er muss Eventualitäten aufzeigen. Wenn Sie zum Beispiel mit ihm Ihre Sommerparty planen, muss er Sie fragen, welche Alternative Sie bei schlechtem Wetter haben und Ihnen entsprechende Vorschläge unterbreiten.

Was muss der Caterer von mir wissen?
Ob Sie mit Ihren Gästen im Sitzen oder im Stehen essen möchten, ob auf den Empfang ein großes Essen folgt oder ob er für sich steht. Die Eckdaten natürlich auch: die Personenzahl, die Art, die Tageszeit, den Ort.
Gegebenenfalls sollte er die Räumlichkeiten besichtigen. Aussagen wie die, es gebe »ausreichend Platz«, sind nämlich relativ. Und manchmal hat ein Caterer exklusive Rechte; ich muss also wissen, ob ich in dieser Location überhaupt tätig werden darf.

Was darf ein Catering pro Person kosten?
Das ist vergleichbar damit, sich einen Wintermantel zu kaufen: Sie können Kaschmir nehmen oder eine einfache Wolle. Möchten Sie Hummer satt oder Fleischkäse mit Kartoffelsalat? Es ist für mich wichtig, im Gespräch das Budget zu erfahren, dann erarbeiten wir, was dafür möglich ist. Es kommt ganz selten vor, dass ein Kunde nach einer ausführlichen Beratung von einem Auftrag Abstand nimmt. Die meisten Menschen wissen schließlich: Qualität, Frische und Manpower haben ihren Preis.

Was tut der Caterer bei mir zu Hause, was muss ich selbst tun?
Es kommt darauf an, was Sie wollen. Sollen wir Speisen nur anliefern oder wollen Sie ein Sorglos-Paket?

Sagen wir, wir entscheiden uns für das Rundum-sorglos-Paket…
Dann bringt er alles mit, was nötig ist, von der Espressomaschine bis zur Lichterkette, vom Sektglas bis zur Zigarre. Wir beziehen gern Dinge aus dem privaten Haushalt mit ein. Zum einen reduziert das die Kosten, zum andern möchten viele Gastgeber ihr eigenes Porzellan und Silber verwenden. Die Servicemitarbeiter sind das ganze Fest über vor Ort und verlassen die Räume, wie sie sie angetroffen haben.

CHECKLISTE DAS BANKETT VON A BIS Z

Für das perfekte Gelingen Ihres Festes sollten Sie ein ganz konkretes Bild vor Augen haben. Die folgende Liste hilft Ihnen dabei, alles im Blick zu behalten: Überlegen Sie einfach, welche Punkte für Ihr Bankett wichtig sind und wie Sie sich gegebenenfalls die Umsetzung und Gestaltung vorstellen.

- ✓ Steht der Ablaufplan?
- ✓ Benötigen Sie eine Ausschilderung im Haus?
- ✓ Haben Sie sich um die gewünschte Beleuchtung gekümmert?
- ✓ Benötigen Sie Blumenschmuck?
- ✓ Sollen Cocktails serviert werden?
- ✓ Haben Sie sich über die Dekoration Gedanken gemacht?
- ✓ Soll es einen Digestif geben?
- ✓ Ist ein Entertainment-Programm vorgesehen?
- ✓ Soll ein Fotograf Erinnerungsbilder machen?
- ✓ Benötigen Sie einen Garderoben-Service?
- ✓ Möchten Sie Gastgeschenke verteilen?
- ✓ Soll nach dem Essen Kaffee/Tee serviert werden?
- ✓ Haben Sie sich für Ihr Menü entschieden?
- ✓ Sollen die Gäste Menükarten erhalten?
- ✓ Ist es sinnvoll, ein Placement (Tischordnung) auszuhängen?
- ✓ Stehen Ihnen genügend Räume zur Verfügung?
- ✓ Haben Sie sich für eine Serviettenform entschieden?
- ✓ Müssen Sonderwünsche beim Essen berücksichtigt werden?
- ✓ Benötigen Sie Technik, wie Beleuchtung, Musik, Kühlung …?
- ✓ Sind Sie sich über die Teilnehmerzahl im Klaren?
- ✓ Haben Sie die passende Tischform ausgewählt?
- ✓ Sind die Tischkarten beschriftet?
- ✓ Ist der Tischschmuck vorbereitet?
- ✓ Sind die Zahlungsmodalitäten vereinbart worden?

… nicht zu vergessen: Findet die Feier nicht bei Ihnen zu Hause statt oder beauftragen Sie jemanden mit der Organisation, prüfen Sie die allgemeinen Geschäftsbedingungen des Ausrichters.

3 Frohe Gäste, schöne Feste

Bei einem normalen Menü gibt es meist ein »Amuse-Gueule« zum Einstieg. Mit diesem kleinen Gruß aus der Küche will der Koch, wie das Wort besagt, Ihren Gaumen erfreuen. Gelingt ihm dies nicht, lassen Sie das ungeliebte Geschenk stehen. Das gilt auch für den Verdauungsschnaps »aufs Haus«. Es besteht keine Verpflichtung, (unerbetene) Geschenke anzunehmen.

> Etikette ist das Geräusch, das man nicht macht, während man Suppe isst.
>
> **UNBEKANNTER AUTOR**

Der Blick in die Speisekarte

Sie sind in ein Restaurant eingeladen. Ihr Blick irrt über die Karte. Sie fragen sich, wie viele Gänge Sie nehmen dürfen und wie teuer es denn wohl sein darf. Das Fünf-Gänge-Menü klingt verlockend; dürfen Sie so unbescheiden sein, es zu wählen?

Wenn Sie diese Situation kennen, wissen Sie: Mangelnde Klarheit verunsichert. Helfen Sie also Ihren Gästen bei der Wahl. Stecken Sie mit gezielten Hinweisen einen ungefähren Rahmen, lassen Sie aber Alternativen zu: »Was halten Sie von dem vom Küchenchef vorgeschlagenen Menü?« Jetzt wissen Ihre Gäste: Sie dürfen nicht nur bei den Hauptgängen schauen. »Das Lammkarree ist hier besonders gut, der Seeteufel allerdings auch.« Da verstehen sie: Aha, wir müssen uns nicht auf die Pizza beschränken.

Aus den Reaktionen Ihrer Gäste lesen Sie die Vorlieben ab; in Anwesenheit des Oberkellners fassen Sie – im Idealfall gemeinsame – Beschlüsse. Ganz korrekt nennen Sie als Gastgeber bei ihm alle Wünsche, die Ihre Gäste vorher im Lauf des Gesprächs bei Ihnen angemeldet haben.

Je einheitlicher Sie die Speisen wählen, desto leichter kann die Küche alle Speisen eines Gangs gleichzeitig fertigstellen, desto besser wird Ihnen Ihr Essen schmecken. Darüber hinaus erleichtern Sie sich die Wahl der Weine, welche die jeweiligen Speisen harmonisch ergänzen: Der Bordeaux, den Sie zu Lammrücken und Filetsteak bestellen, schmeckt dem Gast, der sich für Salat mit Putenstreifen entschieden hat, mit Sicherheit nicht so gut.

Wein bestellen: Sicher und fürsorglich

Für Karl-Heinz Schopf, Chef-Sommelier in Brenner's Park-Hotel & Spa in Baden-Baden, ist das Auswählen eines Weines eine leichte und schwierige Aufgabe zugleich: »Gemäß gesetzlicher Vorschrift muss die Karte bei jedem Wein Angaben zu geografischer Herkunft, Qualitätsstufe, Abfüller, Füllmenge und Preis enthalten.«

Das sind aber nur harte Fakten. »Besprechen Sie bitte mit Ihren Gästen und dem Weinkellner Ihre geschmacklichen Vorlieben und lassen Sie sich von ihm als Fachmann beraten. Er gleicht die Wünsche der Gäste mit seiner Kenntnis von Karte und Keller ab und macht entsprechende Empfehlungen. Sie brauchen keine Angst zu haben, dass er Ihnen zu teure Weine empfiehlt. Geben Sie ihm mit einem diskreten Fingerzeig in der Karte einen Hinweis auf den Preis, den Sie zu zahlen bereit sind.«

Auch bei der Getränkewahl gilt das Prinzip der Freiheit in Maßen. Kann sich ein Gast für eine Empfehlung nicht erwärmen, bekommt er als Alternative einen offenen Wein und, wenn er es ausdrücklich verlangt, sogar »sein« Glas Bier.

ORTSWECHSEL: **IM RESTAURANT**

> ### TIPP DAS GESCHÄFTSESSEN – EIN SENSIBLES THEMA
>
> »Das Geschäftsessen ist ein Essen mit Geschäftspartnern, bei dem man so tut, als wäre man befreundet, und über alles spricht außer über das Geschäft.« Diese spitz formulierte Definition ist so falsch nicht: Schließlich kann von einem Geschäftsessen neben den – erhofften oder zu feiernden – wirtschaftlichen Gewinnen einiges abhängen: Ihr Ruf und der Ihres Unternehmens, die Festigung alter Bindungen, die Chance auf neue Kontakte. Grund genug, es klug zu planen.
>
> »Für Ihre Gäste nur das Beste«: Wählen Sie ein Lokal, in dem Sie vor Ihren Geschäftspartnern glänzen können.
>
> »Diese Gäste sind mir lieb, aber nicht über die Maßen teuer«: Bestellen Sie das Essen telefonisch vor oder bitten Sie die Servicekraft am Tisch um eine Empfehlung – nachdem Sie vorher diskret den Preisrahmen für Wein und Speisen gesteckt haben.
>
> »Was empfehlen Sie mir?« Laden Sie Geschäftspartner in einer Ihnen unbekannten Stadt ein, lassen Sie sich von ihnen oder anderen ortskundigen Personen Alternativen nennen. Prüfen Sie die Empfehlungen im Internet oder in einem Restaurantführer. Entscheiden Sie gemäß dem vorgesehenen Budget und Ihrem Ziel.

Ihre Alliierten: Die Servicekräfte

Je besser Ihr Kontakt zu denen ist, die Ihnen bei der Bewirtung Ihrer Gäste helfen, desto wohler fühlen sich Ihre Gäste.

Lassen Sie sich daher Speisen und Getränke empfehlen, bitten Sie um Gründe für die Empfehlung.

Bedanken Sie sich hin und wieder, wenn Sie bedient werden. Reichen und nehmen Sie aber nur nach Absprache – zum Beispiel wenn Sie auf einer Bank sitzen und korrekter Service nicht möglich ist – selbst Geschirr in die Hand.

Behalten Sie bei einem Missgeschick der Servicekraft die Nerven. Sie will Sie nicht ärgern! Ist eine Servicekraft hingegen unaufmerksam oder frech, wenden Sie sich – unter vier Augen – an deren Vorgesetzten.

Sind Sie oder Ihre Gäste mit einer Speise oder einem Getränk nicht zufrieden, bitten Sie um Ersatz: »Welche Alternative bieten Sie spontan an?« Die Kartoffeln sind versalzen, durch den Salat kriecht eine Schnecke? Hier geht es nicht um Geschmack, sondern um Ihr Recht. Fordern Sie sachlich und dezent, doch bestimmt: »Das ist nicht in Ordnung. Bitte kümmern Sie sich darum.«

Sorgen Sie für Ihre Gäste, doch ersparen Sie ihnen jegliche negative Emotion. Es ist nicht schwer, in einem harmonischen Umfeld die Contenance zu wahren. Ihre wahre Größe demonstrieren Sie im Umgang mit Pannen und mit denen, die sie verschuldet haben.

»Hat's geschmeckt?« Beantworten Sie die Frage der Servicekraft beim Ausheben des Geschirrs kurz und wahrheitsgemäß – unabhängig davon, ob Sie den Eindruck haben, dass sie als Floskel gemeint war oder nicht. Jetzt erst einen Mangel zu reklamieren wäre allerdings zu spät.

Bitten Sie die Servicekraft, die Rechnung außerhalb der Sichtweite Ihrer Gäste vorzubereiten. Prüfen Sie sie, monieren Sie gegebenenfalls. Geben Sie Trinkgeld, auch wenn Sie mit Ihrer Kreditkarte bezahlen, möglichst bar und in Maßen. Susanne Breuer, seit über 25 Jahren Gastgeberin in Breuer's Rüdesheimer Schloss, warnt: »Setzen Sie sich nicht mit übertriebenem Trinkgeld in Szene. 5 bis 10 Prozent sind, wenn Sie zufrieden sind, genug.« (Lesen Sie hierzu auch »Tipps für Tips« ab Seite 169 in Kapitel 7.)

ZU GAST – NICHT NUR BEI FREUNDEN

Gastgeber und Gast haben eine komplementäre Beziehung: Ohne einander geht es nicht. Lassen Sie sich als guter Gast verwöhnen und halten Sie sich an die in dem fremden Revier geltenden Spielregeln.

Zeit und Raum und Speisen teilen

Ihre Gastgeber bitten Sie in freundlicher Absicht an ihren Tisch und sollten sich deshalb auf Ihre Kooperationsbereitschaft verlassen können. Geben Sie Ihr Bestes!

Der richtige Zeitpunkt

Sie erhalten eine Einladung? Sagen Sie zu oder ab, sobald Sie sich für oder gegen die Annahme entschieden haben, am besten zeitnah.

Müssen Sie aus irgendeinem Grund leider absagen, drücken Sie Ihr Bedauern aus. Zu einem großen Fest wie einer Hochzeit sind Sie trotz Absage jedoch nicht der Pflicht entledigt, termingerecht zu gratulieren. Haben Sie keine Zeit, am Fest teilzunehmen, schicken Sie in jedem Fall ein Geschenk und ein paar herzliche Zeilen.

»Fünf Minuten vor der Zeit« ist des Gastes Pünktlichkeit nicht. Kommen Sie niemals in einem Privathaushalt vor der angegebenen Zeit – aber auch nicht mehr als fünf Minuten zu spät.

Wenn und sobald Sie absehen, dass Sie sich verspäten, teilen Sie das den Gastgebern mit. Das Angebot »Gehen Sie ruhig schon ohne mich an den Tisch« wird als umsichtig gewertet. Die Gastgeber entscheiden, ob sie es annehmen oder nicht.

Die angemessene Verweildauer richtet sich nach den – möglicherweise versteckten – Signalen der Gastgeber. Bei einem Abendessen sollten Sie nach circa drei Stunden anbieten zu gehen.

Vorsicht Fettnäpfchen
AUF DIE PLÄTZE
Sie müssen bestimmt nicht fürchten, noch einmal eingeladen zu werden, wenn Sie
- schon während des Stehempfangs mit Handtasche oder Handy Ihren Platz markieren;
- sich ohne Aufforderung an einen Platz Ihrer Wahl setzen;
- andere Gäste auffordern, es Ihnen gleichzutun: »Warum steht Ihr denn noch rum?«;

ZU GAST – NICHT NUR BEI FREUNDEN

- Tischkarten ignorieren oder austauschen;
- über den zugeteilten Platz beleidigt sind;
- ungeliebten Tischnachbarn die kalte Schulter zeigen;
- in einem Privathaushalt sitzen bleiben, während andere Gäste beim Auf- und Abtragen helfen;
- wiederholt zwischendurch aufstehen, um zu rauchen oder zu telefonieren.

»Ja bitte, gerne doch«

Ihre Gastgeber möchten es Ihnen recht machen, vielleicht tischen sie aber nicht gerade Ihre Leibspeise auf. Bedenken Sie: Sie sind nicht hierhergekommen, um sich endlich einmal satt zu essen, sondern um Geselligkeit zu pflegen.

Sie dürfen, müssen aber nicht alles aufessen, Sie dürfen die Dekoration mitessen, Sie müssen keinen Anstandsrest hinterlassen – und doch: Demonstrieren Sie Ihren guten Willen. Trinken Sie nicht gleich auf einen Zug Ihr Glas leer, spachteln Sie nicht drauflos, sondern gleichen Sie Ihr Ess- und Trinktempo dem der Tischgesellschaft an.

Wissen Sie nicht, wie man eine bestimmte Speise verzehrt? Fragen Sie – den Tischnachbarn, die Servicekraft oder einfach die Gastgeber selbst.

Nachwürzen ist im Prinzip erlaubt – aber bitte vorsichtig. Die Bitte um Ketchup etwa würde nicht der Köchin, sondern Ihnen selbst einen Imageschaden zufügen. Steht kein Salz auf dem Tisch: nur im Freundeskreis oder im Gasthaus fragen. Der Gourmetkoch im Sterne-Lokal wäre indigniert; Gastgeber könnten das persönlich nehmen.

Essen Sie aus gesundheitlichen, Glaubens- oder Gewissensgründen bestimmte Dinge nicht, teilen Sie das den Gastgebern unbedingt mit, bevor Sie die Einladung annehmen: »Ich käme gern, esse allerdings keinen Fisch und kein Fleisch.«

Als trockener Alkoholiker müssen Sie noch deutlicher werden: Sagen Sie Ihren Gastgebern, dass kein Tropfen Alkohol in Ihrem Essen sein darf, dass aber der Anblick von Alkohol keine Versuchung für Sie darstellt. Ist das nicht der Fall, nehmen Sie die Einladung lieber nicht an.

»Stört es Sie, wenn ich …«: In welchem Bundesland Sie auch leben: Als Raucher haben Sie gelernt, die Packung nicht vor dem Kaffee zu zücken, nie ohne zu fragen eine Zigarette anzuzünden und in einem Privathaushalt auf ein Signal der Gastgeber zu warten, bevor Sie überhaupt auf diese Idee kommen. Als empfindlicher Nichtraucher beantworten Sie die Frage eines Rauchers gelassen und fair: »Danke, dass Sie fragen. Ich wäre Ihnen dankbar, wenn Sie hier nicht rauchten.«

Das richtige Wort

Wenn Sie die Empfehlung, sich als Gast der Regie des Gastgebers zu beugen, wörtlich nehmen, ist auch Ihr Gesprächsverhalten von ausgesuchter Höflichkeit geprägt. Sie gehen auf die Tischgesellschaft zu, ohne jemandem zu nahe zu treten, und bringen sich in die Unterhaltung ein, ohne das Gespräch an sich zu reißen.

Die Tischrede: Fünf Gebote

Sie dürfen allerdings – unter der Bedingung, dass der Gastgeber mit gutem Beispiel vorangegangen ist – öffentlich das Wort ergreifen. Sie brauchen nur diese Gebote zu beachten:

☐ **Wählen Sie das richtige Timing.** Teilen Sie dem Oberkellner Zeitpunkt und Dauer Ihrer Ansprache mit. Sprechen Sie, nachdem ein Gang ab- und bevor der nächste Gang aufgetragen wird – am besten vor oder nach dem Hauptgang. Bei größeren Veranstaltungen und mehreren Rednern fragen Sie die für die Organisation verantwortlichen Personen nach Ihrem Platz auf der Rednerliste.

☐ **Sprechen Sie frei.** Platzieren Sie sich – ob stehend, ob sitzend – so, dass die gesamte Tischgesellschaft Sie sehen kann. Schieben Sie beim Aufstehen Ihren Stuhl hinter sich. Verschanzen Sie sich nicht hinter Ihrer Stuhllehne.

☐ **Verschaffen Sie sich Gehör.** Die Mittel dazu liegen in Ihrer Stimme: Sprechen Sie laut und klar Ihre ersten Worte; verzichten Sie darauf, mit einem Gegenstand an ein Glas zu schlagen. Ein fester, gerader Stand

> Jedem kann es passieren, dass er mal Unsinn redet; schlimm wird es erst, wenn er es feierlich tut.
>
> MICHEL DE MONTAIGNE | französischer Schriftsteller

und ein Blick in die Runde unterstützen Ihre Präsenz genauso wie ein ansprechender Einstieg.

☐ **Seien Sie unterhaltsam.** Sprechen Sie wenige Minuten, verwenden Sie kurze Sätze, sprechen Sie die Gäste direkt an, erwähnen Sie amüsante Anekdoten und Beispiele aus der Lebenswelt der Anwesenden.

☐ **Hören Sie bald auf.** Trinken Sie nicht auf das Wohl einzelner Personen, diese dürften nämlich streng genommen nicht mit-, weil nicht auf sich selbst trinken. Heben Sie stattdessen das Glas auf das gelungene Fest.

Tun Sie das im Lauf und nicht zum Schluss Ihrer Ansprache, sonst weiß das Publikum nicht, wann es klatschen soll. Setzen Sie sich während des Applauses mit einem Blick in die Runde wieder hin. (Zum Thema Ansprache finden Sie weitere Tipps in Kapitel 6 ab Seite 150.)

Nehmen Sie die Gleichbehandlung der Geschlechter ernst, streichen Sie das Wort »Damenrede« aus Ihrem Wortschatz. Es gilt als dieser Zeit wahrlich nicht gemäß, wenn ein männlicher – im Leben stehender – Gast auf heitere Weise die anwesenden – sonst öffentlich nicht existenten – Damen lobpreist.

Sagen Sie beim Abschied nicht nur »Servus«

»Danke« – das Zauberwort öffnet Herzen und beschließt eine Einladung. Selbst wenn Sie Ihren Gastgebern schon im Rahmen Ihrer Tischrede gedankt haben, ist ein erneutes Dankeswort beim letzten Handschlag angebracht. Erwähnen Sie einen Querschnitt all dessen, was Sie erlebt haben: die Speisen, die Getränke, das Ambiente, die Gespräche, die Menschen.

»Nächstes Mal dann bei uns« – das sagen Sie lieber nicht. Gastfreundschaft wird nicht gegengerechnet.

Das schönste Wort an der Tür enthebt Sie nicht der Pflicht zu einem Rückblick in den folgenden Tagen. Lassen Sie sich dazu von der Form der Einladung inspirieren: Kam sie per Post in edlem Umschlag, nehmen Sie Büttenpapier und Federhalter zur Hand. Kam sie per E-Mail, reicht eine E-Mail. Freunde rufen Sie einfach an. Greifen Sie bei Ihrem Dank einen markanten Punkt des Abends heraus, der Ihnen besonders in Erinnerung bleiben wird. Der Gastgeber wird es Ihnen danken.

ZU GAST – NICHT NUR BEI FREUNDEN

FAQ HÄUFIG GESTELLTE FRAGEN

Wie lehne ich geschickt ein Getränk oder eine Speise ab?
Fügen Sie sich in die Gemeinschaft ein und lassen Sie sich einen Schluck einschenken oder einige Bissen auf den Teller legen. Trinken Sie Wasser, lassen Sie den Wein stehen; essen Sie die Beilagen um die ungeliebte Speise herum.

Ist es zeitgemäß, wenn Herren aufstehen, wenn eine Dame den Tisch verlässt beziehungsweise zurückkehrt?
In einer Zeit der Gleichstellung der Geschlechter ist das sicherlich nicht mehr angebracht. Der Tradition nach erheben sich aber immer noch im formellen Umfeld alle Herren, wenn eine Dame steht; als praktikabler gilt heute, dass nur der Tischherr aufsteht, um seiner Tischdame beim Schieben ihres Stuhls behilflich zu sein.

Wie rufe ich denn die Kellnerin? Ich habe gehört, dass »Frau Oberin« falsch sei und »Hallo« zu unhöflich.
Bisher ist alles richtig: »Frau Oberin« sagt man nicht, das Wort »Frollein« gibt es in der deutschen Sprache nicht und »Hallo« heißt sie nicht. Wie dann? Machen Sie durch Blickkontakt auf sich aufmerksam, notfalls durch ein Handzeichen. Wenn Sie die Dame zu Beginn des Essens nach ihrem Namen fragen, können Sie eine Kollegin bitten, sie an Ihren Tisch zu schicken. Und auch ein Kellner hört seinen Namen lieber als »Herr Ober«.

Ich habe eine Einladung in ein Restaurant ausgesprochen, mache aber gerade Diät. Sollte ich das thematisieren?
Ob Sie das wollen oder nicht, würden Ihre Gäste Äußerungen wie »Ich faste gerade, nehmen Sie aber, was Sie möchten« oder »Ich bleibe bei einem Salätchen« als Anregung für die eigene Speisenwahl verstehen (siehe Seite 92). Halten Sie sich daher mit Einschränkungen zurück und bestellen Sie auf jeden Fall für sich die gleiche Anzahl Gänge wie für Ihre Gäste.

Wie verhalte ich mich, wenn der Gastgeber nicht merkt, dass der Wein korkt?
Je wärmer ein Wein wird, desto klarer tritt sein Bouquet zutage. Mit dieser Sachkenntnis können Sie dem Gastgeber eine goldene Brücke bauen: »Anfangs hat mir der Wein gefallen, doch jetzt, da er mehr Blume entwickelt, bin ich mir nicht mehr so sicher. Geht es Ihnen auch so?« Seien Sie als Verkoster vorsichtig: Da gute Korken immer seltener werden, ist heute nicht mehr jeder Pfropfen aus Kork! Monieren Sie also nicht unbesehen. Bitten Sie die Servicekraft um Rat.

Viele Gastgeber bitten um einen Eintrag ins Gästebuch. Ich weiß dann nie, was ich schreiben soll und ob ich diese Gepflogenheit überhaupt mitmachen soll.
Machen Sie gute Miene auch zu diesem Spiel. Sind Sie kein begnadeter Dichter? Ein »Danke« mit Unterschrift reicht aus.

Kleider machen Leute

Eine Kutte macht noch keinen Mönch. Dass Sie jedoch mit Ihrer Kleidung Ihrem Gegenüber Wertschätzung entgegenbringen oder verweigern und dass Sie einen Eindruck hinterlassen, ist offensichtlich. Ist es da nicht besser, Sie treffen bewusst die Entscheidung, welcher Eindruck das ist?

KEINE ZWEITE CHANCE?

Sie kennen das wahrscheinlich aus eigener Erfahrung: Ihr erster Eindruck von einer Person bestimmt das gesamte Bild, das Sie von ihr haben – zumindest eine Weile. Erst im Verlauf der Begegnung oder gar im Rückblick erkennen Sie, ob Sie diese Person intuitiv richtig eingeschätzt – oder aber wie grundlegend Sie sich getäuscht haben. Nicht dass wir uns bei der ersten Einschätzung Zeit ließen! Die Wissenschaft geht derzeit davon aus, dass der erste Eindruck innerhalb einer Viertelsekunde entsteht und innerhalb der ersten zwei Sekunden auf Stichhaltigkeit geprüft wird. Wer dann nach Aschenputtel-Manier im Töpfchen respektive im Kröpfchen gelandet ist, kommt so schnell nicht mehr heraus.

Gestalten Sie den ersten Eindruck

Warum verlassen wir uns – oft gegen bessere Erkenntnis – so auf dieses Sekundenurteil? Die Sozialpsychologen wissen: Weil wir das Bedürfnis haben, einen anderen Menschen schnell zu erfassen, uns in Sekundenschnelle ein Bild von ihm zu machen. Und das hat weder mit der Anonymität unserer Großstädte noch mit den Herausforderungen der Globalisierung zu tun. Bereits unsere Vorfahren mussten vor Millionen Jahren entscheiden: lächeln oder die Keule schwingen, sitzen bleiben oder davonrennen. Wenige Details genügten, um im Kopf ein ganzes Bild einer anderen Person entstehen zu lassen – wie hoch die Fehlerquote auch sein mochte.

Das ist heute nicht anders. Unterschiede gibt es aber doch. Unsere Ahnen mussten sich auf Statur und Körperhaltung, Mimik und Gestik, auf die Ähnlichkeit mit anderen Personen, auf die Stimme, den Inhalt und die Form der Worte und natürlich den Ort der Begegnung und die übrigen Anwesenden verlassen. Alle diese Faktoren sind auch heute für die Eindrucksbildung relevant, wir sollten sie für eine vorteilhafte Selbstpräsentation nutzen. Die Kleidung half unseren mit Fellen bekleideten Urvätern nicht weiter, wir aber haben sie.

> Schönheit ist ein offener Empfehlungsbrief, der die Herzen im Voraus für uns gewinnt.

ARTHUR SCHOPENHAUER | deutscher Philosoph

Basics im Beruf

Für manche berufliche Tätigkeiten gibt es Dresscodes, die der Sicherheit der Träger dienen: Feuerwehrleute brauchen ihren Helm, Autolackierer ihren Blaumann. Andere Dresscodes sind von hygienischen Erwägungen geprägt: Der Chirurg im OP sollte bitteschön in einem desinfizierten Kittel antreten. Wieder andere, wie der Talar des Pfarrers oder des Staatsanwalts, dienen dem Status. In den meisten Unternehmen und Berufsgruppen jedoch gibt es keine offiziellen Regeln. Was ziehen Sie an, wenn Sie zur Freiheit der Kleiderwahl verdammt sind?

4 Kleider machen Leute

DAS ETIKETTE-QUIZ

Die Kleidung ist eine Sprache für sich. Nutzen Sie die Ausdrucksmittel korrekt? Testen Sie sich selbst.
Bitte markieren Sie jeweils die richtige Antwort. Die Lösung finden Sie am Ende des Buches auf Seite 188.

1. »No brown after six«: Diese Regel ...

a bedeutet, dass Sie als Herr am Abend keine braunen Schuhe tragen dürfen, und ist richtig; für Damen gibt es solche Vorschriften nicht.

b bedeutet, dass Sie – ob Dame, ob Herr – nach 18 Uhr keine braune Kleidung tragen sollten, und ist richtig.

c ist falsch, weil zu eng gefasst. Die korrekte Regel lautet »No brown in town« und ist weder auf Herren noch auf Schuhe beschränkt.

2. **Ein Damenrock endet im Idealfall eine Handbreit über dem Knie. Diese Empfehlung ...**

a ist unsinnig, weil die ideale Rocklänge nach Berufsgruppe, Proportionen der Trägerin, Weite des Rocks, Absatzhöhe der Schuhe und Strumpfart variiert.

b ist richtig, weil ein kürzerer Rock immer unseriös wirkt.

c ist ungenau, weil nicht gesagt wird, dass die Hand des Vorgesetzten gemeint ist.

3. **Die Einladung zu einem Galaabend gibt »Gesellschaftsanzug« vor. Sie tragen ...**

a als Herr einen Smoking mit schwarzem Querbinder und als Dame ein elegantes kurzes oder langes Kleid.

b als Dame auf jeden Fall ein langes Kleid, als Herr einen dunklen Anzug oder einen Smoking.

c als Herr Ihr weißes Dinnerjackett mit einer farbigen Fliege und als Dame natürlich das Kleine Schwarze.

Gewollt oder ungewollt: Ihr Outfit sendet Signale

Greifen Sie am Morgen nicht blind in den T-Shirt-Stapel, weil sämtliche Oberhemden ungebügelt im Wäschekorb liegen. Klären Sie lieber: Welchen Eindruck wollen oder sollen Sie heute bei anderen erwecken, und wie können Sie durch Ihr Erscheinungsbild dazu beitragen? Vielleicht greifen Sie doch noch schnell zum Bügeleisen.

In den letzten Jahren ist ein verstärkter Hang zur korrekteren Kleidung zu beobachten. Immer öfter gilt im Berufsleben eine dezente Eleganz als zielführend; dies wiederum passt zu dem Trend zu Design und Ästhetik, der generell in unserer Gesellschaft zu beobachten ist: Von Fitnessstudio bis Eierbecher – alles designed.

Ob als Chefin oder als Sachbearbeiterin, ob als Manager oder Assistent, im Ladenlokal oder im Archiv – für Außenstehende sind Sie stets Repräsentant des Unternehmens. Dieses Unternehmen macht der Außenwelt ein Versprechen, es trägt eine Botschaft nach außen, es hat eine Philosophie, vielleicht als »Corporate Identity« formuliert, vielleicht nur zwischen den Zeilen definiert. Immer tragen Sie mit Ihrem Verhalten und Ihrem Erscheinungsbild dazu bei. Tun Sie dies bewusst und verantwortungsvoll.

Je weniger Sie einschätzen können, wem Sie begegnen, desto vernünftiger ist es, auf Nummer sicher zu gehen. Die Briten sagen: »You can never go wrong with convention«, mit der Konvention können Sie zumindest nichts falsch machen.

Verlassen Sie sich bei der Wahl Ihrer Kleidung nicht ausschließlich auf die Empfehlungen Ihrer Partnerin oder Ihres Partners. Sie beziehungsweise er tut alles, damit Sie dem bestehenden geliebten Bild entsprechen. Frage: Kann sie/er die Sehgewohnheiten in Ihrer Berufswelt einschätzen? Tauschen Sie sich besser bei Gelegenheit in einer Kaffeepause mit Teamkollegen darüber aus, wie Sie wirken wollen. Erörtern Sie, was Sie entsprechend tragen sollten. Nutzen Sie Ihre Kleidung nicht nur, um anderen Respekt zu zollen, sondern auch als ein Mittel, um sich – extern wie intern – Achtung zu verschaffen.

Mit Material und Muster Stärken hervorheben

Natürlich plädieren Designer gern für qualitativ hochwertige Stoffe – mit einem entsprechenden Preis. Wahrscheinlich ist es aber tatsächlich richtig, sich mit Blick auf das eigene Konto weniger für viele trendige Teile als für hochwertige Stücke mit guter Passform und Tragequalität zu entscheiden: Sie bleiben länger in Form und wirken länger korrekt. Es könnte teuer werden, sich billig zu kleiden.

Nicht nur Stoff und Schnitt prägen den Eindruck, den Ihre Kleidung hinterlässt. Auch Ihre Vorliebe für bestimmte Farben und Muster trägt dazu bei. Ob gewebt oder gedruckt: Muster ziehen den Blick an.

Dabei gibt es einige Faustregeln:
- Weiße Nadelstreifen strecken.
- Kreidestreifen (dicker und weiter voneinander entfernt) strecken nicht.
- Pepita und Hahnentritt bilden zu strahlendem Weiß und kräftigem Schwarz einen starken Kontrast und lassen Sie stark erscheinen.
- Fischgrat wirkt weich und in kalten Farben nobel.
- Karos sind nur für große, schlanke Personen von Vorteil, dabei ist es unerheblich, ob es sich um ein einzelnes Gitterkaro oder um Glencheck (zwei Fensterkaros übereinander) handelt.

4 Kleider machen Leute

Muster helfen, bestimmte Körperpartien zu betonen, um von anderen abzulenken. Einfarbige glatte Stoffe guter Qualität wirken nobler; hier verhelfen zum Beispiel Nahtverläufe zu einer schlanken Linienführung. Auch bei Mustern gilt: Sie müssen nicht jeden Trend mitmachen.

Farben wirken – in zwei Richtungen

Den einen macht Rosa blass, dem anderen zaubert es eine gesunde Frische auf die Wangen. Welche Farben das Beste aus Ihrem Typ herausholen, erfahren Sie am objektivsten in einer Farb- und Stilberatung oder in einem guten Fachgeschäft. Sprechen Sie Personen Ihres Umfelds, die Sie als stimmig gekleidet empfinden, auf ihre Bezugsquellen an.

Farben haben allerdings auch Symbolkraft und Signalwirkungen. Diese können sich zum Teil sogar widersprechen – die Probanden bei Farbtests äußern sich bei Weitem nicht einstimmig.

- Rot, die Farbe des Feuers, das Leben spendet oder zerstört, gilt in der Kleidersprache als riskant: Einerseits konzentriert eine rote Krawatte dynamisch die Blicke, andererseits kann eine rote Bluse wie ein Stopp-Signal wirken.
- Schwarz kann traurig, aber auch festlich wirken.
- Blau wird mal als harmonisch, mal als kühl gewertet.
- Braun empfinden manche als wohltuend weich, andere als schwach.
- Grau ist für die einen neutral, für die anderen nobel.

Sind Sie in der Kleiderwahl nicht einer branchenüblichen Farb-Uniformierung unterworfen? Folgen Sie Ihrer eigenen Interpretation, treiben Sie es nur so bunt, wie es für Sie günstig ist!

Düfte verschiedener Herkunft

»Wir beschnuppern uns erst einmal.« »Die können sich nicht riechen.« »Da stimmt die Chemie nicht.« Der Volksmund weiß um die Bedeutung des Geruchssinns für Sympathie und Antipathie. Bei der Wahl des Parfüms helfen der eigene Geschmack, der der besten Freundin und der Rat der Fachverkäuferin. Immer gilt: Dosieren Sie sparsam. Länger als zwei Sekunden sollten Sie nicht auf den Zerstäuber drücken.

Seinen eigenen Geruch einzuschätzen ist schwer. Präventiv helfen Mund- und Körperhygiene mindestens am Morgen, ein wirksames Deodorant, Atem- und Fußspray, Naturstoffe, tägliches Wechseln der Wäsche, der Verzicht auf stark gewürzte Speisen vor und an Arbeitstagen sowie ein Freund oder eine Kollegin, die Sie im Zweifel fragen: »Rieche ich wirklich tadellos?«

Weist man Sie darauf hin, dass Sie »müffeln«, danken Sie der Person von Herzen. Dieser Mut hat Ihre Wertschätzung verdient!

Freizeit – grenzenlose Kleider-Freiheit?

Sie suchen eine Bank auf, um einen Kredit für den Kauf Ihres neuen Autos zu verhandeln: Wetten, dass Sie sich Gedanken darüber machen, wie Sie sich als kreditwürdig präsentieren? Und wetten, dass Sie in gepflegter Kleidung in einem Gourmetrestaurant auf Anhieb aufmerksamer bedient werden als im Schlabberlook?

Kleidung als Ausdrucksform

Geben Sie Ihrem Gegenüber, wo immer Sie sich befinden, die Gelegenheit, an Ihrer Außenfläche das Richtige über Sie abzulesen. Doch Vorsicht: Es geht nicht um Fassadenpflege, um die hohle Form! Es geht darum, sich selbst eine ehrliche Chance zu geben. Denn der erste Eindruck ist zwar nicht unumstößlich, hat aber meist lange Bestand – wie eine Prophezeiung, die sich selbst erfüllt. Machen Sie sich das Leben leicht, bieten Sie anderen eine positive Interpretationsfläche. Es ist am einfachsten, mit einer ansprechenden Kleidung anzufangen. Denn Kleidung ist nicht nur Schutz vor Kälte, Regen und Wind und auch nicht nur ein Statussymbol. Sie ist eine Sprache für sich. Ein legeres Outfit entspricht der Umgangssprache, die klassische Eleganz der Hochsprache, ein Trachtenlook dem Dialekt und ein kreativer Look der Lyrik. Wägen Sie ab, wie Sie verstanden werden wollen, lassen Sie Ihre Kleidung nicht drauflosplappern.

Stolperstein 1: Männer und Shorts

Shorts tragen Sie nur in der Freizeit und wenn die ästhetischen Bedingungen an Schlankheit des Mannes und Passform der Hosen erfüllt sind. Und auch nur, wenn Sie nichts Geschäftliches in der Stadt zu tun haben. Sicherer sind lange Hosen!

Stolperstein 2:
SMS – Socken mit Sandalen

Socken mit Sandalen – das gilt als typisch deutsch. Wenn Sie Sandalen tragen, tun Sie das barfuß, das gilt für Frauen und Männer gleichermaßen.

Stolperstein 3:
Nackte Tatsachen bei Frauen

Es gibt keine Altersgrenze für freie Oberarme, Miniröcke und unbestrumpfte Beine. Es gibt aber eine lokale Grenze: Eine Kirche betreten Sie so bitte nicht. Und es gibt eine ästhetische Grenze: Pfirsichhaut sieht bei einer Frau jeden Alters fein aus, Orangenhaut nie. Ein unbedeckter Bauch gilt nie als fein.

Stolperstein 4: Unrasierte Beine

Eine gepflegte Frau stellt keine Körperhaare zur Schau, weder auf der Oberlippe noch unter der Achsel noch an den Beinen.
Für Männer gilt diese Einschränkung nicht unbedingt. Allerdings sind unbehaarte Achseln und Beine nicht nur bei urbanen jungen Männern en vogue – und schließlich einfach netter anzusehen.

Stolperstein 5:
Schmuck und Körperschmuck

Piercings und Tattoos werden immer noch der alternativen Kultur zugerechnet. Diesen Eindruck erwecken ebenfalls Armbänder und Ketten bei Herren und Fußkettchen bei Damen.
Bedenken Sie als Frau, welchen Eindruck Sie mit Hochkarätigem an Händen, Armen, Hals und Ohren beim Einlauf im Gartencenter hinterlassen. Wollen Sie hier auffallen? Dann ist genau diese Schmuckwahl richtig für Sie.

Mut zu Mantel, Schal und Hut

Beim morgendlichen Sprint zum Bäcker wollen Sie auf Anorak, Parka und andere Freizeitjacken sicherlich nicht verzichten. Im Stadtbild allerdings – und erst recht auf dem Weg zu einem Kunden – können Sie Ihren Part zur bereits begonnenen Renaissance der nobleren Straßenkleidung beitragen. Frau und Mann tragen Jacke und Mütze, Dame und Herr Mantel und Hut.
Ob Sie sich beim Mantel für kurz oder lang, Blazer- oder Raglan-Schnitt, Leder, Stepp oder Loden entscheiden, hängt von Ihrem Körperbau und Geschmack ab. Vollkommen ist der Look, wenn Sie dazu Schal, Lederhandschuhe und Hut tragen. Wann man diesen abnimmt und wann nicht, können Sie auf Seite 18 nachlesen.

VON SAMT UND SEIDE – DIE MÄNNERMODE

Bis weit ins 18. Jahrhundert hinein waren Farben und Stoffe Standessymbole: Als höfisch galten Samt, Seide und Brokat in Purpurrot und Blau – Farben, die in reiner Form schwer herzustellen waren. Natürlich konnte nur der – betuchte – Adlige sich derlei Kleidung leisten, grobe Stoffe und Braun waren Hinweise auf die Zugehörigkeit zu den unteren Schichten, Grau hatte den Beinamen »Armenschwarz«.

Die Farbzuschreibungen wurden mit dem Fall der ständischen Gesellschaft nach den großen Revolutionen des 18. Jahrhunderts aufgehoben. Das aufstrebende Bürgertum wählte – auch um sich auf positive Weise vom Adel zu unterscheiden – dezente, als seriös empfundene Farben und die Gemeinschaft der Bürger herausstellende, an Uniformen erinnernde Schnitte.

Dieses Erbe gilt in der Geschäftskleidung bis heute: Wer auf dem Parkett des Geldes hohen Status signalisieren will, kleidet sich dezent, fällt nicht auf, wählt ein kaltes Dunkelblau oder Grau und kommuniziert damit Kunden, Vorgesetzten und Verhandlungspartnern: Auf mich könnt ihr euch verlassen.

Der Auftritt fängt am Fuß an

»No brown after six«, keine braunen Schuhe nach 18 Uhr, diese Regel ist eine deutsche Erfindung wie das Wort »Handy« für ein Mobiltelefon. Der Begriff klingt englisch, ist aber in dieser Bedeutung nicht englisch. Die Regel lautet im englischen Original »No brown in town« und ist nicht auf Herren und nicht auf Schuhe beschränkt. Brauntöne, so die Überzeugung, strahlen bestenfalls Wärme aus und die ist im internationalen Business keine vorrangige Kategorie.

Mit diesen Schuhen gehen Sie auf Nummer sicher

Für den Schuh eines auf globalem Boden operierenden Geschäftsmannes gibt es darum, um mit Henry Ford zu sprechen, eine ganze Bandbreite an Farben, »Hauptsache er ist schwarz«.

TIPP   **GUT ZU FUSS**

Um im Winter einen festen Tritt zu haben und eine Ledersohle zu schützen, können Sie sich feine, unsichtbare Pads aus Gummi unter die Sohle kleben. Sollte das Wetter sehr garstig sein, müssen Sie vielleicht auf einen wetterfesten Stiefel oder Schuh ausweichen – dann sollten Sie in jedem Fall in der Firma ein Paar Büroschuhe bereitstehen beziehungsweise sie im Auto dabei haben.

VON SAMT UND SEIDE – **DIE MÄNNERMODE**

Nach italienischer Manier wählen Sie zum blauen oder grauen Anzug eher einen braunen oder bordeaux-roten Schuh. Sind Sie aber im Banken- und Versicherungswesen tätig und können Sie Ihr Gegenüber nicht genau einschätzen, sind Sie mit schwarzen Schuhen auf der sicheren Seite.

Aus Glattleder sollten sie sein – Rauleder gilt als Material für die Freizeit – und eine Ledersohle sollten sie haben. Ansonsten haben Sie die Wahl:

- Als elegantester Herrenschuh gilt der Oxford 1, der aufgrund seiner »geschlossenen Schnürung« – nach vorn nicht offen wie der Derby – fester am Fuß sitzt. Aus diesem Grund haben übrigens Sportschuhe meist eine geschlossene Schnürung.
- Bei den meisten Schnürschuhen sind die Lederteile, welche die Löcher für die Schnürsenkel halten, aufgenäht und darum nach vorn offen, die Schuhe haben eine »offene Schnürung«. Ein typischer Vertreter dieser Schuhart ist der Derby 2; ohne Ziernähte und Stanzungen passt er sogar zu einem schmalen Anzug.
- Der Monkstrap 3 – ein Herrenschuh mit Schnalle – wird formal zwischen Schnürschuh und Loafer eingestuft und gilt derzeit mit zwei Schnallen als besonders chic, dabei aber für das gehobene Business als ungeeignet.
- Das Gleiche gilt in Deutschland für die Loafer 4 (früher als Slipper bezeichnet). Zum »casual wear« sind sie hingegen ideal, dann auch in Braun und Dunkelrot.

In den Illustrationen oben auf dieser Seite sehen Sie die genannten Schuhe nach absteigendem Grad der Förmlichkeit angeordnet.

Der passende Strumpf

Zählen Sie zu den Männern, die sich nicht vorstellen können, ihre Waden in Kniestrümpfe zu verpacken? Dann denken Sie unbedingt daran, durch Beinhaltung und Sockenlänge sicherzustellen, dass Sie beim Sitzen nicht Ihre unbedeckten Beine zeigen. Ob Sie die Strümpfe (Socken) Ton in Ton zum Schuh oder zum Anzug wählen oder ob Sie zum Beispiel mit einem anthrazitfarbenen Strumpf einen optischen Übergang zwischen hellgrauem Hosenbein und schwarzem Schuh wählen, entscheidet Ihr persönlicher Geschmack.

Macht Eindruck: Der Anzug

Haben Sie sich entschieden, einen Anzug zu tragen, sollte dieser bitte zum jeweiligen Anlass, zu Ihrer Rolle und zu Ihrem Körperbau passen. Zum Gentleman wird »mann« erst, wenn er den Anzug richtig trägt.

Derzeit geht der Trend zu schmal geschnittenen taillierten Anzügen mit zwei Knöpfen und ohne Weste; je nach Körperform und Bedürfnis nach Behaglichkeit sind Sie aber weiterhin mit Dreiknopf-Anzügen, Dreiteilern und Zweireihern gut gekleidet.

In konservativen Berufsfeldern wird seit den Dreißigerjahren des 20. Jahrhunderts der Anzug bevorzugt, in Hamburg eher die Kombination von blauem Blazer und grauer Hose. Immer strahlen Sie mit gedeckten kalten Farben – Blau, Grau – Kompetenz, Seriosität und Diskretion aus.

So sitzt Ihr Anzug richtig

Der perfekt sitzende Anzug macht einen Mann zum Gentleman. Hier finden Sie Tipps für die Passform.

Das Material

Ein Anzug aus Schurwolle ist leicht und knitterarm. »In winter warm, in summer cool, there is no substitute for wool«, sagen die Briten. Bei einem »Super 100«-Garn wird aus einem Kilo Wolle ein 100 Kilometer langer Faden gesponnen, ein Anzug aus »Super 220« ist noch wesentlich leichter.

Das Jackett

Eine Einlage aus Stoff sowie ein sanft gerolltes, vom Oberkörper abstehendes Revers halten die Brustpartie in Form. Das Jackett muss sich Ihrem Oberkörper ohne Faltenwurf anpassen und das Gesäß bedecken. Der Kragen schmiegt sich an den Hals an. Unter dem Ärmel schaut ein halber bis ein Zentimeter des Hemdärmels hervor.

Die Hose

Sie lässt den Oberschenkeln beim Sitzen Spielraum und steht vorn auf dem Schuh mit einem einzigen kleinen Knick auf. Bei idealer Passform fällt eine locker geschnittene Hose so, dass sie ohne Aufschlag auf dem Absatz endet (das ist die elegantere Version), Hosen mit Aufschlag etwas darüber.

Qualität kann man sehen: Das Hemd

Ein Billighemd ist spätestens auf den zweiten Blick zu erkennen: Es verrät sich an den Nähten mit vier Stichen pro Zentimeter, Luxushemden haben neun bis zwölf. Des Weiteren sagen die Experten:

- Die Länge eines Hemdes ist richtig, wenn sich Vorder- und Rückenteil im Schritt zusammenfassen lassen.
- Die Weite stimmt, wenn es weder spannt noch unter dem Jackett Falten wirft.
- Ein Business-Hemd braucht keine Taschen zu haben.
- Der Kragen schaut hinten aus dem Jackett heraus und liegt lose am Hals an.
- Das Kragenfutter ist genäht, nicht geklebt.
- Der Kragen behält mit Kragenstäbchen aus Fischbein, Messing oder Sterlingsilber seine Form.
- Das Kurzarmhemd ist für die Freizeit ideal und in vielen Berufsfeldern akzeptabel. Zu Anzug oder Krawatte passt es genauso wenig wie Sandalen.
- Ein Hemd mit Button-down-Kragen wird nur ohne Krawatte getragen.
- Ein Hemd mit Steg-Kragen (Tab-Kragen) ist zum Anzug möglich.
- Zum Anzug gilt nur ein Kragen als korrekt, bei dem die Kragenschenkel unter dem Revers des Jacketts verschwinden; meist ist das ein Kent-Kragen.

VON SAMT UND SEIDE – **DIE MÄNNERMODE**

- Die Knöpfe sind aus Perlmutt.
- Die Manschette lugt einen halben bis einen Zentimeter unter dem Jackettärmel hervor, nicht mehr, nicht weniger.
- Der Übergang zwischen Ärmel und Manschette hat mehrere kleine Fältchen.

Farben und Muster

Mit einem weißen Hemd aus glatt gewebtem Material liegen Sie in keinem Fall verkehrt. Ein sehr helles Blau oder Eierschalenweiß ist zu feinen Anlässen ebenfalls möglich, Rosa ist in vielen Fällen akzeptiert, gilt aber in konservativen Kreisen als zu niedlich. Ob Streifen, Karos oder andere Farben infrage kommen können? Wer es modisch mag, passt sich den Sehgewohnheiten der jeweiligen Zeit und Zielgruppe an. Vorsicht im konservativen Business: Sie könnten als zu sportlich beziehungsweise freizeitorientiert angesehen werden.

Nicht nur Dekor, auch Aussage: Die Accessoires

Bei aller Seriosität und gewollten Uniformität der Geschäftskleidung hat der Herr einige Mittel, um seine Stilsicherheit und seine Individualität zu demonstrieren und somit Profil zu gewinnen.

Der Gürtel

Nutzen Sie die Chance, mit einem Gürtel den Sitz Ihrer Hose zu optimieren. Keine Schlaufe ohne Gürtel! Der Gürtel sollte in der Breite zu den Schlaufen passen und in Farbe und Material mit den Schuhen und der Kleidung harmonieren.

Der Gürtel sollte keine auffällige Schnalle haben: kein Firmenlogo, kein Adlerkopf. Das Material der Schnalle muss nicht unbedingt auf die Armbanduhr abgestimmt sein, sollte aber zu irgendetwas passen, und

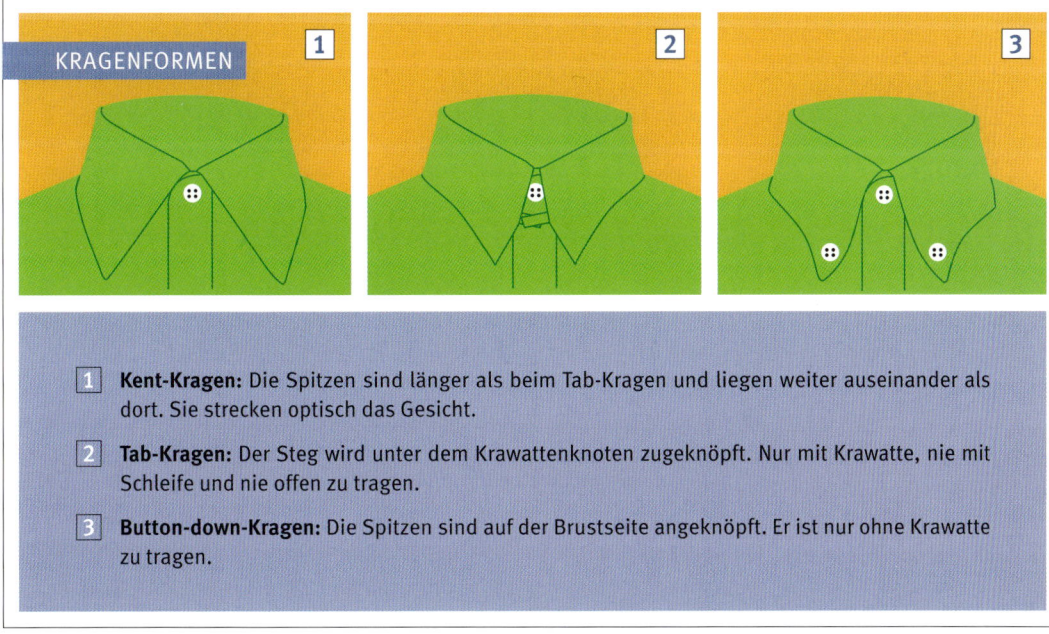

KRAGENFORMEN

1 **Kent-Kragen:** Die Spitzen sind länger als beim Tab-Kragen und liegen weiter auseinander als dort. Sie strecken optisch das Gesicht.

2 **Tab-Kragen:** Der Steg wird unter dem Krawattenknoten zugeknöpft. Nur mit Krawatte, nie mit Schleife und nie offen zu tragen.

3 **Button-down-Kragen:** Die Spitzen sind auf der Brustseite angeknöpft. Er ist nur ohne Krawatte zu tragen.

4 Kleider machen Leute

INTERVIEW

Nina Pohlmann ist die Autorin des »Krawatten-Knigge« sowie des Bestsellers »Krawattenknoten«, beide im Verlag Gräfe und Unzer erschienen.

1. Ist die Krawatte noch zeitgemäß?
Der Trend geht eindeutig wieder zur Krawatte – und das schon seit einigen Jahren. Spätestens seit dem Platzen der New-Economy-Blase hat eine neue Seriosität Einzug in die Business-Mode gehalten. In vielen Berufen und für viele modebewusste Männer war die Krawatte aber nie »out« – denn sie ist für Männer, neben der Armbanduhr, oft das einzige Accessoire. So überdauert sie bisher alle Modezyklen und wird immer wieder neu erfunden. Schön ist, dass Krawatten in der Männermode nicht einfach nur »wieder da« sind, sondern frisch inszeniert und mit mehr Mut getragen werden.

2. Was meinen Sie mit »mehr Mut«?
Immer mehr Männer verstehen die Krawatte nicht länger als »Strick um den Hals«, den man sich widerwillig jeden Morgen anlegt, sondern als entscheidendes Accessoire, mit dem sie spielen und Akzente setzen können. Die Farben werden frischer, die Muster interessanter und die Knoten ausgefallener. Das beeinflusst übrigens wiederum die Damenmode: Seit etwa einem Jahr sieht man auch in den Modestrecken der Frauenzeitschriften Krawatten.

3. Wo ist die Krawatte ein »Kann«, wo ist sie in jedem Fall »Muss«?
In vielen Berufen ist Krawatte schlicht Pflicht, will man auch optisch professionell erscheinen. Es gibt jedoch Berufszweige, mir fallen da auf Anhieb Architekten und die Werbebranche ein, wo die Krawatte weniger getragen wird. Aber generell gilt: Mit der richtigen Krawatte können Sie nichts falsch machen, ohne Krawatte schon! Selbst in einer Werbeagentur oder einem Architekturbüro können Sie mit einer modischen Krawatte Akzente setzen, ohne als Spießer zu gelten. Umgekehrt können Sie sich schnell blamieren, wenn Sie versuchen, sich durch einen Verzicht auf die Krawatte abzugrenzen.

4. Sie sprechen Krawattenmoden an. Die Welt der Krawattenfarben und -motive ist aber groß. Kann da nichts schiefgehen?
Wie viel Farbe und Mode darf es in Ihrem Beruf denn sein? Wie reagiert Ihr Geschäftspartner oder Ihre Vorgesetzte, wenn Sie mit einer hippen »Motorblock-Tie« von Ulterior Motive (www.umotive.com) um die Ecke kommen? Es empfiehlt sich, als Mitarbeiter einer konservativen Bank oder Kanzlei seiner Individualität keinen so freien Lauf zu lassen. Umgekehrt sollte ein Mitarbeiter einer Werbeagentur gut überlegen, ob er aufgrund seiner Krawatte wie ein Londoner Klubmitglied herumlaufen möchte. Orientieren Sie sich an Ihrem Umfeld. Und hier nicht unbedingt an denen, die mit Ihnen hierarchisch auf einer Stufe arbeiten – diese sind vielleicht in der Krawattenfrage genauso unsicher wie Sie –, sondern mindestens eine Hierarchiestufe höher. Aber es lohnt sich auszuloten, was professionell wirkt und gleichzeitig zu Ihrem Typ passt, damit Ihnen der morgendliche Griff in den Schrank Spaß macht.

5. Worauf sollte man beim Kauf achten?

Sehr verknappt kann man sagen: Achten Sie auf Qualität. Und zwar im Stoff, in der Verarbeitung, in der Gestaltung der Krawatte. Das muss nicht sehr teuer sein – bei vielen teuren Krawatten zahlen Sie hauptsächlich für die Designermarke. Tragen Sie beim Kauf am besten den Anzug, zu dem Sie hauptsächlich diese Krawatte kombinieren wollen, damit die Farbwahl passt. Wenn Sie sich an »trendige« Krawatten wagen, sollten Sie bedenken, dass diese kurzlebig sind. Das ist kein Drama, sondern die Chance für einen neuen Krawattenkauf – aber viele Männer müssen sich an den Gedanken erst einmal gewöhnen.

6. Was muss ich beachten, wenn ich Krawatten verschenken möchte?

Orientieren Sie sich generell daran, was derjenige trägt. Modisch: modische Krawatte, konservativ: konservative Krawatte. Achten Sie auch auf die bevorzugte Breite der Krawatte. Wenn ein Mann Krawatten bewusst trägt, sind sie individuell ausgesucht: passend zu seinem Typ, eventuell seiner Augenfarbe, seinen Anzügen, seinen Hemden, seinem Beruf und seinen Lieblingsknoten. Hier dazwischenzufunken ist schwierig. Aber vielleicht können Sie Ihrem Liebsten eine Krawatten-Freude machen, die er sich selbst nie gönnen würde? Gehen Sie mit ihm in ein sehr gutes Herrenmode-Geschäft und spionieren Sie, worauf sein Blick fällt.

7. Welcher Knoten passt zu welchem Mann?

Das kann man so pauschal nicht sagen, auch wenn die meisten Männer in der Vergangenheit exakt einen Knoten beherrschten.
In meinem Buch »Krawatten-Knigge« geht es immer wieder um diese Frage – denn: Der Knoten muss zur Gesichtsform passen, aber auch zum Stoff, aus dem Ihre Krawatte gemacht wurde. Auch die Länge einer Krawatte spielt hier eine Rolle.
Wenn sich Männer wundern, warum ich über 15 Krawattenknoten vorstelle, muss man sie nur an ihren Kleiderschrank führen. Bei etlichen Krawatten fällt der Satz »Na ja, das war ein Fehlkauf. Die ist irgendwie so lang und dünn/schwer und kurz, dass sie mit meinem Knoten blöd aussieht.« Eben! Mit einem anderen Knoten sähe die Krawatte vielleicht perfekt aus. Oder würde nicht unschön oberhalb des Hosenbundes thronen. Und wie viele Männer tragen einen doppelten Windsor-Knoten, obwohl dessen sehr symmetrische und breite Form bei Weitem weniger Männern gut steht als der vielseitige, weil asymmetrische und schmalere, Four-in-Hand.

8. Für viele Männer ist das Krawattebinden auch ein Horror, weil sie meinen, zwei linke Hände zu haben.

Gerade die einfachen Knoten, mit wenigen Schritten, sind schwierig, schön in Form zu bringen. Hier ist mehr mehr. Üben Sie zunächst einen symmetrischen Knoten wie den Doppelten Windsor oder den Plattsburgh. Binden Sie den Knoten vor dem Spiegel, drehen Sie die Anleitung dafür auf den Kopf, damit Sie genau die Bewegungen nachvollziehen können.
Ein Trick: Verwenden Sie zum Üben Krawatten, die griffig sind. Binden Sie den Knoten etliche Male, ein paar Tage hintereinander. Dann beherrschen Sie ihn auch morgens im Halbschlaf. Und können zum nächsten übergehen, bis Sie den Knoten gefunden haben, der perfekt zu Ihrem Gesichtsschnitt, Kragenausschnitt und Ihren Krawatten passt.

4 Kleider machen Leute

sei es zu der Schnalle Ihres Monkstrap-Schuhs. Hosenträger können einen Gürtel ersetzen, nicht ergänzen. Zwei Bedingungen sind zu erfüllen: Die Hosenträger bleiben unsichtbar und es sind keine Gürtelschnallen an der Hose vorhanden beziehungsweise zu sehen.

Beliebtes Statussymbol: Die Uhr

Es wird im Geschäftsleben erwartet, dass Sie sich nicht auf Ihr Zeitgefühl verlassen, eine Uhr muss also sein. Es darf außerdem erwartet werden, dass Sie als Repräsentant eines soliden Unternehmens auf Spielereien wie Sport- oder Plastikuhren verzichten. Eine Uhr wird als Statussymbol gelesen. Wer seinen Status sichtlich durch Symbole zu heben versucht, verliert ihn schnell: Bescheidenheit ist klug.

Manschettenknöpfe

Derzeit gelten sie als seriös und trendy zugleich und werden sogar zu gemusterten Hemden – nur an Doppelmanschetten! – getragen. Wählen Sie Edelmetall und keine Seidenknöllchen. Stimmen Sie Farbe, Form und Metall auf Ring und Uhr ab.

Ringe

Neben dem Partnerschaftsring aus Edelmetall können Sie einen weiteren schlichten Bandring tragen. Wappen- und Siegelringe müssen echte Familiensiegel und -wappen zeigen; tragen Sie keine Fantasiemotive.

Aktentasche und Schreibutensilien

Die Wahl Ihres Arbeitsmaterials und Ihr Umgang damit werden als Hinweis zur Entschlüsselung Ihrer Persönlichkeit gelesen. Ihre Akten- oder Laptoptasche muss nicht nagelneu sein, im Gegenteil: Eine gewisse Patina macht Eindruck. Sie sollte aber gepflegt sein. Das gilt im Übrigen auch für Ihren Laptop, Ihre Stifte und Notizblätter. Was denken Sie von einem Verhandlungspartner, der Ihren Auftrag mit dem Reklamekuli von der Konkurrenz unterschreibt?

Vorsicht Fettnäpfchen
HERRENKLEIDUNG

Sie sind auf dem besten Weg, Ihr Image zu ruinieren, wenn Sie

- zum eleganten Anzug Schuhe mit Gummisohlen tragen;
- Ihre Schuhe weder täglich säubern und polieren noch über Nacht mit hölzernen Schuhspannern versehen;
- nicht regelmäßig Absätze und Sohlen prüfen und gegebenenfalls die Schuhe zum Schuhmacher bringen;
- sich mit einem verknitterten Papiertaschentuch die Nase putzen, anstatt ein sauberes Stofftaschentuch zu zücken;
- zwar eine Krawatte tragen, aber den Knoten lockern und/oder den obersten Hemdknopf offen stehen lassen;
- Ihre Hosen- und Jackentaschen mit Habseligkeiten wie Geldbörse, Autoschlüssel und Handy ausbeulen;
- ein Einstecktuch aus demselben Stoff wie Ihre Krawatte tragen, anstatt Ihr Stilempfinden durch ein Tuch in der Farbe des Hemdes oder eine geschickte Kombination unterschiedlicher Muster zu demonstrieren;
- nach dem Ablegen Ihres Jacketts eine verschwitzte Brust, die Flügelärmel eines T-Shirts oder das Feinrippmuster Ihres Unterhemds zur Schau stellen;
- zwischen Ihren Friseurbesuchen nicht die Konturen Ihres Haarschnitts kontrollieren und gegebenenfalls korrigieren lassen;
- verknittert und verschwitzt aus Flugzeug, Bahn oder Auto steigen.

LADIES ONLY: KLEIDUNG FÜR BUSINESS-FRAUEN

Paris Hilton und andere professionelle Partygängerinnen sind keine Vorbilder für die Kleidung der Geschäftsfrau. Denn ihr sollte bewusst sein, dass sie genau wie ihre männlichen Kollegen, Mitarbeiter, Vorgesetzte und Verhandlungspartner mit der Sprache der Kleidung geschickt spielen kann. Und dass sie durch ein gepflegtes, hochwertiges und diskretes Erscheinungsbild der Umwelt signalisiert: Ich respektiere euch und ich erhebe Anspruch darauf, von euch respektiert zu werden.

Männerkleidung – Frauenkleidung

Die im Business oder in der Öffentlichkeit erfolgreiche Frau bewegt sich im Unterschied zu ihren männlichen Mitspielern in einem brisanten Spannungsfeld: Einerseits wird von ihr erwartet, dass sie »als Frau« daherkommt, andererseits sollte sie »die Waffen einer Frau« nicht allzu offensichtlich ins Feld führen. Die Diskussion um das Aussehen der Bundeskanzlerin Dr. Angela Merkel, um nur ein prominentes Beispiel zu nennen, illustriert das anschaulich.

Vom Herrenanzug zum Designerkostüm

Als Zeichen ihres erstarkten Selbstbewusstseins wählten die männlichen Bürger des 19. Jahrhunderts eine Kleidung, die sie vom Adel unterschied. Frauen waren im Geschäftsleben nicht mit von der Partie, ihre Kleidung lehnte sich weiterhin an das feminine Bild adliger Müßiggängerinnen an. Weder die Frauen noch die Männer empfanden das als Verlust. Noch bis in die 1960er-Jahre hinein demonstrierte so mancher Geschäftsmann seinen Erfolg, indem er seine mit Nerzmantel, Krokotasche, Perlenkette und reichlich Edelmetall ausstaffierte Gattin spazieren führte.

Diese Zeiten sind vorbei. Was Coco Chanel und ihre schneidernden Kolleginnen nach dem Ersten Weltkrieg mit femininen Jacketts und Hosen für Frauen begannen, ist heute definitiv in den Business-Abteilungen der Modegeschäfte angekommen. Was »ihm« der Anzug, ist »ihr« das Kostüm oder wahlweise der Hosenanzug, was »ihm« das Hemd, ist »ihr« die Bluse, was »ihm« die Krawatte, ist »ihr« das Tuch oder die Kette. Seine Beine und Füße sind bedeckt, für ihre gilt das ebenso.

Meinten Frauen vor zwanzig Jahren noch, sich mit Hosenanzügen, Schulterpolstern und flachen Schuhen quasi getarnt ihren Platz in der Männerwelt erkämpfen zu müssen, bringen sie heute bewusst und dezent ihre Weiblichkeit zum Ausdruck. Im Gegenzug sind Männer in ihrer Kleiderwahl freier geworden. Wer nicht meint, sich gegen Frauen im Kollegenkreis zur Wehr setzen zu müssen, kann selbst mit Kleidung und Frisuren spielen: So haben die Frauen den Männern das schlichte Kostüm und die Männer den Frauen eine neue Farbigkeit in der Kleidung zu verdanken.

4 Kleider machen Leute

Nicht zu tief blicken lassen: Die Basics

Generell gilt für das erste Jahrzehnt unseres neuen Jahrtausends: Die Designermode, die wir auf den Laufstegen der Modemetropolen sehen, ist für das Geschäftsleben weder geeignet noch gedacht. Denn im Unterschied zur Welt von Glanz und Gloria wird in der Arbeitswelt eine hochwertige, gepflegte und dezente Kleidung geschätzt: der sogenannte »Clean Chic« für Männer und Frauen. Die Wirkung von Farbwahl und Muster ist für Damen wie Herren identisch und wird darum hier nicht erneut beschrieben (siehe Seite 101 f.). Die Wahlfreiheit ist für Damen etwas größer als für Herren – und doch begrenzt.

> Wenn Männer die Schönheit einer Frau mehr schätzen als ihre Intelligenz, so hat das seinen Grund darin, dass es auf Erden mehr Dummköpfe gibt als Blinde.
>
> **LOUISE DE VILMORIN** | französische Dichterin

Kostüm oder Kleid?

Kostüme in den neutralen Business-Farben Grau und Blau sollten in keinem Schrank fehlen. Wenn Sie lieber Kleider tragen, nutzen Sie die Möglichkeit, sich mit einem Blazer darüber Statur – und damit auch Status – zu verleihen. Nicht umsonst tragen Männer Schulterpolster: Sie wissen schon immer, dass sie damit imponieren können.

Rock oder Hose, Kostüm oder Hosenanzug?

Es gibt nur wenige Unternehmen, in denen Sie als Frau die Wahl zwischen Rock und Hose nicht haben, manche Grandhotels und Bankhäuser zählen dazu. Hosen sind dort verpönt.

Machen Sie überall sonst die Entscheidung von der Praktikabilität (wie stehen und sitzen Sie gern?) und von Ihren Proportionen (was steht Ihnen besser?) abhängig. Tragen Sie ungern feminine Schuhe, wirkt ein knielanger Rock leicht plump. Einem Minirock allerdings können Sie mit festen Schuhen und einem blickdichten Strumpf einen Hauch von Seriosität verleihen.

Schmal geschnittene Pumps wiederum geben einem Hosenanzug eine elegante Note.

Bluse oder Shirt?

Die typische Business-Bluse ist dem Herrenhemd nachempfunden, das so praktisch das Jackett vor Schweißrändern schützt. Sie hat einen spitzen Kragen und (heute sogar oft Doppel-)Manschetten. Eine weiße und eine hellblaue Baumwollbluse sollten Sie, wenn Sie in einem traditionellen Geschäftsfeld tätig sind, als Grundstock haben; Blusen ohne oder mit dezenten Mustern in anderen Farben ergänzen das Programm.

In den meisten Geschäftsfeldern sind elegante Shirts und an kalten Tage ein edler Feinstrick-Pullover möglich; werten Sie sie – und damit sich – mit einem Seidentuch und/oder einer Kette auf.

Gehören die Kragenspitzen auf das Revers oder darunter? Darüber kann bei jeder einzelnen Bluse in Kombination mit jedem einzelnen Revers nur der Blick in den Spiegel entscheiden: Wie gefallen Sie sich selbst am besten? Der Spiegel sagt Ihnen auch, ob Ihr Dekolleté diskret oder zu tief ist.

LADIES ONLY: **KLEIDUNG FÜR BUSINESS-FRAUEN**

Glitzern am Arbeitsplatz? Das Drumherum

Die Rechtsanwältin Maria Meier klagt ihrer Freundin ihr Leid: Bei Erstkontakten mit Mandanten habe sie immer den Eindruck, sie wendeten sich eher an ihre Kollegen als an sie. Die Freundin rät ihr zu einem Feldversuch: Sie solle testen, ob das auch der Fall sei, wenn sie ihre Locken streng hochsteckt und ihre schicken High Heels gegen schlichte schwarze Pumps tauscht. Das – traurige – Ergebnis: Je weniger auffällig das Drumherum, desto höher war die Konzentration der Mandanten auf ihre Kompetenz. Selbst wenn Frauen im Geschäftsleben längst auf eine hohe Akzeptanz zählen dürfen, sind sie bei den Accessoires mit dem Prinzip der Bauhaus-Kunst immer noch gut beraten: Weniger ist mehr.

Schuhe ...

Viele Schuhmodelle für Frauen haben sich aus den Herrenschuhen entwickelt. Das klassische Beispiel ist der Pumps, der eine Person auf schlichte Weise größer erscheinen lässt. Männer tragen Pumps höchstens zum Smoking; für eine Frau sind sie die Business-Schuhe der Wahl. Ob dann ein feminines Erscheinungsbild angestrebt ist oder vorwiegend ein fester Schritt, ist Sache der individuellen Trägerin. Die Höhe und Form des Absatzes und die Form der Spitze werden von der jeweiligen Mode diktiert.

Es fällt nicht immer leicht, passende Schuhe in den Basistönen der Geschäftsgarderobe – Schwarz und Blau – zu finden. Ein Farbtupfen am Fuß, wie beispielsweise ein cognacfarbener Schuh zum blauen Kostüm, kann Spannung in das Outfit, aber auch in die Beziehung zu einem konservativ denkenden Vorgesetzten bringen. Ein Business-Schuh ist vorn prinzipiell geschlossen, Sling Pumps (vorn geschlossen, hinten Riemchen) sind meist erlaubt. Die Grundform des businesstauglichen Schuhs sehen Sie oben in der Zeichnung.

TIPP   **IST IHR ROCK SERIÖS GENUG?**

So prüfen Sie, ob ein Rock für das seriöse Geschäftsleben geeignet ist.

Test 1: Ziehen Sie ihn an, ziehen Sie ihn komplett über die Taille hoch. Gleitet er nicht von allein glatt über Hüfte und Oberschenkel, ist er zu eng.

Test 2: Setzen Sie sich vor einen Spiegel so, wie Sie häufig sitzen. Macht Ihr Rock jetzt Hoffnung auf tiefe Einblicke? Dann ist er zu kurz. Geben Sie Ihrem Gegenüber die Chance, Ihnen ohne Ablenkung ins Gesicht zu schauen!

4 Kleider machen Leute

... und Strümpfe
Sie wissen es von Besuchen in oder Berichten aus den USA: Dort ist es undenkbar für eine Frau, im Geschäftsleben den Blick auf ein unbestrumpftes, gar unrasiertes Bein freizugeben. In vielen Branchen in Europa gilt das auch. Das Bein soll kein Blickpunkt sein, nicht einmal in positiver Weise. Aus diesem Grund wird generell zu schlichten Strümpfen geraten.
- Hautfarbene Strümpfe gehen immer.
- Strümpfe Ton in Ton strecken das Bein.
- Blickdichte Strümpfe kaschieren kleine Unansehnlichkeiten.
- Schwarze Nylonstrümpfe sind streng genommen nicht businesstauglich, weil sie entweder der Trauerkleidung oder einem anrüchigen Berufsumfeld vorbehalten sind. Grau oder rauchfarben ist übrigens todschick.

Halten Sie jederzeit eine Strumpfhose in Reserve in Ihrer Handtasche oder in Ihrem Schreibtisch. Die nächste Laufmasche kommt bestimmt und zerstört das professionellste Erscheinungsbild im Nu.

Echt schmuck
Gold zu Gold, Silber zu Silber – diese alte Regel stammt aus ständischer Zeit und ist heute überholt. Gold und Edelsteine sind nicht bestimmten Schichten vorbehalten; Sie können kombinieren, was Ihr Schmuckkästchen hergibt – aber bitte in Maßen. Die Designerin Gabriele Strehle sagt sinngemäß, ein Mensch sei stilvoll gekleidet, wenn das Auge nicht an einem einzelnen Detail seines Outfits hängen bleibe. Stimmen Sie also einzelne Stücke auf Ihr Gesamtbild und Details aufeinander ab; der Ethno-Ring zur Perlenkette würde dieser Definition nicht entsprechen.

Kunst am Körper: Fingernägel und Frisur
»Back or up«, sagen die Amerikanerinnen und meinen: Binden Sie langes Haar hinter dem Kopf zusammen oder stecken Sie es hoch, damit es Ihnen nicht ins Gesicht fällt. Auch wenn in Europa der Dresscode nicht ganz so streng gesehen wird wie jenseits des Atlantiks, bedenken Sie: 1. In vielen Ländern Asiens wird die Sache noch strenger gesehen als in den USA. 2. Der – korrigierende – Griff ans Haar wird überall als Geste der Unsicherheit gewertet, die Ihren Status mindert.
Nagelstudios, wie Sie sie in den USA an jeder Straßenecke antreffen, sind hier noch nicht so verbreitet wie dort, doch im Kommen. Dort können Sie für einen bis in die Fingerspitzen professionellen Look vorbeischauen. Ob Sie selbst feilen oder feilen lassen, ob Sie im Naturlook lackieren oder diskret Farbe bekennen: Jeder sieht Ihre Hände, nutzen Sie sie, um Ihre Rolle und Ihre Persönlichkeit zu unterstreichen.

Taschen
Stil und Eleganz beruhen nicht unbedingt auf Einheitlichkeit. Deshalb sollten Gürtel und Schuhe aufeinander abgestimmt sein, müssen aber nicht aus der gleichen Produktserie stammen. Eine Handtasche gilt als Sonderfall: Für einen gesellschaftlichen Anlass ist sie auf jeden Fall in Farbe, Material und Grad der Eleganz auf die übrigen Leder-Accessoires abzustimmen. Das muss aber im Geschäftsalltag nicht sein. Da werden Handtaschen wie Aktentaschen behandelt: Es reicht, wenn sie funktional, gepflegt und edel sind. Und nicht zu klein: Vielleicht hat ja ein Schirm dort Platz, über dessen Schutz sich auch der Kollege freut. Genügend Raum für ein Stofftaschentuch und eine Ersatzstrumpfhose sollte jedenfalls immer sein.

EINE GEHEIMSPRACHE – DER DRESSCODE

»Man sieht nur, was man weiß« ist ein passender Werbeslogan für Kunstbände und Reiseführer. Wissen steigert die Wahrnehmung. Die Erkenntnis ist aber ebenso auf Kleidungsvermerke übertragbar: Wer Fachbegriffe wie »casual« oder »black tie« dechiffrieren kann, ist in bester Gesellschaft stets richtig angezogen. Der, dem dieses Insiderwissen nicht gegeben ist, läuft Gefahr aufzufallen wie ein wahrlich bunter Hund – und schlimmstenfalls, ohne dass er sich dessen bewusst ist.

Feste feiern: Frack, Smoking & Co.

Dunkler Anzug? Smoking? Oder Frack? Und in welchen Fällen muss der Cut ran oder der Stresemann? Und was trägt die Dame dazu? So schwer, wie es zunächst scheint, ist die Wahl nicht, denn es handelt sich hierbei um Kleidungsstücke, die für Anlässe zu verschiedenen Zeiten und mit unterschiedlichen Graden von Festlichkeit vorgesehen sind.

KLEIDUNGSVERMERKE UND IHRE BEDEUTUNG

CODEWORT	TYPISCHE ANLÄSSE	DAS TRÄGT DER HERR	DAS TRÄGT DIE DAME
White tie/ Cravate blanche/ Großer Gesellschaftsanzug	Wiener Opernball, Nobelpreisverleihung, privater (Adels-)Ball	Frack, dazu weiße Schleife (selbst gebunden) oder Fliege (fertig gekauft), weiße Weste, Frackhemd mit Stehkragen und einfachen Manschetten mit Manschettenknöpfen, gestärkter Brust und verdeckter Knopfleiste. Seiden- oder sehr feine Wollstrümpfe. Oxfords.	Die große Abendgarderobe: lang mit Dekolleté, beim Essen sind die Schultern z. B. mit einer Stola bedeckt zu halten. Kleine Handtasche. Großer Schmuck. Aufwendige Frisur.
Black tie/ britisch: Dinner Jackett/ amerikanisch: Tuxedo/ Cravate noire/ Gesellschaftsanzug	Opernpremiere, Silvesterfeier, Theatergala, Hochzeitsfeier, nur abends!	Smoking, dazu schwarze Schleife und schwarze Weste oder Kummerbund, Smokinghemd mit Umlegekragen, Doppelmanschetten, Manschettenknöpfen (Edelmetall), mit gestärkter Brust und verdeckter oder schmückender Knopfleiste. Seiden- oder sehr feine Wollstrümpfe. Für Mutige: Pumps und Lackslipper, sonst Oxfords.	Cocktailkleid: knielang, ganz oder z. T. aus Samt, Brokat oder Seide, mit Dekolleté und von einem Jäckchen ergänzt. Strümpfe. Zur Sicherheit können Sie fragen, ob »lang« erwünscht ist; dann wie oben »Abendgarderobe«.

Fehlt bei einer Abendeinladung eine Angabe zur Kleidung, entscheiden Sie sich für Geschäftskleidung.

Das Kleine Schwarze, von Coco Chanel für die jungen Witwen am Ende des Ersten Weltkriegs kreiert, ist übrigens noch heute aktuell, weil von zeitloser Eleganz und feminin. Es kann mit einem Jäckchen kombiniert werden und passt zu jedem Anlass.

Nicht schöner als die Braut: Kleidung für Hochzeitsgäste

Wenn bei einer Hochzeit eine Person Weiß als Symbol der Unschuld trägt, ist es die Braut; kein Gast darf sie an Reinheit, Eleganz und Schönheit übertrumpfen. Schwarz als klassische Trauerfarbe wird nicht bei allen Hochzeiten gern gesehen, ist aber nicht tabu. Schließlich tragen selbst Bräute hin und wieder Schwarz. Fügen Sie sich in das vorgegebene Bild ein, halten Sie sich strikt an den Dresscode, erfüllen Sie die Wünsche der Braut. Lang oder kurz? Festlich oder rustikal? Tracht oder klassische Eleganz? Fehlt in der Einladung ein Hinweis, fragen Sie danach.

Als Herr sind Sie im dunklen Anzug richtig gekleidet, es sei denn, es gäbe einen anderslautenden Hinweis.

Passen Sie Ihre Kinder dem Gesamtbild an. Entsprechend seiner Rolle – Blumenkind oder geladener Gast – wählen Sie für ein Kind ein festliches und somit empfindliches, auf die Kleidung der Eltern abgestimmtes Outfit oder eine einfachere, aber gepflegte Grundgarderobe; niemals Jeans.

Kleidungsvermerke für informelle Begegnungen

Wenn Sie sich mit Bekannten unterhalten oder das Internet durchforsten, gewinnen Sie schnell den Eindruck, dass die Begriffe für informellere Kleidervermerke austausch-

KLEIDUNGSVERMERKE UND IHRE BEDEUTUNG

CODEWORT	TYPISCHE ANLÄSSE	DAS TRÄGT DER HERR	DAS TRÄGT DIE DAME
Cutaway/ Morning suit/ Morning coat	Trauung, Staatsempfang, Staatsbegräbnis, Pferderennen in Ascot nur tagsüber!	Cut; weniger offizielle Alternative: Stresemann mit geradem Jackett. Schwarzgrau gestreifte Hose, hellgraue Jacke und Weste, weißes Hemd mit silbergrauem Plastron (oder Langbinder). Schwarze Schuhe. Zylinder und Chrysantheme optional. Bei Beerdigungen Jackett, Weste und Binder in Schwarz.	Knie- oder mittellanges elegantes Kleid in dezenter Farbgebung, am besten mit Jäckchen, Handschuhen, Hut und Handtasche. Nie ohne Strümpfe. Bei Beerdigungen schwarz. Das Kleine Schwarze geht immer.
Dunkler Anzug	Tag und Abend	Dunkelblauer oder anthrazitfarbener Anzug, streng genommen schwarz nur zu Beerdigungen. Dezente Krawatte auf Hemd ohne Muster. Schwarze Schnürschuhe aus Glattleder mit Ledersohle.	Kleid, Kostüm oder Hosenanzug, elegant, je nach Anlass farbig oder (Traueranlass, akademische Feier) dunkel. Nie ohne Strümpfe.

EINE GEHEIMSPRACHE – DER DRESSCODE

Vorsicht Fettnäpfchen
FEINE KLEIDUNG

Auf jeden Fall machen Sie etwas falsch, wenn Sie

- als Herr tagsüber einen Smoking tragen (Ausnahme: Sie sind zu einer Trauung eingeladen, bei der ein Smoking fälschlicherweise ausdrücklich erwünscht ist);
- als Dame am Tag ein Abendkleid anziehen; der Name sagt ja, an welche Tageszeit gedacht ist;
- ein weißes Jackett (das deutsche »Dinner Jackett«) bei einem anderen Anlass als einer Kreuzfahrt oder Gartenparty tragen;
- zum Smoking eine bunte Schleife und/oder Weste tragen; der englische Name »black tie« spricht Bände;
- zum Smoking eine schwarze Fliege tragen, deren schwarzer Metallhaken auf dem Kläppchenkragen des Hemdes sichtbar ist;
- eine Fliege zu lose um den Kragen legen;
- zu Frack, Smoking oder Cut ein normales Anzughemd tragen;
- Manschettenknöpfe aus einem anderen Material als Edelmetall tragen;
- zu Frack und Smoking Gürtel tragen,
- im eleganten Cocktailkleid strumpflos daherkommen;
- mit Handy und sportlicher Handtasche zu einem eleganten Anlass erscheinen;
- zur großen Abendgarderobe eine Armbanduhr tragen.

bar sind und jeweils nur der, der den Begriff verwendet, weiß, was er damit meint.

Das gilt für die häufig anzutreffenden Fantasiebegriffe wie »festlich-elegant« und »sommerliche Freizeitkleidung« leider genauso wie für die nur scheinbar eindeutigen und gern verwendeten Angaben »casual«, »smart casual« und »business casual«.

Großbritannien – Ursprungsland unserer Dresscodes

Der britische Dresscode, der die Usancen in der westlichen Welt prägt, unterscheidet drei Anlässe: Bei gesellschaftlichen Anlässen wird geglänzt, die Damen tragen bunte Roben, die Herren geben in elegantem Schwarz den Hintergrund ab. Im Business wird Geld verdient, Seriosität steht an erster Stelle, man hält sich bedeckt, »frau« tut das auch; zurückhaltende, Status hebende kalte Farben und dezente Muster prägen das Bild. Im dritten, dem Freizeitbereich, setzt man sich von der Kälte des Geschäftslebens durch ein stilvoll-lockeres Erscheinungsbild ab.

Welche Schlüsse Sie ziehen können

Der erste für die Freizeit bekannte Begriff lautete »casual«: »lässig«. Hier kamen – und kommen! – warme Farben, weiche Stoffe und Muster zum Zuge. Jeans und T-Shirt sind für den gepflegt-leger gekleideten Herrn tabu, Krawatte und schwarze glattlederne Schnürschuhe aber auch.

Ideal ist eine Kombination aus Baumwoll- oder Wollhose und Jackett mit Button-down-Hemd; dazu sind braune Schuhe, auch Loafer, möglich. Nach italienischer Manier wird das Jackett durch einen Pullover ersetzt. Damen tragen ebenfalls eine Kombination aus Jackett oder Pullover mit Rock oder Hose in warmen Farben und weichen Stoffen; dazu flache oder ausgefallene Schuhe.

Da der Begriff »casual« immer weiter verwässert wurde und Jeans und T-Shirt überhandnahmen, wurde der Begriff »smart casual« eingeführt, was »auf nette/schlaue Weise casual« bedeutet. Damit ist heute gemeint, was »casual« ursprünglich war.

Da es heute nicht immer möglich ist, sich zwischen Dienst und Freizeit umzuziehen, sind weitere Begriffe ins Spiel gekommen:

4 Kleider machen Leute

»Lounge suit« beinhaltet die Aufforderung, sich selbst im legeren Rahmen einer Lounge offiziell und elegant zu kleiden, kommt also dem Dresscode »dunkler Anzug« gleich.

»Business casual« steht für den Bereich zwischen »Business« und »casual« und für die Aufforderung: »Wenn Sie aus dem Geschäft kommen, nehmen Sie ruhig die Krawatte ab.« Für Damen gilt: Business-Kleidung, deren Strenge mit auffälligen Accessoires und Make-up gebrochen wird. Den direkten Schritt vom Geschäftsleben zum lockeren Miteinander berücksichtigt auch die oft für After-Work-Partys ausgesprochene Einladung »Come as you are«: Ob Sie im Lederblouson oder im dunklen Anzug von der Arbeit kommen, ist unerheblich. »Kommen Sie, wie Gott Sie schuf«, bedeutet es nicht.

Gibt es einen Dresscode im Vorstellungsgespräch?

Ein verbindliches Outfit für Vorstellungsgespräche gibt es nicht. Fragen Sie Bekannte, die in der Branche arbeiten, in der Sie sich beworben haben. Deren Position sollte möglichst ähnlich zu der von Ihnen angestrebten sein. Wollen Sie sich garantiert richtig anziehen, finden Sie Indizien auf der Homepage des Unternehmens. Wie sind die Personen dargestellt, die das Unternehmen in Ihrem Bereich repräsentieren?

Mit diesen Basics stehen Sie garantiert gut da

- ☐ Prüfen Sie am Vorabend: Sind alle Teile tadellos sauber und gut gebügelt? Sind die Schuhe geputzt, die Absätze makellos? Sind die Haare frisch gewaschen und Ihre Hände und Nägel vorzeigbar? Wenn ja, können Sie ruhig schlafen. Wenn nein: unbedingt nachbessern!
- ☐ Ob Frau oder Mann: Bedecken Sie Ihre Füße und Beine, tragen Sie geschlossene Schuhe und Strümpfe. Selbst wenn Sie als Handwerker im Alltag in Jeans passend gekleidet sind, müssen diese beim Bewerbungsgespräch nicht sein.
- ☐ Tragen Sie ein Hemd beziehungsweise als Frau eine Bluse oder ein Top aus Naturfasern. Sie geraten im Lauf des Gesprächs möglicherweise ins Schwitzen, das muss nicht gleich sichtbar werden. Tragen Sie schon aus diesem Grund ein Jackett. Übrigens: Auf hellblauer Baumwolle sind Schweißflecken besonders gut sichtbar.
- ☐ Halten Sie sich bedeckt: Sie müssen als Mann keine Krawatte tragen, wenn diese nicht zu Ihrem Berufsbild passt. Ein Kragen unter dem Revers sollte aber sein. Als Frau verzichten Sie auf eng anliegende Kleidungsstücke, einen Minirock und ein tiefes Dekolleté; es soll Ihnen ja niemand unterstellen, Sie wollten Ihre Reize als Argumente einsetzen.
- ☐ Verzichten Sie auf alles, was den Blick von Ihrem Gesicht ablenkt: Seien Sie als Mann vorsichtig mit Mustermixen. Wo soll der Betrachter hinschauen, wenn Sie ein gestreiftes Jackett mit gestreiftem Hemd und karierter Krawatte kombinieren? Und wohin schaut Ihr Interviewer, wenn Sie als Frau baumelnde Ohrringe tragen?

Fürchten Sie, sich zu verkleiden, wenn Sie sich fürs Vorstellungsgespräch fein machen? Bedenken Sie: Ihre Kleidung wird nicht nur als Ausdruck Ihrer Motivation interpretiert, sie beeinflusst auch Ihre Stimmung. Sie fühlen sich kompetenter und sicherer im Umgang mit den »fein« gekleideten Menschen, die Sie begutachten. Weitere Tipps zum Vorstellungsgespräch finden Sie im nächsten Kapitel ab Seite 136.

EINE GEHEIMSPRACHE – **DER DRESSCODE**

FAQ HÄUFIG GESTELLTE FRAGEN

Wann darf ich im Beruf Bluejeans und Sneakers tragen?
Wenn Sie Wind, Wetter und Schmutz ausgesetzt sind, sind Bluejeans und Turnschuhe ideal. Aber: »Kommst du in Jeans, wirst du behandelt wie eine Jeans. Kommst du im Anzug, wirst du behandelt wie ein Anzug.« Im Verkauf und bei Verhandlungen sind beide tabu. Allerdings können Sie als Person, die man im Alltag in Kostüm und Anzug antrifft, diese Kleidungsstücke gezielt nutzen, um Ihren Gesprächspartnern eine andere Facette Ihrer Persönlichkeit zu zeigen – beispielsweise wenn Sie als Unternehmensberaterin einen Vorarbeiter einen Tag in der Werkstatt begleiten oder als Anwalt mit Mandanten zum Volksfest gehen.

Sind Sandalen und elegante Stiefel im Business möglich?
Zu Anzug und klassischem Kostüm ist beides tabu. Tauschen Sie bei Nässe Ihre Straßenstiefel im Büro und vor einem Kundenkontakt gegen Straßenschuhe aus. Stiefel zum Rock sind hin und wieder im Trend, dann gilt die Regel, dass der Rock den oberen Stiefelrand bedecken muss, längst nicht mehr. Vorsicht aber im (eher konservativen) Banken-, Anwalts- und Versicherungsmilieu und bei eleganten Anlässen.

Sandalen zum Abendkleid: Notwendig oder verpönt?
Zur großen Abendrobe können auf das Kleid abgestimmte feine Sandalen hinreißend aussehen, dies aber nur unter der Bedingung, dass Sie keine Strümpfe tragen und tadellos pediküre Füße zu Schau stellen. Sobald Sie z. B. der Kälte wegen Strümpfe tragen, sollten Sie wenigstens die Zehen bedeckende Sling Pumps und Strümpfe ohne Fersenverstärkung tragen. Für einen flotten Bossa nova sind Ihre Füße der Sicherheit wegen in Pumps besser aufgehoben als in Riemchensandaletten.

Wann darf ich mein Jackett ausziehen?
Die wichtigste Person im Raum entscheidet über das Gesamtbild, also auch über eine Marscherleichterung: bei einem Fest die Gastgeberin, bei einem Meeting die ranghöchste Person. Zieht die Person ihr Jackett aus, dürfen Sie es ihr gleichtun. Fragen Sie im konservativen Geschäftsumfeld nicht, ob Sie »ablegen dürfen«. Vielleicht will man ja Ihre Frustrationstoleranz testen.

Wie verhalte ich mich, wenn ich bei einem Fest underdressed bin?
Können Sie sich noch umziehen? Nutzen Sie die Gelegenheit, um nicht als »bunter Hund« aufzufallen. Geht das nicht, lassen Sie die Gastgeber entscheiden, ob Sie bleiben dürfen. Vielleicht helfen sie Ihnen mit Ersatzkleidung wie z. B. einem Blazer oder einer Krawatte aus, wie Spielbanken das bei Gästen tun, die nicht angemessen gekleidet ankommen. Sehen die Gastgeber kein Problem, brauchen Sie das auch nicht zu tun. Ignorieren Sie kritische Blicke und verzichten Sie auf Rechtfertigungen und Demutsgesten.

Fit for Business

Business-Etikette ist wieder »in« – aber sie darf nicht als bloße Fassadenpflege eingesetzt werden. Ihre Basis muss gelebte Wertschätzung sein – und das unabhängig davon, ob Ihr Gegenüber Kundin ist oder Kunde und ob Sie selbst Frau sind oder Mann.

NETWORKING BLEIBT DAS A UND O

Verlässlichkeit ist im Geschäftsleben keine Zier, sondern ein Auswahlkriterium. Deshalb halten Sie Termine ohne Wenn und Aber ein und kündigen sich anbahnende Verzögerungen so langfristig wie möglich an. Denn jemanden warten lassen heißt ihm Wertschätzung entziehen; und Missbilligung von Kunden und Vorgesetzten kann Sie teuer zu stehen kommen – Missbilligung von Mitarbeitern im Übrigen auch.

So bringen Ihre Kontakte Kontrakte

Mitarbeiter gelten als »Visitenkarten« ihres Unternehmens – sie prägen das Außenbild entscheidend. Wenn Sie schon mit 46 Quadratzentimetern Papier bestimmte Botschaften senden – wie viel mehr tun Sie das durch Ihr Auftreten, Ihr Erscheinungsbild und Ihr Verhalten im Team. Gestalten Sie Ihre Selbstpräsentation so, dass Ihr Gegenüber sich stets gern mit Ihnen auseinander- beziehungsweise zusammensetzt.

»Und das bin ich:« So gehen Sie sinnvoll mit Visitenkarten um

- Bewahren Sie Ihre Visitenkarten in einem Etui oder in Ihrer Präsentationsmappe auf. Kramen Sie keine Karte mit Eselsohr aus der Gesäßtasche hervor.
- Drängen Sie Ihre Karte nicht auf, reichen Sie als Besucher Ihre Karte zuerst. Bei gesellschaftlichen und privaten Anlässen ist Zurückhaltung angebracht. Führen Sie das Gespräch so geschickt, dass Ihr Gegenüber Ihnen freiwillig seine Karte reicht. Dann können Sie die Ihre zücken.
- Geben Sie jedem Anwesenden eine Karte, nicht nur den Personen, die Sie als Ihrer Karte würdig erachten.
- Überreichen Sie Ihre Karte würdevoll, halten Sie dabei Blickkontakt; schieben Sie sie nicht achtlos über einen Tisch.
- Kommentieren Sie gegebenenfalls die Aussprache/Herkunft Ihres Namens und Ihre Position im Unternehmen.
- Fügen Sie wenn nötig handschriftlich eine Telefonnummer hinzu, unter der die Person Sie außerhalb der Geschäftszeiten erreichen kann.
- Nehmen Sie die Karte Ihres Gegenübers mit Wertschätzung an.
- Machen Sie sich in der Gegenwart Ihres Gegenübers keine Notizen auf seiner Karte; stecken Sie sie erst kurz vor der Verabschiedung ein.

Harmonisch und offen: Körpersprache im Gespräch

»Die Sprache ist die Quelle aller Missverständnisse«, sagt der französische Schriftsteller Antoine de Saint-Exupéry. Um Klarheit über die wahren Intentionen der anderen zu gewinnen, versuchen Menschen deshalb, deren Körpersprache zu interpretieren. Begehen Sie aber nicht den Fehler, Menschen spontan aufgrund einer einzigen Geste zu beurteilen. Beobachten Sie bitte immer längerfristig und genau.

5 Fit for Business

DAS ETIKETTE-QUIZ

Verhalten Sie sich im Business stets Erfolg versprechend?
Testen Sie sich selbst. Bitte markieren Sie jeweils die richtige Antwort.
Die Lösung finden Sie am Ende des Buches auf Seite 188.

1. **Sie werden zum Vorstellungsgespräch vom Personalchef, mit dem Sie bereits mehrfach telefoniert haben, und der Geschäftsführerin, die Sie nicht persönlich kennen, erwartet. Wem geben Sie die Hand zuerst?**

   a Der Geschäftsführerin: Rang sticht, außerdem hat sie als Dame ohnehin Vorrang.

   b Dem Personalchef: Er kann Sie dann der Geschäftsführerin vorstellen.

   c Niemandem: Als Gast grüßen Sie beim Betreten des Raums; dann warten Sie ab, bis Ihnen eine Hand gereicht wird.

2. **Die Visitenkarte weist eine Gesprächspartnerin als »Dr. Emilie Gräfin vom Biedebach« aus. Wie sprechen Sie sie an?**

   a Frau Dr. Gräfin vom Biedebach, wie es dem Namensrecht entspricht.

   b Gräfin vom Biedebach: 1. ist es nicht möglich, zwei Titel zu kombinieren, 2. schließt der Titel »Gräfin« das Anredewort »Frau« bereits ein.

   c Dr. Gräfin Biedebach: Mit dem Grad respektieren Sie die persönliche akademische Leistung, mit dem Adelstitel den ererbten gesellschaftlichen Rang.

3. **Die – bis dato rein männliche – Abteilung findet die neue Kollegin, die ein paar Jahre älter als der Älteste von ihnen ist, sympathisch. Wer bietet das Du an?**

   a Die Kollegin hat als – zumal ältere – Dame das Recht.

   b Die Kollegen haben das Recht, das Du anzubieten, da sie dienstälter sind und eine größere Personenzahl darstellen.

   c Niemand; die Kollegin kann nur als Neue darum bitten, die anderen duzen zu dürfen.

NETWORKING BLEIBT DAS A UND O

Achten Sie auch hin und wieder auf das, was Ihr eigener Körper aussagt: Lassen Sie ihn sprechen, nicht plappern.

Menschen, die im Gespräch harmonieren und auf einer Wellenlänge sind, halten sich meist symmetrisch, bewegen sich ähnlich, sprechen fast im gleichen Tempo und in der gleichen Lautstärke. Menschen, die sich nicht verstehen, verhalten sich asymmetrisch.

Sie können Harmonie nicht nur wahrnehmen, Sie können sie selbst durch Ihre Körpersprache aktiv fördern. Nehmen Sie Körperhaltung, Bewegungen und Sprechweise Ihres Gegenübers auf; aber äffen Sie diese nicht nach. Ihr Verhalten muss immer innerhalb Ihres eigenen Repertoires liegen.

Wollen Sie eine Person zu einer anderen Haltung motivieren? Verändern Sie Ihre Körperhaltung. Gehen Sie dabei sacht vor. Wenn die Beziehung harmonisch ist und Sie beide sich gut verstehen, wird der andere Ihnen nach kurzer Zeit folgen und eine ähnliche Haltung einnehmen. Folgt die Person Ihnen nicht? Dann müssen Sie mehr in die Beziehung investieren, bevor Sie sie lenken können. Tun Sie das.

Typische nonverbale Signale

1 Gerade und symmetrisch stehen, mit festem Schritt und offenen Armen – wie es der Volksmund sagt – auf einen Menschen zugehen, ihm dabei in die Augen schauen und ein Lächeln schenken: So sieht eine offene Körperhaltung aus. Das Gegenüber bezieht diese auf sich und fühlt sich willkommen.

2 Verschränkte Arme sind nicht notwendigerweise ein Signal für eine verschlossene innere Haltung. Doch wenn Sie dabei die Schultern anspannen, sich auf die Lippen beißen und den Blick starr auf einen Gegenstand richten, zieht Ihr Gegenüber den Schluss: Da will jemand nichts mit mir und/oder meinen Aussagen zu tun haben.

3 Sie brauchen nur einen Fuß vor den anderen zu stellen, die Schultern hängen zu lassen, beim Sprechen den Kopf anzuwinkeln und nach unten zu blicken – schon wirken Sie unsicher. So kompetent Sie auch sein mögen – Ihr Gegenüber glaubt Ihnen das nicht. Jetzt brauchen Sie sich nur noch ins Gesicht zu fassen – schon haben Sie verloren.

Begrüßen im Business: Da hilft das Protokoll

Eine protokollarische Rangordnung ist eine Zuordnung von Personen gemäß ihrer Bedeutung innerhalb eines Systems wie dem Staat, der Kirche, dem Militär. Protokollarisches Handeln ist eine Art Zeichensprache, mit der Rang und Würde des Gastes verdeutlicht werden. Für den Geschäftsalltag ist das Protokoll als solches meist nicht von Belang, seine Grundsätze jedoch helfen, so manches Fettnäpfchen zu umgehen.

1

2

NETWORKING BLEIBT DAS A UND O

Beispiele gefragt?
- Sie begrüßen eine Kundengruppe: den (blut-!)jungen Gründer eines Internet-Unternehmens, seinen Prokuristen, Anfang 40, und seine EDV-Technikerin, Anfang 30. Im Protokoll gilt: Rang sticht Geschlecht; also begrüßen Sie zuerst den Firmeninhaber und dann seine Mitarbeiter in der Reihenfolge, in der diese stehen.
- Sie erwarten zu einer Besprechung Ihren Vorstand und zwei Vorstände einer anderen Firma. Wem reichen Sie die Hand zuerst? Laut Protokoll ist externen Personen bei gleichem Rang der Vorzug zu geben.
- Sie empfangen mit Ihrer Chefin einen Kunden; Sie kennen ihn bereits, Ihre Vorgesetzte kennt ihn noch nicht. Personen, die einander kennen, ebnen den anderen den Weg und stellen diese einander vor. Da der Kunde König ist, erfährt er zuerst, wer Ihre Begleiterin ist.
- Sie, weiblich, kommen mit einem Kollegen zum Kunden, wer reicht die Hand zuerst? Sie nicht! Halten Sie sich als Gast zurück. Der Gastgeber sollte zuerst Ihnen die Hand reichen, dann dem Kollegen: Gibt es keinen Rangunterschied und keinen eklatanten Altersunterschied, haben Damen den Vorzug. Nur dann. Beachten Sie diese Hinweise auch beim Vorstellungsgespräch.

Wie im Privaten (siehe Kapitel 1, Seite 15 f.) geht auch im Business die Praktikabilität vor Form: Springen Sie nicht von einer Person zur übernächsten, nur um die korrekte Reihenfolge einzuhalten (siehe Bild **1** auf Seite 124). Dies würde irritieren und auch die Übersprungenen brüskieren. Gehen Sie stattdessen der Reihe nach vor, sobald Sie die erste (wichtigste) Person begrüßt haben (siehe Bild **2** auf Seite 124).

Wenn es offiziell wird

Nehmen wir an, zur Eröffnung Ihrer neuen Niederlassung wären drei Repräsentanten aus der Unternehmenszentrale, mehrere Vertreter der lokalen Wirtschaft, die regionale Präsidentin der Industrie- und Handelskammer, Ihr derzeitiger Oberbürgermeister sowie seine Vorgängerin angemeldet. Sie wissen: Jeder muss öffentlich geehrt werden. Mit dieser Begrüßungs-Reihenfolge umgehen Sie Fettnäpfchen:
- Personen, die vom Volk oder seinen Vertretern gewählt wurden, wird gegenüber ernannten Personen der Vorzug gegeben. Das gilt aber nur für die jeweilige Nummer eins; der Oberbürgermeister wird (z. B. im Gegensatz zu Stadträten in Anwesenheit von Bürgermeistern) immer erwähnt, hier an erster Stelle.
- Aktuell sticht vergangen: Die Oberbürgermeisterin a. D. muss mit dem zweiten Platz vorlieb nehmen.
- Auch Repräsentanten von Verbänden vertreten Bevölkerungsgruppen, darum kommt die IHK-Verbandspräsidentin an die dritte Stelle.
- Sind die Repräsentanten aus der Zentrale auf Vorstandsebene angesiedelt, die lokalen Wirtschaftsvertreter jedoch nicht, kommen nun sie an die Reihe. Sind sie auf ähnlicher Ebene, gilt erneut: Bei gleichem Rang sticht extern intern.

Weniger ist mehr. Mehr als fünf Nennungen ermüden das Publikum. Und: Die soziale Anerkennung vor Ort entscheidet über den Rangplatz. Ist zum Beispiel in einem streng katholischen Umfeld ein Bischof zu Gast, kann dieser vor den Vertretern der Bürger erwähnt werden. Einen umfassenden Überblick über die protokollarische Ordnung finden Sie auf www.bund.de.

5 Fit for Business

Sagen Sie, was Sie wollen: Wie Sie sich in 30 Sekunden präsentieren

Sie dürfen eine für Sie interessante Person zum ersten Mal anrufen, Sie dürfen Ihren Kunden besuchen, Sie gehen erstmalig mit einem Kollegen zu Ihrem Geschäftspartner? Glückwunsch! Sie dürfen jetzt allerdings die Bereitschaft Ihres Gegenübers nicht überstrapazieren. Präsentieren Sie sich/Ihren Kollegen/Ihr Anliegen kurz und knapp, präzise und informativ, dabei adressatengerecht und sympathisch zugleich.

Bereiten Sie sich so vor, dass Sie Ihre Kernpunkte in dreißig Sekunden darlegen können. Das entspricht der Dauer einer kurzen Fahrt im Aufzug, darum heißt das Vorgehen »Elevator Pitch«, im Deutschen »Aufzugs-Test«. Bestehen Sie ihn, haben Sie die erste Runde gewonnen. Sie besteht aus vier Elementen.

- ☐ Gewinnen Sie das Herz Ihres Gegenübers.
- ☐ Bauen Sie Spannung auf.
- ☐ Lösen Sie die Spannung auf.
- ☐ Bereiten Sie die Aktion vor.

Ein Beispiel für einen Elevator Pitch:
Sie sind zum ersten Mal bei einem Interessenten, dem Sie ein Produkt aus Ihrem Haus vorstellen wollen. Befolgen Sie die vier oben genannten Schritte:
Gewinnen Sie das Herz Ihres Gegenübers: »Ich danke Ihnen, dass Sie sich Zeit für mich nehmen.« Bauen Sie Spannung auf: »Sie fragen sich wahrscheinlich, wie kann dieses Angebot/diese Person/ich Ihnen nutzen.« Lösen Sie die Spannung auf: »Fakt ist…/Unsere Expertise besteht darin dass…« Bereiten Sie nun die Aktion vor, den eigentlichen »Pitch« für Ihr Angebot. »Meine Bitte: Geben Sie mir vier Minuten Zeit, um Ihnen unser Angebot zu unterbreiten.«

Ehre, wem Ehre gebührt: Anreden und Anschriften

In Deutschland sind heute alle Bürgerinnen und Bürger gleichberechtigt. Aber manche sind, wie es George Orwell in seiner Fabel »Animal Farm« formulierte, »gleicher als andere« – zum Beispiel weil sie Verantwortung für das Gemeinwohl tragen. Darum ist es üblich, Honoratioren durch die Beachtung der Titelkonventionen zu würdigen.

Im privaten Alltag wählen Sie die Anrede, die die Nachbarn wählen oder Ihre Freunde Ihnen vorgeben. Im Geschäftsumfeld gilt: »Man kann nur sagen, was man weiß.«

Das Namensrecht ist im Bürgerlichen Gesetzbuch in §12 geregelt. Die Grundidee: Außer beim Adel und bei Botschaftern sind Grade und Titel an die Person gebunden und gehen nicht auf die Ehepartner über; man kann nicht am Standesamt promoviert werden. Traditionell gibt es bei Graden und bürgerlichen Titeln nur die männliche Form: »Frau Minister;« die weibliche Form wird jedoch immer häufiger verwendet: »Frau Bundeskanzlerin, Frau Professorin«.

Eine komplette Übersicht über die Gepflogenheiten auf dem öffentlichen Parkett bietet die Homepage www.protokoll-inland.de.

Akademiker und Nicht-Akademiker

Der akademische Grad »Doktor« kann im Ausweis eingetragen werden, ist aber im Gegensatz zu Adelstiteln weder Bestandteil des bürgerlich-rechtlichen Namens noch ein Zusatz dazu. Der Titel »Professor« wird im Ausweis nicht eingetragen. Promovierte lassen gegenseitig in der Anrede den Titel weg, wenn sie im gleichen Fach auf gleicher Ebene arbeiten.

Weder Akademiker noch Mandatsträger nennen Grad oder Titel in der Selbstvorstel-

NETWORKING BLEIBT DAS A UND O

TITEL, GRADE, NAMEN – SO IST'S KORREKT

VISITEN-KARTE	ANREDE MÜNDLICH + SCHRIFTLICH	ANSCHRIFT	GRUND
Dr. jur. Jutta Hacker	Frau Dr. Hacker	Frau Dr. Jutta Hacker	»Dr.« wird als Grad auch in der Anrede abgekürzt; weder die korrekte lateinische weibliche Form »doctrix« noch das eingedeutschte »Doktorin« sind üblich.
Dres. Kathrin und Jens Schneider	Frau Dr. Schneider, Herr Dr. Schneider	Frau und Herrn Dres. Kathrin und Jens Schneider	»Doctores« ist die Pluralform des »doctor« und vor allem gebräuchlich, wenn mehrere promovierte Ärzte eine gemeinsame Praxis betreiben.
Dr. h. c. Karsten Lang	Herr Dr. Lang	Herrn Dr. Karsten Lang	Der »doctor honoris causa« ist »der Ehre wegen« verliehen und wird, der Ehre wegen, genannt; auch »Dr. e. h.«, »eh.« oder »E. h.« (ehrenhalber).
Prof. Dr. phil. Dr. med. Ute Abel	Frau Professor (Abel) [oder] Frau Professorin (Abel)	Frau Prof. Dr. Dr. Ute Abel	Der Einfachheit halber wird in der Anrede nur einer und dabei der höchste akademische Rang genannt. In der Anrede wird »Professor« grundsätzlich ausgeschrieben.

lung und auch nicht bei der Vorstellung ihrer Ehepartner.

Als Gegenüber verwenden Sie diese dennoch, sobald Sie über Grad oder Titel informiert sind und bis Sie gebeten werden, auf die Nennung zu verzichten.

Die kleinen Tücken der Anrede

- Seit 1986 fallen die Anreden »Eminenz«, »Exzellenz« und »Hochwürden« in der katholischen Kirche in der Regel dem Gebot der Bescheidenheit zum Opfer.
- Akademische Grade entfallen üblicherweise bei der Nennung von Kirchen-, Mandats- und Ehrentiteln (also nicht: »Herr Dr. Konsul«).
- Kirchliche Orden (Jesuiten, Benediktinerinnen usw.) verfahren bei den Anreden unterschiedlich. Fragen Sie die Mitglieder direkt, welche Anrede sie wünschen.
- »Rechtsanwältin« ist in Deutschland als Berufsbezeichnung – anders als in Österreich – nicht für die Anrede geeignet. Bei Gerichtsverhandlungen hat die Rolle Vorrang: »Frau Rechtsanwältin/Frau Verteidigerin« und »Herr Richter« und »Frau Staatsanwältin«.
- Beim Militär sind Funktionsbezeichnungen nicht nur im beruflichen Wirkungskreis anredefähig. Vor allem Oberste und Generäle sind herausgehoben zu behandeln: »Herr Oberst«, »Herr General«. In unserer Zeit der Gleichstellung der Menschen wird erwartet, dass auch »ungediente« Frauen und Männer diese Anreden verwenden.

5 Fit for Business

ÜBERSICHT: DIE RICHTIGE ANREDE VON TITELTRÄGERN

BEZEICHNUNG	ANREDE MÜNDLICH »GUTEN TAG…«	ANREDE SCHRIFTLICH »SEHR GEEHRTE/R«	ANSCHRIFT ADRESSFELD
Politik und Diplomatie			
Bundespräsident	Herr Bundespräsident	Herr Bundespräsident	Herrn Bundespräsident (Dr.) Volker Lehmann
Bundeskanzlerin	Frau Bundeskanzlerin	Frau Bundeskanzlerin	Frau Bundeskanzlerin (Dr.) Angelika Mark
Bundesministerin	Frau Ministerin/// Frau Bundesministerin	Frau Bundesministerin	Bundesministerin für Umwelt und Verkehr/ Frau (Dr.) Mia Leicht*
Ministerpräsidentin des Landes Nordrhein-Westfalen	Frau Ministerpräsidentin	Frau Ministerpräsidentin	Ministerpräsidentin des Landes Nordrhein-Westfalen/ Frau (Dr.) Tina Kurz *
Landesminister	Herr Minister	Herr Minister	Minister für Umwelt des Landes FGH/ Herrn (Dr.) Timo Elz*
Oberbürgermeisterin	Frau Oberbürgermeisterin	Frau Oberbürgermeisterin	Oberbürgermeisterin der Stadt ABC/ Frau (Dr.) Sigrid Lang *
Botschafterin	Exzellenz/// Frau Botschafterin	Exzellenz/// Frau Botschafterin	I. E. der Botschafterin von MNO-Land/ Frau (Dr.) Anne Kurz*
Konsul	Herr Konsul	Herr Konsul	Konsul von POR-Land/ Herrn (Dr.) Ulf Kroll*
Katholische Kirche			
Kardinal	Eminenz/// Herr Kardinal	Eminenz/// Herr Kardinal	Seiner Eminenz/ Herrn Georg Kardinal Walter
Bischof	Exzellenz/// Herr Bischof	Exzellenz/// Herr Bischof	Seiner Exzellenz/ Herrn (Dr.) Lothar Lehr

NETWORKING BLEIBT DAS **A** UND **O**

BEZEICHNUNG	ANREDE MÜNDLICH »GUTEN TAG…«	ANREDE SCHRIFTLICH »SEHR GEEHRTE/R«	ANSCHRIFT ADRESSFELD
Pfarrer	Herr Pfarrer/// Herr (Dr.) Mann	Herr Pfarrer/// Herr (Dr.) Mann	Herrn/ Pfarrer (Dr.) Markus Mann
Evangelische Kirche			
(Landes-)Bischof	Herr (Landes-)Bischof	Herr (Landes-)Bischof	(Landes-)Bischof der Evangelischen Landeskirche von DEF/ Herrn (Dr.) Horst Kahl
Pastorin	Frau Pastorin/// Frau (Dr.) Roth	Frau Pastorin/// Frau (Dr.) Roth	Frau Pastorin/ (Dr.) Christine Roth
Jüdische Gemeinde			
Rabbiner	Herr Rabbiner	Herr Rabbiner	Herrn Rabbiner/ (Dr.) Jakob Strauss
Universität			
Präsident einer Universität oder Hochschule	Herr Präsident/// Herr Professor Kandel	Herr Präsident/// Herr Professor Kandel	Präsidenten der ABC-Universität/ Herrn Professor Dr. Georg Kandel *
Rektorin	Frau Rektorin/// Frau Professor(in) Lehmann/// bei besonderen Anlässen: Magnifizenz	Frau Rektorin/// Frau Professor(in) Lehmann/// bei besonderen Anlässen: Magnifizenz	Rektorin der ABC-Universität/ Frau Professorin Dr. Ute Lehmann *
Dekan	Herr Professor Richter/// bei besonderen Anlässen: Spektabilität	Herr Professor Richter/// bei besonderen Anlässen: Spektabilität	Dekan der KLM-Fakultät der CDE-Universität/ Herrn Professor Dr. Karsten Richter *

/// entspricht Alternative — / entspricht Zeilensprung — * umgekehrte Reihenfolge möglich

5 Fit for Business

»Noblesse oblige« – Adel verpflichtet

In der Monarchie war es üblich, vor allem beim Hochadel den Namen durch ein Prädikat zu ersetzen, beispielsweise »Eure Durchlaucht« für eine Fürstin. Seit der Weimarer Reichsverfassung von 1919 gelten Adelsbezeichnungen, die den Rang in der Adelshierarchie anzeigen (»Prinzessin«, »Graf«) als Zusatz zum Namen. Die zuvor üblichen dem Namen vorangestellten Abkürzungen (»S. K. H.«) oder ihn ersetzende Prädikate (»Königliche Hoheit«) entfallen. Im gesellschaftlichen Umgang werden sie in Deutschland jedoch noch verwendet, im Unterschied zu Österreich, wo Adelsbezeichnungen verboten sind. Achtung: Die namensrechtlich korrekte Anrede mit bürgerlichem Anredewort, Adelsbezeichnung und komplettem Familiennamen (»Herr Freiherr von der Schulenburg«, »Frau Gräfin zu Thal«) wird nicht gern gehört.

Usus ist,
- die Anredewörter »Frau/Herr« sowie Präpositionen wie »von« in Verbindung mit Adelstiteln nicht zu sprechen;
- den Doktorgrad vor den Adelstitel zu setzen: »Dr. Graf Frey«;
- bei anderen Titeln wie »Minister« oder »Professor« situationsspezifisch entweder diese oder den Adelstitel zu wählen: »Herr Minister« im politischen Umfeld, aber in Gesellschaft »Graf Lamm«;
- bei Damen den Namen nach dem Adelstitel wegzulassen: »Frau von Richthaus«, aber »Baronin«, es sei denn, sie seien promoviert: »Dr. Baronin Richthaus«.

Sicherheit bietet das Adelslexikon des Genealogischen Handbuchs des Adels (GhdA). Haben Sie darauf keinen Zugriff, fragen Sie, ob die jeweiligen Adressaten die von Ihnen gewählte Anrede/Anschrift so wünschen.

»WIR SIND DOCH UNTER UNS«

Sich im Binnenverhältnis stilvoll zu verhalten stellt uns alle manchmal vor schwierige Situationen und Entscheidungen. Dabei sind die Grundbedingungen für ein harmonisches Miteinander am Arbeitsplatz theoretisch einfach: Es brauchen alle »nur« die Bereitschaft, sich mit aller Kraft einzubringen, und die Fähigkeit zur Balance zwischen Nähe und Distanz mitzubringen. Ein frommer Wunsch? In vielen Fällen sicherlich.

Die beste Voraussetzung ist eine Führungskraft, die mit gutem Beispiel vorangeht und so den Mitarbeitern den Weg zu Engagement, Motivation und Akzeptanz zeigt und ebnet: Nur wer selbst orientiert ist, kann Orientierung geben.

Die Firma: Eine große Familie?

Nach dem Allgemeinen Gleichstellungsgesetz (AGG) sind Vorzugsbehandlungen und Diskriminierungen jeder Art zu vermeiden. Deshalb prüfen Unternehmen ihre betrieb-

ÜBERSICHT — ANREDE UND ANSCHRIFT BEI ADELSTITELN

Generell gilt: Der Zusatz »von« oder »zu« fällt weg, wenn Sie einen Adeligen ansprechen. Genauso entfallen bürgerliche Anredeformen (»Frau«, »Herr«) – nicht weil sie nicht korrekt wären, sondern weil sie nicht gern gehört werden.

In der Tabelle sehen Sie Beispiele für die verschiedenen möglichen Anredeformen – derer gibt es aber noch viel mehr. Denn innerhalb einzelner Adelsgeschlechter gibt es Präferenzen für die Anrede, abhängig von der Position des Angesprochenen. Und sogar jeder einzelne Adelige hört vielleicht diese oder jene Form der Anrede lieber. Auf Nummer sicher gehen Sie, indem Sie nachfragen. Oder indem Sie nachlesen: Im Adelslexikon des Genealogischen Handbuchs des Adels (GhdA) oder im Internet unter www.adelsdatenbank.de.

Ist der oder die Adelige promoviert, gilt nicht »entweder oder«, sondern es wird der akademische Titel dem Adelstitel vorangestellt. Wurde der oder dem Adeligen hingegen ein Amts- oder Ehrentitel verliehen, müssen Sie sich entscheiden.

ADELSTITEL – MÜNDLICH UND SCHRIFTLICH KORREKT

NAME AUF DER VISITENKARTE	ANREDEFORM AUS DER MONARCHIE	NAMENSRECHTLICH KORREKT	GESELLSCHAFTLICH ÜBLICH, MÜNDLICH UND SCHRIFTLICH	ANSCHRIFT
Lisa Prinzessin von Hannover; alte Form: Prinzessin Lisa von Hannover	(Königliche) Hoheit	Frau Prinzessin von Hannover	Prinzessin	I. K. H. Lisa Prinzessin von Hannover
Gunther Graf zu Blau; alte Form: Graf Gunther zu Blau	Euer Erlaucht/// Euer Hochwohlgeboren (entsprechend Adelshaus und Stand innerhalb der Familie)	Herr Graf zu Blau	Graf Blau	S. E. Gunther Graf zu Blau/// S. H. Gunther Graf zu Blau/// (Herrn)/Gunther Graf zu Blau
Alexa Frfr. v. Hardt	Baronin	(Frau) Freifrau von Hardt	Frau von Hardt/// Baronin Hardt/// Baronin	(Frau)/ Alexa Frfr. v. Hardt

/// entspricht Alternative — / entspricht Zeilensprung

lichen Abläufe und Prozesse, um sich Schadensersatzansprüche, Strafzahlungen und Gerichtsverfahren zu ersparen. »Fair Play« im Alltag ist so neu nicht und doch ist ihm täglich erneut Aufmerksamkeit zu schenken.

Du und Sie im Business

Duzen mit Mitarbeitern – gut oder nicht gut? Laut der Umfrage einer Managementberatungsfirma favorisieren 33,3 Prozent der Führungskräfte das familiäre Du: »Des guten Betriebsklimas wegen.« Weitere 33,3 Prozent bleiben lieber auf Distanz und beim Sie: »Des guten Betriebsklimas wegen.« Das dritte Drittel entscheidet nach individuellem persönlichem Kontakt, die Begründung ahnen Sie: »Des guten Betriebsklimas wegen.« Eine Empfehlung lässt sich daraus nicht ableiten; es gibt nur die Regel: Das Du kann angeboten, aber weder erbeten noch eingefordert werden. Gemäß Rang, Macht und Würde bietet das Du an:

- ☐ die hierarchisch höherstehende Person: der (auch junge) Chef den Mitarbeiterinnen und Mitarbeitern
- ☐ bei zwei Personen von gleichem Rang die in der Abteilung dienstältere Person; auch der Kollege der Kollegin

Bei gleichem Rang und Dienstalter bietet die (wesentlich) ältere Person das Du an, andernfalls wird verhandelt: »Was halten Sie davon, wenn wir …«

Auch Damen und Herren von gleichem Rang, Dienst- und Lebensalter verhandeln.

Vom Sie zum Du: Annäherung mit Fallstricken

Kaum sind Sie, eine junge Frau, als Neueinsteigerin in der Abteilung, da startet Ihr Kollege schon einen Flirtversuch und bietet Ihnen das Du an. Sie bangen um Ihren Ruf. Sie können den Anfängen wehren, sollten ihn aber nicht düpieren: »Es ist mir eine Ehre, Herr Jahn, dass Sie mir so schnell das Du anbieten; mir ist lieber, wenn wir damit noch etwas warten.«

Die Stimmung bei der Kundenveranstaltung ist heiter, Ihre Kundin, leicht alkoholisiert, setzt sich zu Ihnen: »Ich bin die Carola.« Duzt sich Carola mit Ihrer halben Firma? Freuen Sie sich: »Danke, ich bin die Janina, wie du weißt.« Werden Sie jedoch Objekt einer Vorzugsbehandlung, ist Vorsicht angebracht. Würde eine Ablehnung die Stimmung verderben, nehmen Sie das Du auf jeden Fall zuerst einmal an. Siezen Sie die Dame bei der nächsten Begegnung, vielleicht ist sie Ihnen dankbar dafür. Hält sie Ihnen jedoch entgegen: »Für mich ist ein Du ein Du!«, müssen Sie sich an Ihre Abmachung halten, ein Rückzieher würde Ihre Glaubwürdigkeit schmälern.

Sie nehmen häufig an Meetings in englischer Sprache teil. Alle reden sich in diesem Rahmen dem anglo-amerikanischen Gebrauch folgend mit Vornamen an. Wie sprechen Sie hier Ihre Chefin an? Ihre ausländischen Geschäftspartner wären irritiert, wenn Sie und Ihre Chefin sich mit »Ms« oder »Mr« und Nachnamen ansprächen. Fragen Sie doch einfach vor dem nächsten Meeting Ihre Chefin: »Wie wollen wir vorgehen?« Sind Sie die Vorgesetzte, dann machen Sie vor dem nächsten Meeting am besten diesen Vorschlag: Sie sprechen sich zwar auf Englisch mit Vornamen an, bleiben aber auf Deutsch wie gewohnt per Sie.

Jedem Tierchen sein Quartierchen: Acht Gebote

Das Bedürfnis, sein Terrain zu markieren, besteht gerade bei Menschen, die auf engem Raum ihren Arbeitsbereich teilen müssen.

»WIR SIND DOCH UNTER UNS«

- »**My office is my castle**«: Klopfen Sie an, bevor Sie eine Bürotür öffnen. Grüßen Sie. Kaffeeküche und Kopierkammer sind davon ausgenommen; das weiß auch, wer sich hier nicht zum Arbeiten aufhält. Das Sekretariat ist nicht öffentlich. Wurden Sie zu Ihrer Vorgesetzten gerufen und die Tür zu ihrem Büro ist angelehnt? Klopfen Sie, bevor Sie die Tür ganz öffnen. Telefoniert Ihre Vorgesetzte? Bieten Sie mit einer Geste an, den Raum zu verlassen.
- »**Ruhe bitte**«: Reduzieren Sie Ihre Lautstärke beim Telefonieren.
- **Damit man Sie gut riechen kann:** Essen Sie am Schreibtisch keinen Döner und behalten Sie Ihre Schuhe an.
- **Kalt oder warm?** Nicht jeder möchte es gleich warm oder frisch und Kompromisse stellen kaum zufrieden. Platztausch oder feste Lüftungszeiten sind besser.
- **Nicht über die Schulter:** Müssen Sie sich einer Person von hinten nähern, sprechen Sie sie an, bevor Sie ihr (zu) nahe treten. Beugen Sie sich nicht über eine Kollegin, die sitzt. Sonst senken Sie ihren Status und heben ihren Adrenalinspiegel.
- **Damit nichts fehlt:** Bedienen Sie sich nie ohne klare Erlaubnis am Schreibtisch von Assistenten oder Kollegen. Warten Sie, bis man Ihnen das Gewünschte überlässt.
- **Damit nichts stört:** Ihre Unterlagen, Kaffeetassen oder Ähnliches gehören nicht auf anderer Leute Schreibtisch.
- »**Nach Ihnen**«: Im Zeitalter der Gleichberechtigung hält jede Person jeder anderen eine Tür auf und bietet Hilfe beim Tragen schwerer Gegenstände an.

Da wird's eng:
Wenn Gefühle im Spiel sind

Evolutionsbiologen haben herausgefunden, dass Klatsch und Lästern zu den wichtigsten Arten der Kommunikation zählen und längst nicht so negativ zu bewerten sind, wie das gemeinhin geschieht: Tratsch hält eine Gruppe zusammen und hilft, die Werte der Gruppe immer neu zu definieren. Nur zum eigenen Vorteil des einzelnen Lästerers darf er nicht sein.

Manche Mitarbeiter treiben allerdings den Versuch, das System zu stabilisieren, so weit, dass sie anderen, die in ihren Augen »nicht passen«, das Leben zur Hölle machen. Wo es nicht bei einem einmaligen Konflikt oder einer kleinen Streiterei bleibt, wo über einen längeren Zeitraum eine Person systematisch angegriffen und ausgegrenzt wird, ist wahrscheinlich Mobbing im Spiel. Dann sind Verständnis und Verzeihen fehl am Platz, dann haben Sie als Opfer das Recht und als Zeuge die Pflicht, das menschenverachtende Treiben zu unterbinden. Anlaufstellen sind vielleicht Ihr Vorgesetzter, auf jeden Fall Ihr Betriebsrat und Ihre Gewerkschaft; nützliche Hinweise zum Vorgehen finden Sie auf www.mobbing.net.

Auch wenn es zwischen zwei Kollegen funkt, ist das gesamte soziale System – das Team, die Abteilung, sogar das Unternehmen – betroffen. Da Liebe auch blind für Signale des Umfelds macht, ist eine erhöhte Alarmstufe gegeben. Reißen Sie sich zusammen und gehen Sie, wenn es Sie »erwischt« hat, so diskret wie möglich vor. Freude, Verständnis, Neugier, Eifersucht, Wut – machen Sie sich bei Ihren Kollegen auf eine ganze Palette von Gefühlen gefasst. Sie müssen sich nicht im Büro beim Kollegen auf den Schoß setzen oder der Kollegin den Nacken massieren. Sie müssen auch Ihre Beziehungsstörungen nicht im Team austragen. Da das so einfach nicht ist, gilt in vielen Unternehmen die Maxime: Bei Paarbildung wechselt ein Partner die Abteilung.

5 Fit for Business

Besprechungen – formvollendet und effektiv

»Eine Besprechung ist etwas, wo viele hingehen, aber nichts herauskommt«: Meetings – interne wie externe – haben keinen guten Ruf. Werden jedoch Ziele und Spielregeln klar definiert und diszipliniert verfolgt und eingehalten, kann eine Besprechung erfolgreich und motivierend sein.

Arbeitsregeln erleichtern das Arbeiten

Spielregeln für interne Meetings dienen auch der Teambildung. Wenn Sie diese als Poster aushängen, brauchen Sie im Ernstfall und für Personen, die daran nicht mitgewirkt haben, nur darauf zu verweisen. Als sinnvoll haben sich diese Punkte erwiesen: »Wir

- beginnen pünktlich, enden pünktlich, halten Pausen ein,
- verzichten darauf zu rauchen, zu telefonieren und den Raum zu verlassen,
- beschränken Redebeiträge auf maximal eine Minute,
- begründen unsere Meinungsäußerungen und Fragen,
- haben Lösungen für die Zukunft im Blick und reiten nicht auf Pannen der Vergangenheit herum,
- arbeiten auf Konsens und damit auf Win-Win-Situationen hin,
- lassen andere ausreden,
- kritisieren konstruktiv und sachlich,
- kennzeichnen unsere Gefühle und Meinungen mit Ich-Botschaften,
- verteilen Aufgaben fair,
- beschließen jedes Meeting mit einem Fazit, einem zeitlich und personell fixierten Maßnahmenplan und dem Beschluss, welche Ergebnisse veröffentlicht werden,
- wahren Stillschweigen über alle Vorkommnisse bei der Besprechung.«

Bei Regelverstößen haben Sie als Moderator einer Besprechung die Verantwortung, konstruktiv an die Spielregeln zu erinnern: Haben Sie die Größe, andere nicht klein zu machen. Fühlen Sie sich als Teilnehmer gestört und vom Moderator nicht geschützt? Wenn es Ihnen gelingt, das Gespräch in sachliche Bahnen zu lenken: Glückwunsch. Gelingt es Ihnen nicht, sprechen Sie die Beziehungsebene an: »Ich haben den Eindruck, Sie sind nicht ganz meiner Meinung. Darf ich Sie bitten, am Ende meiner Äußerung Ihre Ansicht offen zu formulieren?« Weitere Tipps zum Thema Kommunikation finden Sie in Kapitel 6 ab Seite 142.

Wie Sie Ihre Gesprächspartner geschickt platzieren

Der Platz des ranghöchsten Vertreters der Gruppe, welche die Einladung ausgesprochen hat, bildet den Bezugspunkt, von dem aus sich die weiteren Plätze bestimmen. »Links ehrt rechts«: Weisen Sie dem ranghöchsten Gast (Kunden, Geschäftspartner) den Platz rechts neben der gastgebenden Person zu. Teilen Sie den Raum so auf, dass dieser Platz freien Blick auf die Präsentationsfläche (Flipchart, Leinwand) und auf die Tür (Fluchtweg!) ermöglicht. Bedenken Sie:

[1] Plätze, die einander frontal gegenüberliegen, laden zur Konfrontation ein.

[2] Über Eck zu sitzen erhöht die Bereitschaft zur Kooperation.

[3] Eine Sitzverteilung nebeneinander suggeriert eine Allianz.

Sonderfall Reihenbestuhlung: Plätze für Honoratioren

Bei größeren Versammlungen mit Theaterbestuhlung entscheidet neben der Hierarchie der Gäste die Praktikabilität über deren Platzierung. Idealerweise sitzt die wichtigste

5 Fit for Business

> **TIPP** ONLINE-BEWERBUNG
>
> Respektieren Sie bei einer Online-Bewerbung die Wünsche des Unternehmens. Füllen Sie die verfügbaren Formulare aus, ein Anschreiben und der Lebenslauf sind die Norm. Ein Megabyte sollte bei den Anhängen nicht überschritten werden. Vermeiden Sie umfangreiche Attachments mit Zeugnissen und Arbeitsproben. Wenn Ihrer Bewerbung wegen der Firmenrechner abstürzt, müssten schon sehr gute Argumente für Sie sprechen, damit Sie eine zweite Chance bekommen.

eingeladene Person rechts von den Veranstaltern in der ersten Reihe. Außerdem sind den beiden die besten Seh- und Hörbedingungen zu erfüllen. Haben sie eine Redeverpflichtung, ist der unmittelbare Zugang zu Bühne und Rednerpult zu gewährleisten.

Den übrigen wichtigen Anwesenden werden entsprechend ihrem Rang Plätze reserviert und von designierten Repräsentanten der Gastgeber zugewiesen. Ehepaare werden im Unterschied zum gesetzten Essen nebeneinander platziert.

Souverän in beruflichen Schlüsselsituationen

Routine ist definiert als eine Fertigkeit, der Erfahrung zugrunde liegt oder ein sich stets wiederholender Vorgang im Alltag. Nun ist der Berufsalltag nicht nur Routine, zum Glück. Es gibt Situationen im beruflichen Miteinander, die Anfänge markieren, solche, die Zwischenbilanzen erfordern, Feste wollen gefeiert werden und Abschiede gibt es auch.

»Ich brauch den Job:«
Wie Sie sich geschickt bewerben

Literatur, Trainings und Beratungen zum Erstellen von Bewerbungsunterlagen und zum Verhalten in Vorstellungsgesprächen sind in den letzten Jahren immer umfangreicher, höherwertig und spezifischer geworden. Nutzen Sie das; gehen Sie niemals unvorbereitet an die Sache heran – Ihre Mitbewerber tun es auch nicht!

Gleichzeitig ist es für Personalverantwortliche immer schwerer geworden, aus der Fülle der Personen, die sich perfekt präsentieren, die wirklich geeigneten Bewerber herauszufiltern. So ausgefeilt ihre Fragetechnik und die angewandten psychometrischen Verfahren sind, eines ist sicher: Bei Bewerbern ist Authentizität gefragt.

> Je mehr Vergnügen du an deiner Arbeit hast, desto besser wird sie bezahlt.
>
> **MARK TWAIN** | amerikanischer Schriftsteller

Bereiten Sie sich so gut vor, dass Sie zwar aufgeregt, doch wachsam und interessiert in das Gespräch gehen können. Beantworten Sie im Vorfeld für sich und gegebenenfalls vor Freunden als Auszubildende wie als Führungskraft diese Fragen:
☐ Wer bin ich?
☐ Welches sind meine Lebensziele?

»WIR SIND DOCH UNTER UNS«

- Was tue ich gern?
- Was kann ich gut?
- Was täte ich lieber auf Dauer nicht?

Ehrliche Antworten wirken gut. Haben Sie bei der Begrüßung feuchte Hände? Werden Sie rot, wenn der Interviewer Sie nach Ihren Schwächen fragt? Das macht nichts.
Konzentrieren Sie sich weniger auf Ihre Wirkung als darauf, eine Antwort auf die Frage aller Fragen zu finden: »Passen dieses Unternehmen und ich auf lange Sicht zusammen?« Achten Sie darauf, dass Sie mental, verbal und körpersprachlich eine offene Haltung einnehmen. Sich Entscheidungsträgern gegenüber stilvoll und höflich zu verhalten ist keine Kunst. Den Pförtner grüßen, der Sie durchs Firmentor lässt, dem Handwerker danken, der Ihnen die Aufzugtür aufhält – mit grundsätzlich freundlichem Auftreten markieren Sie den Unterschied zu so manchem Mitbewerber.

Denn jedem Anfang wohnt ein Zauber inne: Neu im Job

Beim Erobern eines neuen beruflichen Terrains unterscheiden sich die Geister: Menschen, die introvertiert durchs Berufsleben gehen, schaffen es kaum, auf andere zuzugehen; es fehlt ihnen aber auch wenig, wenn sie in der neuen Umgebung zuerst einmal für sich bleiben. Extrovertierte Personen hingegen sind auf Plaudereien und Bestätigung angewiesen und fühlen sich im neuen Arbeitsumfeld ausgegrenzt, wenn ihnen diese verwehrt sind, selbst wenn das ohne böse Absicht geschieht.
Seien Sie sich dessen als »alte Hasen« bewusst und geben Sie einem neuen Teammitglied sachdienliche Hinweise nicht nur in Bezug auf die zu erledigenden Aufgaben. Informieren Sie den neuen Mitarbeiter zu der gesamten Choreografie des Miteinanders, wie zum Beispiel:

- **Territorialverhalten:** Welche privaten Gegenstände (Familienfotos auf dem Schreibtisch, Poster an der Wand) werden geduldet?
- **Nähe und Distanz:** Wie ist es zu verstehen, wenn der Vorstand auf dem Gang den Gruß nicht erwidert?
- **Sprachregelung:** Wer duzt sich mit wem und was bedeutet das für die, die gesiezt werden?

Vorsicht Fettnäpfchen
NEU IM TEAM

Wollen Sie die Abneigung Ihrer gesamten neuen Abteilung auf sich ziehen? Machen Sie es sich leicht. Sie brauchen nur dies zu tun:

- Warten Sie auf jeden Fall, bis man auf Sie zukommt. Nähe suchen ist ein Zeichen von Schwäche.
- Ärgern Sie sich, wenn niemand auf Sie zugeht; das weist nämlich auf ein schlechtes Betriebsklima hin.
- Nehmen Sie das Angebot eines Außenseiters zu einer Allianz spontan an; so haben Sie wenigstens eine Person auf Ihrer Seite.
- Seien Sie misstrauisch, wenn man Ihnen für die erste Zeit einen Mentor zur Seite stellt: Der will Sie nur unsachgemäß beeinflussen.
- Antworten Sie detailliert, wenn man Sie zu Ihrer Person und Ihrem Privatleben fragt.
- Fragen Sie nicht zurück. Stellen Sie vor allem keine Fragen zur Arbeit, mit Nichtwissen würden Sie sich nur blamieren.
- Zeigen Sie den Kollegen endlich, wie »das richtig geht«, das imponiert; sie wollten schon immer paradiesische Zustände kennenlernen.
- Ziehen Sie sich so an, wie Sie das gut finden, imitieren Sie nicht den Kleidungsstil der Kollegen.

5 Fit for Business

- Parken Sie, wo Sie gern parken, wer zuerst kommt, mahlt zuerst.
- Wie pünktlich ist »pünktlich«? Das entscheiden Sie für sich: Individualität ist garantiert gefragt.

Alle Jahre wieder: Das Personalgespräch

Ein Jahresgespräch dient laut offizieller Definition der Bestandsaufnahme und Orientierung und einer erfolgreichen Zusammenarbeit in der Zukunft. Von lästiger Pflicht, Diskussion über Sachthemen, Vorwürfen oder unverbindlicher Plauderei ist nicht die Rede. Nehmen Sie als Vorgesetzter Ihre Führungsverantwortung wahr, nutzen Sie als Mitarbeiter die Chance, Ihre Zukunft im Unternehmen mitzugestalten. Bedenken Sie, dass das Betriebsverfassungsgesetz das Personalgespräch vor allem als Recht des Arbeitnehmers ausgestaltet hat.

Bereiten Sie sich auf die folgenden Besprechungspunkte vor:

☐ Wie wurden die Vereinbarungen des letzten Gesprächs umgesetzt?
☐ Welche Kriterien und Beispiele haben Sie für Ihre Einschätzung der Leistungen?
☐ Wie ist der Status quo bei Arbeitssituation, Arbeitsklima, Arbeitsplatz, Beziehung zu Vorgesetzten und im Team? Was hat sich geändert, was sollte sich ändern? Warum? Wie?
☐ Welche Ziele sind für die nächste Zeit zu vereinbaren? Welche Unterstützung, zum Beispiel durch Weiterbildungsmaßnahmen, ist dafür nötig?

Bereiten Sie sich mit Notizen vor. Gestalten Sie diese übersichtlich und in Stichwörtern, dann können Sie, gleich, welchen Verlauf das Gespräch nimmt, darauf zurückgreifen.

Halten Sie sich durch Aufkleber oder Zeichnungen wie ein Smiley auf gutem Kurs. Unterscheiden Sie zwischen Fakten und Gefühlen. Vergessen Sie nicht, dass Ihre Aussagen später Gültigkeit haben.

Feste feiern in der Firma

»Bin gestern 50 geworden, greift zu! Ulli.« Der Zettel hängt an einem Kasten Bier in der Kaffeeküche und stellt gewiss eine kreative Art dar, die lieben Kollegen an einem Jubelanlass Anteil haben zu lassen. Angemessener ist es aber, zur Feier eines Ehrentages Kolleginnen und Kollegen zu einem Umtrunk zu bitten. Sie selbst würden es sicherlich nicht mögen, wenn der Vorstand statt zur festlichen Weihnachtsfeier zur Selbstbedienung in der Cafeteria bäte.

Wie Sie eine kleine Feier stilvoll gestalten

Anlässe zu Feiern im Kollegenkreis gibt es viele: Beförderung, Abschied, Geburtstag, Verlobung/Hochzeit/Silberhochzeit, Geburt des Stammhalters …

Die Gäste lassen sich verwöhnen, die Gastgeber sich feiern – eine schöne Abwechslung im Arbeitsalltag. In vielen Betrieben gibt es Kaffee und Kuchen nach Dienstschluss, andernorts belegte Brötchen und ein Glas Sekt während der Arbeitszeit. Halten Sie sich als Neuling an die über Jahre gepflegten Usancen in puncto

☐ Ort des Geschehens,
☐ Zeitpunkt,
☐ Angebot an Speisen und Getränken,
☐ Ausmaß der Großzügigkeit.

Weißwein aus dem Plastikbecher mit Zwiebelkuchen vom Pappkarton ist zwar ein Stilbruch, doch kein Weltuntergang.

»WIR SIND DOCH UNTER UNS«

> **TIPP** **PERSÖNLICH EINLADEN**
>
> Nicht jeder fühlt sich von einem Zettel am Schwarzen Brett angesprochen. Gehen Sie besser auf Vorgesetzte und Kollegen, gerade auf die aus anderen Abteilungen, persönlich zu. Und wäre es nicht nett, wenn Sie zu Ihrem zehnten Dienstjubiläum die frisch pensionierte Assistentin telefonisch einlüden?

Wollen Sie hingegen einen Akzent setzen, müssen Sie den Standard verlassen. Bereiten Sie im nahe gelegenen Park zur Mittagszeit ein Mini-Picknick vor. Verlegen Sie die Feier vom Freitagabend auf den Samstagmorgen und in das Bistro am Marktplatz, auf dem ohnehin die meisten Kollegen ihre Wochenendeinkäufe tätigen. Machen Sie offensichtlich, dass der Methodenwechsel ein Mittel zur Wertschätzung der Kollegen und keine Protzerei oder Kritik am bisherigen Vorgehen darstellt.

Zu Gast auf einer Firmenfeier

Von Ihnen als Gast darf man bei einer Firmenfeier einiges erwarten. Kaufen Sie ein Geschenk, fügen Sie eine von allen unterschriebene Karte bei. Haben Sie mit dem Jubilar kaum oder schlechten Kontakt, beweisen Sie Großmut und beteiligen Sie sich trotzdem an der Aktion.

Vom höchstrangigen Gast werden würdigende Worte erwartet; bereiten Sie sich konkret darauf vor. Bringen Sie etwas Zeit für Ihre Redenotizen auf, verwenden Sie keine Stereotypen und keine Floskeln. Mindestens ein Kollege spricht Worte der Anerkennung, im Idealfall kurz, humorvoll und wertschätzend. Reden bei Abschiedsfeiern enthalten im Idealfall gemeinsam erlebte Anekdoten und ruhig einen Wermutstropfen. Für Generalabrechnungen ist hier kein Platz.

Bei Jubiläen von Führungskräften der obersten Ebenen und Mitarbeitern, die sich viele Jahre um das Unternehmen in besonderer Weise verdient gemacht haben, richtet im Normalfall das Unternehmen eine Feier aus. Da ist der Jubilar selbst Gast und darf sich feiern lassen.

Besonders oder besonders heikel? Wenn der Chef einlädt

Eine Betriebsfeier ist so lange Dienst, bis der Vorgesetzte geht. Das hat das Sozialgericht Frankfurt entschieden. Die Unfallversicherung eines Mitarbeiters, der zu später Stunde im trunkenen Zustand gestürzt war, musste zahlen: Der Chef war noch da, also war das Fest nicht zu Ende. Genauso gilt: Lädt der Chef zum Feiern während der Dienstzeit ein, sind die Angestellten zumindest zur körperlichen Anwesenheit dienstverpflichtet.

Machen Sie als einladende Führungskraft Ihren Mitarbeitern die Teilnahme leicht:

☐ Bieten Sie Abwechslung zum klassischen Essen mit Musik im großen Saal, beispielsweise indem Sie ein Improvisationstheater oder einen (guten!) Zauberer engagieren. Auch Ortswechsel sind willkommen. Wie wäre es mit Christbaumfällen und anschließendem gemeinsamem Kochen in einer Restaurantküche?

☐ Bieten Sie Klasse statt Masse: Ein Menü im eleganten Lokal führt weniger als Wurst-

5 Fit for Business

platte und literweise Bier im Festzelt zu Exzessen, die hinterher bedauert werden.
- Gestalten Sie die Sitzordnung so, dass Personen aus unterschiedlichen Abteilungen Kontakt zueinander bekommen können.
- Beehren Sie jeden Tisch mit der Anwesenheit eines Mitglieds der Geschäftsleitung. Nicht den Eindruck erwecken: »Hier feiern die da oben.«
- Halten Sie Ihren Alkoholkonsum und Ihre Zunge im Zaum: Sie stehen hier permanent auf einer Bühne.

> **Sei du selbst! Alle anderen sind bereits vergeben.**
>
> OSCAR WILDE | irischer Schriftsteller

Tragen Sie als Gäste zum Erfolg des Festes und zur eigenen Imagepflege bei: Spielen Sie mit, grenzen Sie sich nicht durch spätes Kommen, frühes Gehen und wiederholte Abwesenheit zwischendurch (»muss mal telefonieren«) aus.

Kleiden Sie sich so, wie Sie in Idealform von den Führungskräften und den Kollegen gesehen werden möchten. Zur Weihnachtsfeier ohne Jackett? Das wäre für einen Herrn ein echter Fauxpas – es sei denn, Sie gingen Schlittenfahren.

Nutzen Sie die Gelegenheit, mit Kollegen über andere Themen als den Beruf zu sprechen und sich mit Kollegen, zu denen Sie sonst keinen Kontakt haben, überhaupt einmal auszutauschen.

Verhalten Sie sich so, dass Sie sich am nächsten Tag gern im Spiegel betrachten: keine Vertraulichkeiten, keine Annäherungsversuche. Halten Sie Kollegen, die Ihnen zu nahe kommen, dezent auf Abstand, indem Sie den Platz wechseln.

Vergessen Sie blamables Verhalten von Führungskräften oder Kollegen sofort: Bloß nicht am nächsten Tag mit dem Finger auf andere zeigen.

Zu Besuch beim Chef

Sind Sie als ganzes Team von Ihrer Führungskraft nach Hause eingeladen, ist dies wohl als freundlicher Beitrag zur Teambildung zu werten. Sind Sie, die neue Projektleiterin, jedoch mit Ihrem Lebensgefährten zu einem Abendessen im engsten Kreis ins Haus des Geschäftsführers eingeladen, ist Ihre Fähigkeit gefragt, die Balance zwischen Wohlbefinden und Wachsamkeit zu halten. Durchlaufen Sie hier ein privat getarntes Assessment-Center oder wollen Chef und Gattin mit netten Leuten einen netten Abend verbringen? Verhalten Sie sich als besonders guter Gast. Beachten Sie vor allem diese Gebote:
- Kommen Sie pünktlich und verabschieden Sie sich zeitig.
- Verhalten Sie sich diskret und dabei authentisch.
- Erläutern Sie Ihrem Lebenspartner im Detail, worauf es (Ihnen) hier ankommt: Persönliches ja, Privates nein.
- Informieren Sie sich beide im Vorfeld über Hobbys der Gastgeber: Sie müssen nicht vortäuschen, Golf großartig zu finden. Es wäre aber peinlich, wenn der Chef im späteren Verlauf des Abends über sein niedriges Handicap berichtet, nachdem Sie zuvor über Golfer gelästert haben.
- Würdigen Sie ein Bild, das Sie anspricht, ein Gericht, das Sie nicht kannten; finden Sie aber nicht alles »genial«.

»WIR SIND DOCH UNTER UNS«

FAQ HÄUFIG GESTELLTE FRAGEN

»Nehmen Sie bitte schon einmal Platz, die Herrschaften kommen gleich«, heißt es gern. Aber auf welchen Platz soll ich mich als Kunde in einem Besprechungszimmer setzen, wenn ein Assistent mir dieses Angebot macht?

Bleiben Sie besser stehen und schauen Sie aus dem Fenster oder auf die Bilder an der Wand – schon haben Sie einen Einstieg in den Smalltalk.

Reservieren Sie sich als Gast in einem fremden Besprechungszimmer nicht von sich aus einen Platz, überlassen Sie dem Hausherrn die Platzverteilung. Wenn Sie sich, beispielsweise weil Sie vom Gegenlicht geblendet werden, unwohl fühlen, bitten Sie um einen anderen Sitzplatz.

Ist das ideale Bewerbungsfoto schwarz-weiß oder bunt?

Ein Schwarzweiß-Foto kann sehr edel sein. Achten Sie in einem konservativen Umfeld darauf, dass es nicht betont künstlerisch gestaltet wirkt. Mit einem Farbfoto machen Sie nichts falsch.

Bedenken Sie vor allem: Nach dem Allgemeinen Gleichbehandlungsgesetz (AGG) müssen Entscheider Diskriminierungen vermeiden und dürfen Fotos in Bewerbungsunterlagen nicht mehr als Auswahlkriterien heranziehen. Deshalb sollten Sie Ihr Foto nur lose fixieren und auf jeden Fall auf der Rückseite mit Ihrem Namen versehen.

Niemand kann Sie hindern, sich in ein positives Licht zu rücken: Lassen Sie sich in warmem Licht in einem Outfit und vor einem Hintergrund ablichten, die Ihrer angestrebten Tätigkeit Rechnung tragen. Sprechen Sie während des Foto-Shootings mit einer Person, die Sie aufmuntert und Ihnen gegebenenfalls Feedback gibt, wie Sie Ihre Haltung, Ihre Kleidung, Ihr Haar, Ihren Gesichtsausdruck zu Ihrem Vorteil korrigieren können.

Kürzlich sah ich beim Betreten einer Bar eine Führungskraft unseres Hauses mit einer mir unbekannten Dame flirten, die nicht seine Frau ist. Ich habe daraufhin lieber spontan kehrtgemacht. War das richtig?

Wenn Ihre Führungskraft mit einer Unbekannten in der Öffentlichkeit turtelt, geht sie mehr oder weniger bewusst das Risiko ein, von Bekannten gesehen zu werden. Da es sich aber aller Erfahrung nach nicht auszahlt, Mitwisser zweifelhafter Sachverhalte zu sein, ist schlichtes Ignorieren die beste Lösung. Sprechen Sie keinesfalls im Unternehmen darüber.

Sollte Ihnen so etwas erneut passieren und sollten Sie dann nicht rechtzeitig weggehen können, grüßen Sie, als sei diese Begegnung die natürlichste von der Welt, gehen Sie weiter Ihrer Beschäftigung nach. Spricht die Person, die Sie »übersehen« hatten, Sie später auf die Begegnung an, widerstehen Sie der Versuchung eines Augenzwinkerns. Sagen Sie lieber: »Gestern im Lokal? Sie waren dort auch? Ich habe das nicht bemerkt. Pardon.«

Formvollendet kommunizieren

Das Bild, das sich Ihr Gegenüber von Ihnen macht, prägt die Begegnung vom ersten Augenblick an. Nur gut, wenn Ihre Worte dem positiven visuellen Eindruck entsprechen. »Der Ton macht die Musik«: Achten Sie nicht nur auf das, was Sie sagen, achten Sie auch darauf, wie Sie es sagen.

STETS GEKONNT IM GESPRÄCH BLEIBEN

Das von dem Psychologen Prof. Dr. Friedemann Schulz von Thun entwickelte Kommunikationsmodell besagt, dass jede Aussage vier Aspekte hat:
- Informationen über eine Sache (»Es«),
- mehr oder weniger bewusste Informationen über die Absichten und Gefühle des Sprechers (»Ich«),
- mehr oder weniger klare Adressen an den Empfänger (»Du«)
- und, oft versteckt, Informationen über die Art der Beziehung (»Wir«).

Über welches Thema sprechen Sie? Das zu definieren wird Ihnen wohl kaum schwerfallen. Doch wie viel bringen Sie – bewusst oder unbewusst – von sich als Person ein? Welche – eventuell unterschwelligen – Appelle an Ihr Gegenüber sprechen Sie aus? Und was sagen Sie damit darüber, wie Sie die Beziehung zu Ihrem Gegenüber einschätzen? Eindeutige wertschätzende Kommunikation macht das Leben leicht: Sagen Sie doch ehrlich, was Sie wollen!

Smalltalk, die große Kunst

Menschen machen Smalltalk, um eine gute Atmosphäre herzustellen, das »Wir-Gefühl« zu fördern, um eine andere Person, das »Du«, besser kennenzulernen und, so selbstlos ist das nicht, um sich (das »Ich«) in ein gutes Licht zu rücken.

> Freundliche Worte kosten nichts und bringen viel ein.
>
> **BLAISE PASCAL**
> französischer Mathematiker und Philosoph

Vor allem bei Empfängen und bei Meetings, aber auch bei Hochzeitsfeiern und Kundenveranstaltungen ist es gut, die Kunst des Smalltalk zu beherrschen. Nutzen Sie im Beruf die Chance, die Beziehungsebene zu Ihren Kunden, Geschäftspartnern, Vorgesetzten und Kollegen zu festigen, bevor Sie sie »zur Sache bitten«: Machen Sie Smalltalk!

TIPP **VORSICHT FLIRT-FALLE**

»Tolle Ohrringe, wunderbare Augen«: Komplimente von Fremden machen misstrauisch. Vermeiden Sie in Ihrem eigenen Interesse, was als verbaler Übergriff gedeutet werden kann. Auch Maschen wie Spendiergehabe, Statussymbole oder lautes Lachen sind bekannt und verbraucht. Lassen Sie es lieber sanft angehen: »Hallo, darf ich mich zu Ihnen setzen?«

6 Formvollendet kommunizieren

DAS ETIKETTE-QUIZ

Kommunizieren: ja, aber nicht irgendwie. Wie machen Sie's am besten? Testen Sie sich selbst. Bitte markieren Sie jeweils die richtige Antwort. Die Lösung finden Sie am Ende des Buches auf Seite 188.

1. **Sie treten bei einer Veranstaltung als Vertreterin des Gastgebers an eine Gruppe Ihnen unbekannter Herren heran. Wie lauten Ihre ersten Worte?**

   a »Entschuldigen Sie bitte, meine Herren, dürfte ich kurz mal stören?«

   b »Guten Tag, meine Herren. Schön, dass Sie unserer Einladung gefolgt sind. Sagen Sie: Wie gefällt es Ihnen bei uns?«

   c »Guten Tag, meine Herren, und herzlich willkommen. Ich bin die neue Verkaufsleiterin, mein Name ist Melanie Mont.«

2. **Sie duzen Ihren Geschäftspartner Michael Gutwasser. Wie lautet die Anrede in einem offiziellen Schreiben an ihn?**

   a Sie bleiben konsequent bei der unter Ihnen üblichen Anrede: »Lieber Michael«.

   b Sie doppeln: »Sehr geehrter Herr Gutwasser, lieber Michael«.

   c Sie schreiben den kompletten Brief in der Sie-Form und kleben ein Post-it auf die erste Seite: »Lieber Michael, hoffe, das Angebot gefällt dir. Ruf mich ruhig an. Dein Gerhard«.

3. **Sie informieren per E-Mail Ihren Vorgesetzten, den Sie siezen, und Ihre Team-Kolleginnen und -Kollegen, die Sie duzen, über einen Sachverhalt. Welche Anrede wählen Sie?**

   a »Sehr geehrter Herr Paschke, liebe Kolleginnen und Kollegen«

   b Sie schreiben an die Kollegen: »Hallo, Leute«, und setzen den Chef in CC.

   c Sie beginnen sicherheitshalber ohne Anrede: »... zu Ritas Konzept ist noch Folgendes zu sagen ...«

STETS GEKONNT **IM GESPRÄCH** BLEIBEN

So kommen Sie leicht ins Gespräch

1. Schritt
Klären Sie Ihre Rolle: Gehören Sie zum Beispiel bei einem Firmenjubiläum zu den Gastgebern und haben damit das Recht und die Pflicht, bekannte wie unbekannte Gäste anzusprechen? Dann können Sie selbstbewusst und ohne Scheu an Einzelpersonen oder Gruppen herantreten. Oder sind Sie, wie die anderen Anwesenden, »nur« Gast? Dann ist ein dezenteres Vorgehen angesagt.

2. Schritt
Als Gastgeber/in senden Sie eine »Ich«-Botschaft. Stellen Sie sich vor (siehe Kapitel 1): Sie grüßen, klären Ihre Rolle und nennen Ihren Vor- und Nachnamen: »Guten Tag und herzlich willkommen zu unserem Firmenjubiläum. Ich bin die Assistentin der Juniorchefin. Mein Name ist Leonie Will.«

3. Schritt
Als Gastgeber/in appellieren Sie an die Zielperson(en), sich ebenfalls zu identifizieren (»Du«): Strecken Sie Ihre Hand aus, schauen Sie ihnen ins Gesicht und lächeln Sie sie an.

2. Schritt
Als Gast appellieren Sie an die Zielperson(en) (»Du«): Bitten Sie selbstbewusst, doch unaufdringlich um Aufnahme: »Guten Tag, darf ich mich zu Ihnen gesellen?« Das »Danke«-Sagen nicht vergessen!

3. Schritt
Als Gast halten Sie Blickkontakt und warten ab. Gibt man Ihnen die Hand, stellen Sie sich vor: »Ich«. Spricht die Gruppe weiter, hören Sie gut zu, bieten Blickkontakt an, nehmen nonverbal mit Nicken o. Ä. am Gespräch teil; geben Sie sich als Teil des »Wir«, klinken Sie sich mit einer kurzen Aussage ein: »Ich«.

4. Schritt
»Woher kommen Sie? Was interessiert Sie hier? Wie finden Sie die Veranstaltung?« Nein: So löchern Sie Ihre neuen Gesprächspartner bitte nicht! Keine Fragensalven; bohren Sie nicht. Geben Sie den anderen Personen die Gelegenheit, Sie einzuschätzen, bevor diese sich Ihnen gegenüber öffnen. Lassen Sie ihnen die Freiheit, sich zu Themen ihrer Wahl zu äußern. Stellen Sie eine Aussage in den Raum: »Ich bin ganz überrascht, wie viel Neues ich in diesem Vortrag lernen konnte.« Ihr Gegenüber wird diese Aussage als Appell hören und äußert sich, nachdem es Sie nun einschätzen kann, ebenfalls.

Nähe und Distanz gut gestalten
Ob Sie einen Smalltalk im Stehen oder im Sitzen führen – in beiden Fällen ist es klug, die Distanzzonen zu beachten, die Menschen als angenehm empfinden.

Die **öffentliche Distanz** – über drei Meter Abstand – nutzen Sie, um in einem Raum den Überblick zu behalten. Drei Meter und mehr sind auch angemessen, damit Sie als Redner oder Präsentierender von allen gesehen werden können.

Aus der **gesellschaftlichen Distanz** von einem bis drei Metern schätzen Sie ein, ob Kontakt möglich wird: Das ist die richtige Distanz vor dem Smalltalk.

Die Pflege einer bestehenden Beziehung gestalten Sie aus der **persönlichen Distanz** zwischen 50 und 100 Zentimetern heraus. Lässt Ihr Gegenüber diese Nähe zu, haben Sie Ihre Smalltalk-Arbeit gut gemacht.

Die **intime Distanz** hat bei lockeren Smalltalk-Beziehungen nichts zu suchen. Smalltalk endet bei der persönlichen Distanz: Rücken Sie einem nicht vertrauten Gesprächspartner nicht so »auf die Pelle«, dass er das Weite sucht.

6 Formvollendet kommunizieren

Im Gespräch bleiben

Privates – wie Gehalt, Krankheiten, Familienbeziehungen, moralische, religiöse, politische Überzeugungen – bleibt im Smalltalk zur Sicherheit ausgespart, es sei denn, Sie hätten bereits mit der Person über das Thema gesprochen. Den offen sichtbaren Gipsfuß dürfen Sie kommentieren, aber nicht mit tadelnden Worten wie: »Na, Fußball, was? Im Büro passiert so etwas ja nicht.« Bleiben Sie wertschätzend!

Respektieren Sie die Grenzen Ihres Gesprächspartners: Erzählt er Ihnen beispielsweise »Wir waren am Wochenende in den Bergen«, fragen Sie: »Oh, wo waren Sie da genau?« Fragen Sie nicht: »Wer ist denn ›wir‹?« Wenn er über seine privaten Kontakte sprechen will, wird er es tun. Ausfragen ist verpönt. Seinen eigenen Seelenmüll vor anderen auszubreiten, ebenfalls: »Wie nett für Sie, ich habe mich am Wochenende von meinem Freund getrennt.« Für so viel Ich-Botschaft ist es jetzt noch (viel) zu früh.

Es gibt relativ sichere Themen für Smalltalk, etwa den Anlass und das Umfeld, das Sie gerade teilen: »Diese Band habe ich mal in Leipzig gehört.« Angenehme Themen sind für die meisten Menschen darüber hinaus:

☐ Urlaub: das Reisen an sich, andere Länder
☐ Freizeitbeschäftigungen: Wellness, Sport, Sammelleidenschaften
☐ Kultur: je nach Interessenlage von den Kastelruther Spatzen bis zu den Salzburger Festspielen
☐ Kulinarik: Restaurants, Kochen, Weine
☐ Alltag: Einkaufen, den Hund ausführen

Sie können allerdings nie genau berechnen, ob das Gegenüber nicht doch auf eine Ihrer Aussagen genervt reagiert: »Diese Band würde ich mir nie freiwillig anhören.« Ohne guten Willen führt jedes Thema ins Aus.

So halten Sie ein Tischgespräch am Laufen

Wer Lust am Austausch hat, macht Ihnen den Smalltalk leicht. Beobachten Sie, wie Menschen den Smalltalk-Ball am Laufen halten und dabei selbst im Spiel bleiben. Diese sprachlichen und körpersprachlichen Strategien in das eigene Verhalten zu übertragen ist gar nicht schwer:

☐ Halten Sie Blickkontakt – am besten immer zu allen Personen an Ihrem Tisch.
☐ Zeigen Sie Ihre Wertschätzung nonverbal mit zustimmendem Nicken, freundlichem Lächeln und Beifall: »Ja, na so was, großartig.«
☐ Demonstrieren Sie Interesse durch Fragen: »Wie war das genau? Wie haben Sie das geschafft?«
☐ Bringen Sie sich durch Kommentare und kurze Anekdoten ein: »Da habe ich gelesen/Das erinnert mich an …«
☐ Wird Ihnen ein Thema zu prekär, nehmen Sie einen Aspekt aus der Unterhaltung auf, lenken Sie das Gespräch in sicherere Gefilde: »Apropos Kopftuchstreit an Schulen, Sie sagten vorhin, Sie hätten Ihre Tochter auf eine Privatschule geschickt. Wie gefällt es ihr dort?«
☐ Haben Sie zum Thema nichts beizutragen, beschränken Sie sich auf das Zuhören: Stilvoll schweigen ist allemal besser, als Unsinn zu verzapfen.
☐ Ermuntern Sie andere mit konkreten Fragen, die deren Expertise unterstreichen, zum Sprechen: »Sagten Sie nicht, Sie hätten in Freiburg Romanistik studiert? Stimmt es, dass dort …?«

Den Smalltalk beenden

Sie haben genug Smalltalk gemacht und möchten ins eigentliche Thema überleiten? Nur zu, betonen Sie die »Wir«-Seite:

»Schön, dass wir uns so nett unterhalten können. Dann machen wir doch gleich bei dem Grund unseres Zusammenkommens so einvernehmlich weiter.«

Oder wollen Sie den Gesprächspartner allmählich wieder loswerden? Bedenken Sie: Nach alter Etikette dürfen Sie eine Dame nicht allein im Raum stehen lassen, zeitgemäß übertragen bedeutet das: Sie dürfen jede Person, der Sie Respekt entgegenbringen wollen, nicht allein lassen. Bieten Sie ihr deshalb einen neuen Kontakt an: »Darüber sollten Sie unbedingt mit Frau Unger sprechen, ich mache Sie gern mit ihr bekannt.« Oder schlagen Sie ihr wenigstens eine sinnvolle Beschäftigung vor wie den Gang ans Büfett oder in den Vortragssaal.

Bei einem Empfang brauchen Sie diese Vorsichtsmaßnahmen nicht an den Tag zu legen: Jeder weiß, dass Sie nicht allein seinetwegen gekommen sind.

Ein Signal der Ungeduld wie ein verstohlener Blick auf die Uhr oder in den Raum hinein würde Ihnen dennoch als Zeichen von Desinteresse ausgelegt. Verkneifen Sie sich solche negativen Signale und kündigen Sie Ihre Absicht, sich zu verabschieden, mittelfristig an: »Mit diesem Ehepaar da drüben will ich heute Abend unbedingt auch noch sprechen.«

Beschließen Sie Ihre Unterhaltung in drei Schritten:

☐ Betonen Sie die »Du«-Seite Ihres Miteinanders; werten Sie Ihr Gegenüber mit einer Würdigung auf: »Es war spannend, sich mit Ihnen auszutauschen.« Sprechen Sie dabei in der Vergangenheitsform.

☐ Geben Sie ihm in einem zweiten Schritt die positive Aussicht auf die nächste Begegnung. Betonen Sie den »Wir«-Aspekt: »Ich freue mich, wenn wir uns bald wieder sehen.«

☐ Stehen Sie, drittens, zu Ihrer Absicht (»Ich«) und setzen Sie sie konsequent um: »Nun gehe ich mal weiter.«

> Takt ist die Fähigkeit, andere so darzustellen, wie sie sich selbst gern sehen.
>
> **ABRAHAM LINCOLN** | amerikanischer Staatsmann

Wenn es ernst wird: Haltung bewahren

Plaudern im Freundeskreis, fachlich diskutieren mit Kollegen – das ist für die meisten Menschen unproblematisch, solange die zwischenmenschliche Basis stimmt. Doch die ist oft nicht offensichtlich und manchmal gar nicht vorhanden. Selbst dann sind Selbstbewusstsein und Wertschätzung gleichermaßen gefragt.

Setzen Sie sich und Ihre Meinung durch

Haben Sie verinnerlicht, dass Sie sich stets höflich zurückhalten sollen, andere niemals unterbrechen und immer nur sprechen, wenn Sie gefragt werden? Dann sollten Sie folgende Soziologenweisheit kennenlernen: Für den Status eines Gesprächspartners ist die Menge seiner Beiträge entscheidender als deren Qualität – natürlich unter der Voraussetzung, dass diese halbwegs vernünftig sind. Wollen Sie wirklich in einer Besprechung, einer Diskussion oder einer Debatte den Vielrednern das Feld überlassen und Ihr Licht unter den Scheffel stellen? Hoffentlich nicht! Das dient schließlich weder Ihnen noch der Sache.

- Bereiten Sie vor einer Unterredung Ihre Kernbotschaften vor.
- Sprechen Sie diese übungshalber so lange laut aus, bis sie vor Ihrem eigenen Ohr Bestand haben.
- Melden Sie sich früh zu Wort: mit einer Frage oder einem kurzen Kommentar: »Das sehe ich auch so.« Es muss nicht gleich etwas Weltbewegendes sein, Hauptsache, man gewöhnt sich daran, dass Sie aktiv dabei sind.
- Müssen Sie, um zu Wort zu kommen, den Redefluss einer anderen Person unterbrechen? Heben Sie die Hand, bestätigen Sie sie laut: »Ja, Frau Bach, genau.« Sagen Sie umgehend, was Sie sagen wollen.
- Wollen Sie sich den Rückhalt der Gruppe sichern? Vermeiden Sie negative Worte wie »aber« oder »jedoch«, schließen Sie Ihre Sätze mit »und« an. Vermeiden Sie Extremwörter wie »niemals« oder »völlig falsch«. Es zahlt sich aus, anderen zu erlauben, ihr Gesicht zu wahren.
- Trennen Sie Gefühls- und Sachebene, sprechen Sie beide als solche an: »Sie stellen unser Arbeitsergebnis als minderwertig dar, das kränkt mich.«
- Verzichten Sie auf Wolkensätze wie »Bezug nehmend auf Ihr Angebot stellt sich die Frage…«. Sprechen Sie konkret: »Sie bieten an…, ich frage Sie daher…« Nutzen Sie Fakten und Beispiele.
- Sprechen Sie oft und fassen Sie sich kurz!

Sonderfall Lob und Tadel

Das englische Wort »Feedback« suggeriert, dass eine Rückmeldung den Feedbacknehmer »nährt« (to feed) und ihn in seiner persönlichen Entwicklung fördert. Damit eine Rückmeldung so aufgenommen werden kann, muss sie von einer Person kommen, die dazu als berechtigt empfunden wird. Ein Lob vom Azubi an den Chef (»Das haben Sie aber gut gemacht«) würde vom Höherrangigen als stillos empfunden.

Ist eine Kritik an Ihrem Verhalten berechtigt, prüfen Sie, wo der Fehler steckt, und beseitigen Sie ihn sofort. Machen Sie ihn nicht noch einmal. Sie können nicht sofort feststellen, ob die Kritik berechtigt ist? Nehmen wir an, Ihr Nachbar behauptet, Sie hätten mit Ihrem neuen Zaun seine Grenze missachtet. Handeln Sie gemäß der inhaltlichen Notwendigkeit: Schauen Sie im Grundbuch nach und versetzen Sie, wenn er recht hat, den Zaun. Aber wie reagieren Sie ad hoc? Kommentieren Sie die Kritik nicht. Bitte auch kein rachlustiges: »Das wird sich schon rausstellen!«

Ist der Inhalt der Kritik zwar berechtigt, der Ton aber inakzeptabel (»Sie sind ja wohl nicht richtig im Kopf!«)? Beseitigen Sie den Fehler. Sprechen Sie später mit dem Feedbackgeber in einer ruhigen Minute darüber, dass sein Ton Sie verletzt hat, im Wiederholungsfall mehrfach: Höfliche Hartnäckigkeit hilft.

> **TIPP — GANZ RUHIG BLEIBEN**
>
> Gehen Ihnen beim Diskutieren manchmal die Pferde durch? Trainieren Sie, langsam auszuatmen, bevor Sie sprechen. Und bedenken Sie: Eine Frage an Sie ist nur eine Aufforderung, Sie müssen ihr nicht nachkommen.

TIPP: MIT ANSTAND KONTERN: ACHT FIESE TRICKS UND WIE SIE IHNEN STILVOLL BEGEGNEN

Selbst wenn Sie sich fair verhalten, tun Ihre Gesprächspartner das nicht unbedingt. Hier sind die häufigsten unfairen Tricks ... und einige Tipps, wie Sie Ihre Fassung behalten und Ihr Gesicht wahren, ohne den anderen bloßzustellen.

DER TYPISCHE TRICK	EINE GESCHICKTE REPLIK
1. Sie werden immer wieder unterbrochen.	Decken Sie die Strategie auf: »Ich weiß, ich kann Sie nicht überzeugen. Lassen Sie mich bitte für die anderen meine Argumentation zu Ende bringen.«
2. Floskeln oder wirre Fragen sollen Sie aus dem Konzept bringen.	Setzen Sie die Spielregeln: »Im Moment spreche ich. Ich überlasse Ihnen später gern das Wort.«
3. Man spielt den naiven Laien, um Sie aus der Reserve zu locken.	Lassen Sie Fragen bündeln: »Damit ich Ihre Fragen punktgenau beantworten kann: Fassen Sie mir Ihr Hauptinteresse bitte in einem Satz zusammen?« Stellen Sie Ihre Expertise heraus: »Meine Erfahrung zeigt ...«
4. Ständiger Widerspruch soll Sie blockieren.	Bewahren Sie Geduld, bis sich der Störenfried blamiert hat. Schieben Sie auf: »Ich erläutere es Ihnen gern später persönlich, wenn Ihnen etwas noch nicht klar ist.«
5. Man provoziert Sie mit einer Anklage: »Sie verstehen mich schon wieder falsch.«	Verteidigen Sie sich niemals, gehen Sie niemals zum Gegenangriff über. Fordern Sie stattdessen konkrete Aussagen heraus: »Dann sagen Sie mir, wie ich Sie verstehen soll!«
6. Ihre Kompetenz wird infrage gestellt: »Das sind Ergebnisse von 1980.«	Präzisieren Sie: »Sie meinen die Studie von Professor Kirch von 1980; ich erinnere mich daran.«
7. Sie werden persönlich beleidigt: »Verstehen Sie das als Nichtakademiker überhaupt?«	Ignorieren Sie den Inhalt. Schauen Sie dem Angreifer schweigend ins Gesicht. Oder machen Sie die Strategien klar: »Wer fragt, will führen. Wer antwortet, lässt sich führen. Also zum nächsten Punkt.«
8. Man will mit hypothetischen Fragen den Betrachtungshorizont verschieben: »Was täten Sie denn, wenn ...?«	Holen Sie den Angreifer auf den Boden der Realität: »Im Moment stellt sich die Frage, wie ...«

6 Formvollendet kommunizieren

> **TIPP WER SPRICHT WANN?**
>
> Die Reihenfolge der Redner – beispielsweise bei einer Hochzeit – wird von deren Rang und der Länge der jeweiligen Rede bestimmt. Üblicherweise spricht der Gastgeber zuerst. Dann folgen Grußworte in fallender Rangfolge der Sprecher. Darauf folgt die Hauptrede. Die kann bei einer Hochzeit vom Bräutigam, aber durchaus auch von der Braut oder von einem Laudator kommen. Reihenfolge und Länge sind mit dem Organisator der Veranstaltung zu besprechen, die Absprachen sind einzuhalten.
> Mehr zum Thema finden Sie in Kapitel 3 auf den Seiten 81 und 95 f.

So machen Sie vor Publikum eine gute Figur

Ihre Ansprache, Ihre Rede, Ihre interne oder externe Präsentation sollte Ihre Botschaft auf den Punkt bringen und Ihr Zielpublikum von Ihren Ideen überzeugen.

Die meisten Redner haben Lampenfieber – zum Glück, denn wer ohne hohen Anspruch an sich vor sein Publikum tritt, wirkt emotionslos und unmotiviert. Ingeborg Waldherr, Theaterregisseurin und Präsentations-Coach, empfiehlt: »Kämpfen Sie nicht gegen das ungute Gefühl in Ihnen an. Bringen Sie die blockierte Energie zum Fließen: Atmen Sie langsam, wie der Schauspieler vor seinem Auftritt, mit geschlossenen Augen in verspannte Körperteile, um die Spannung aufzulösen. Das Wichtigste ist dies: Entwickeln Sie eine positive Einstellung zu Ihrem Vortrag und bringen Sie Ihrem Publikum Wertschätzung entgegen.«

Trinken Sie einen Schluck Wasser ohne Kohlensäure. Kaffee trocknet den Mund aus, Milch klebt.

Ordnen Sie rechtzeitig vor Ihrem Auftritt Ihre Kleidung, schließen Sie Ihr Jackett und prüfen Sie alle Reißverschlüsse.

Atmen Sie tief ein und langsam aus.

Lockern Sie Ihren Unterkiefer mit einer leichten Kaubewegung.

Achten Sie auf eine offene Miene und lassen Sie Ihre Augen lächeln. Damit verschaffen Sie sich bei Ihrem Publikum einen nicht zu unterschätzenden Sympathie-Bonus.

Stellen Sie sich an Ihren Platz; mit aufrechtem Stand machen Sie eine gute Figur. Die Erinnerung an eine Situation, in der Sie »groß herauskamen«, mag Ihnen dabei eine Stütze sein.

Ihr Kopf hebt sich, Sie atmen tief in den Bauch hinein, Sie denken klar. Und nun: Schweigen Sie. Ihre Zuhörer brauchen ein paar Sekunden, um sich auf Sie einzustellen. Gönnen Sie ihnen diese Zeit. Machen Sie sich derweil mit Ihrem Publikum vertraut.

Öffnen Sie mit Ihren ersten Worten Ihre Hände. Dann aber: Vergessen Sie sie! Je selbstverständlicher Ihre Gestik Ihre Worte unterstreicht, desto sinnvoller ist sie, desto authentischer wirkt sie. Achten Sie bei Reden und Präsentationen mit Hilfsmitteln auf Ihren Blickkontakt, Aufkleber in den Unterlagen helfen Ihnen, daran zu denken.

Sprechen Sie schnell? Das macht nichts! In der besonderen Situation der »Einbahn-

kommunikation« werden schnell sprechende Menschen als überzeugend empfunden. Machen Sie einfach am Ende eines Absatzes eine Pause.

Ihre Worte in des Publikums Ohr

»Sehr geehrte Damen und Herren, schön, dass Sie so zahlreich erschienen sind.« Das reicht nicht! Sie sollten Ihrem Publikum schon etwas mehr als standardisierten Durchschnitt bieten:

- ☐ Sie nehmen Bezug zu einem aktuellen Anlass, einem besonderen Ereignis, einer Anekdote: »Gestern fragte der Moderator in den Tagesthemen die Kanzlerin, ob…«
- ☐ Sie stellen konkrete Bezüge zum Publikum her: »Sie sind hier, um … zu erfahren« oder »Sie wissen sicherlich, dass …«
- ☐ Mit Fragen locken das Publikum aus der Reserve: »Woran denken Sie, wenn Sie … hören?« oder »Wann haben Sie zum letzten Mal herzhaft gelacht?«
- ☐ Sprechen Sie positiv. Bieten Sie bei negativ besetzten Themen eine Lösung an.
- ☐ Verwenden Sie die Anrede »Sie« so häufig wie möglich.
- ☐ Lassen Sie Ihre Zuhörer mitdenken. Geben Sie Ihnen die Zeit dazu: Machen Sie Pausen, stellen Sie echte oder rhetorische Fragen. Lassen Sie zum Nachdenken Zeit.
- ☐ Metaphern rufen innere Bilder hervor und helfen Ihnen, Ihr Anliegen zu strukturieren und auf die Kernaussagen zu fokussieren.

So bleiben Sie gut in Erinnerung

Haben Sie Ihren Auftritt gut gemacht, achten Sie darauf, dass Sie Ihren Erfolg nicht im letzten Moment infrage stellen. Vermeiden Sie die Fehler, die am Ende einer Ansprache, Rede oder Präsentation am häufigsten begangen werden:

☐ **Fragen am Schluss beantworten**

− Setzen Sie bei einer Rede oder Präsentation die Fragerunde ans Ende, geben Sie die Regie aus der Hand. Weder haben Sie einen Einfluss auf das Ende der Präsentation noch bestimmen Sie, in welchem Licht Sie am Ende dastehen.

+ Bauen Sie entweder nach jedem längeren inhaltlichen Abschnitt eine Fragerunde ein oder sammeln Sie am Ende Ihres Hauptteils alle Fragen und beantworten Sie sie. Schlagen Sie dann eine Brücke zu Ihrem Schlussteil.

☐ **Sich aus der Verantwortung stehlen**

− Wenn Sie es wagen, vor Ihrer Zuhörerschaft zu präsentieren, aber nicht den Mut haben, ihr zu sagen, was sie mit den präsentierten Inhalten tun soll, stellt sich die Frage: Was war der Sinn Ihrer Sache?

+ Würdigen Sie Ihr Publikum und seine Aufmerksamkeit, seine Offenheit, sein Vertrauen. Heben Sie – noch einmal – den Nutzen Ihrer Worte für das Publikum hervor. Stehen Sie zu Ihrem Fazit. Sprechen Sie es aus. Es darf ruhig ein Appell sein.

☐ **Das Publikum aus dem Auge verlieren**

− Sind Sie erleichtert, Ihren Auftritt hinter sich gebracht zu haben? Ihr Publikum erkennt das an Ihrem Fluchtverhalten: an fehlendem Blickkontakt, Verlassen des zentralen Punktes während der letzten Worte, an Ihrer leiser werdenden Stimme und einem verschämten »Danke für Ihre Aufmerksamkeit«.

+ Sprechen Sie den letzten Satz mit der gleichen Klarheit wie Ihre Kernsätze zuvor aus, senken Sie bei den letzten Wörtern die Stimme. Halten Sie Blickkontakt mit Ihrem Publikum, schweigen Sie und bleiben Sie unbedingt stehen. Halten Sie den Applaus aus. Sie haben ihn verdient.

KOMMUNIZIEREN MIT TASTEN, STIFT & CO.

Die ältesten Dokumente der Kommunikation ohne Einsatz von Mund, Mimik und Gesten sind sumerische Keilschrifttafeln. Die sind gut 5000 Jahre alt, seither haben sich die Medien zur Konservierung und Übertragung stark verändert. Auf die Tafeln folgten Papyrus und Tusche. Seit in China Papier erfunden wurde, galt dieses 2000 Jahre lang als der ideale Datenträger. Telefon und Internet haben dem Papier jedoch einen Karriereknick zugefügt.

Der gute Ton am Telefon

»Was wäre der Mensch ohne Telefon? Ein armes Luder. Was ist er aber mit Telefon? Ein armes Luder.« Kurt Tucholsky bringt es auf den Punkt: Das Telefon ist Segen und Fluch zugleich. Um ein Telefonat segensreich, also effektiv zu gestalten, empfiehlt der Zeitmanagement-Experte Prof. Dr. Lothar Seiwert sinngemäß: Definieren Sie Ihr Ziel, bevor Sie zum Hörer greifen, bereiten Sie Unterlagen und Argumente entsprechend vor. Kommen Sie im Gespräch sofort zur Sache. Schenken Sie Ihrem Gesprächspartner Ihre Aufmerksamkeit und halten Sie die Ergebnisse schriftlich fest.

Anrufen in fünf Schritten:
So geben Sie Ihrem Telefonat Struktur
1. Schritt: Vorbereiten
Damit Ihre ersten Worte im doppelten Sinne ankommen, bringen Sie Ihre Gesichtsmuskulatur in Schwung: Schneiden Sie Grimassen, lächeln Sie. Greifen Sie dann erst zum Hörer.
2. Schritt: Sich melden
Identifizieren Sie sich korrekt und zielorientiert wie in einer Begegnung: Grüßen Sie. Nennen Sie gegebenenfalls das Unternehmen, das Sie repräsentieren, sagen Sie Ihren Vor- und Nachnamen. Akademische Grade, bürgerliche und Adelstitel kommen in der Selbstvorstellung nicht vor. Beginnen Sie in einem freundlich-erwartungsvollen Ton.
3. Schritt: Wohlwollen sichern
Vergewissern Sie sich, dass Sie mit der für Ihr Anliegen richtigen Person verbunden sind und diese Zeit für Sie hat: »Ist es Ihnen jetzt recht?«
4. Schritt: Adressatenorientiert sprechen
☐ Konzentrieren Sie sich: keinen Kaugummi kauen, nicht trinken, nicht auf der PC-Tastatur tippen oder Blätter sortieren.
☐ Sprechen Sie deutlich: Nuscheln stört die Verständigung und ist deshalb unhöflich.
☐ Nennen Sie Ihr Anliegen. Fragen Sie den Gesprächspartner gegebenenfalls, ob Sie seinen Namen korrekt aussprechen.
☐ Strukturieren Sie Ihre Argumentation durch Aufzählungen (»Erstens…«) und Ankündigungen: »Im Folgenden…«
☐ Modulieren Sie zur Steigerung der Aufmerksamkeit Ihre Tonlage.
☐ Bilden Sie kurze Sätze.
☐ Machen Sie Pausen. Am Ende eines Satzes steht ein Punkt – die Stimme senkt sich.
☐ Wählen Sie konkrete Wörter.

GESCHICKT FORMULIEREN – SPIELEND ÜBERZEUGEN

UNTERLASSEN	VERWENDEN
Probleme: »heute leider verhindert«	Lösungen: »komme morgen«
Einschränkungen: »kann aber nur zwei Stunden aufbringen«	Ergänzungen: »und nehme mir gern zwei Stunden für Sie«
Pflichten: »müssen«	Aktionen: »tun«
Wolkenwörter: »möchte, würde, vielleicht mal«	Präzision: »werde, jetzt, hier«
Eigener Nutzen: »ich/mir/mich/mein ...«	Adressatennutzen: »Sie/Ihr/Ihnen« bzw. »du/dein/dir/dich«
Verallgemeinerungen: »überall, immer, generell, nie«	Konkretisierungen: Beispiele, Anekdoten, Erinnerungen
Übertreibungen: »genial, gigantisch«	Subjektives: »... hat mir gefallen, weil ...«
Passiv: »wurde mir zugetragen«	Aktiv: »Charlotte hat mir berichtet«
Schachtelsätze	Kurze, übersichtliche Sätze

5. Schritt: Das Ergebnis sichern
- Wiederholen Sie alle wichtigen Aussagen, Namen, Zahlen.
- Fassen Sie Absprachen zusammen.
- Danken Sie für das Gespräch.
- Drücken Sie Ihre Freude auf das nächste Telefonat/Treffen ... aus.

Wenn Sie angerufen werden
Nehmen Sie nie den Hörer ab, wenn Sie noch kauen oder anderweitig beschäftigt sind: Der Anrufer hat Ihre Konzentration verdient. Sollen Sie den gewünschten Ansprechpartner verleugnen, legen Sie sich nicht mit widerlegbaren Ausreden fest; bleiben Sie vage: »Frau Hall ist im Moment nicht zu sprechen. Was kann denn ich für Sie tun?« Sie sind nicht verpflichtet, Auskünfte über Aufenthaltsort und Abwesenheitsdauer von Ehepartner, Eltern, Kollegen usw. zu erteilen. Ist der Anrufer lästig, bitten Sie ihn, nicht mehr anzurufen: »Bitte geben Sie mir Ihre Nummer. Ich melde mich bei Bedarf bei Ihnen.« Müssen Sie einen wichtigen Anrufer vertrösten, bieten Sie einen Rückruf zu einem für ihn günstigen Zeitpunkt an. Rufen Sie ihn selbst an, wenn der gewünschte Gesprächspartner zu diesem Zeitpunkt immer noch nicht verfügbar ist: »Ich hatte Ihnen einen Anruf von Frau Hall versprochen, sie ist noch nicht zurück. Sie bittet mich aber, Sie nach Ihrem Anliegen zu fragen.«

»Bin grad nicht da«: Guter Draht per Anrufbeantworter
Sie sind weder geschäftlich noch privat verpflichtet, zu jeder Tages- und Nachtzeit ans Telefon zu gehen. Fairerweise geben Sie einem Anrufer aber die Gelegenheit, sein Anliegen auf Ihrer Mailbox zu hinterlassen.

Wählen Sie dazu eine kurze, neutrale Formulierung: »Herzlich willkommen bei EDV-Küll. Bitte hinterlassen Sie uns Ihre Nachricht, wir rufen baldmöglichst zurück.« Dass die Aufzeichnung erst nach dem Signalton beginnt, ist inzwischen hinlänglich bekannt. Nur wenn Sie keinen Rückruf anbieten, sollten Sie fairerweise Ihre Geschäftszeiten nennen. Verzichten Sie als Privathaushalt jedoch auf Angaben zu Ihrer Abwesenheit: Einbrecher könnten diese als Einladung zu einem »Besuch« missverstehen.

Schöner schreiben

Seltenheit steigert den Wert; das gilt auch für den Brief: Die uns per E-Mails und SMS überflutenden Infos geben einem Brief, in dessen Gestaltung Sie Zeit und Kreativität investiert haben, umso mehr Gewicht. Feines Papier mit passendem Umschlag, Tinte statt Kugelschreiber, Hand-Werk statt PC – die Wertigkeit von Medium und Form unterstützt Ihr Anliegen, ob Ihr Brief Persönliches oder Geschäftliches, Angenehmes oder Kritisches transportieren soll.
Ob Karte oder Brief – mit einer ästhetischen, leserlichen Handschrift mit Federhalter (nicht Kugelschreiber!) verfasst wirken sie wertvoller als jeder PC-Ausdruck. Zumindest Anrede und Gruß mit Unterschrift sollten von Hand geschrieben sein.
Grüne Tinte wirkt auf viele Leser arrogant: Verzichten Sie im Kundenkontakt darauf. Diskretion ist eine Zier, das gilt übrigens auch für Chefs.

Zielorientiert anschreiben

Wenn Sie das Anschriftenfeld – ob auf dem Briefbogen oder direkt auf dem Umschlag, ob handschriftlich oder maschinell – auf Maschinenlesbarkeit für die vollautomatische Sortierung ausrichten, kommen Ihre Sendungen schnell und sicher ans Ziel. Schreiben Sie vier Zeilen:
☐ »Firma«; sonst Anredewort »Frau/Herr«
☐ (bei Firmen hier Anredewort und) Name
☐ Straße und Hausnummer oder Postfach
☐ Postleitzahl und Ort

Sie sehen: Die früher übliche Leerzeile vor Postleitzahl und Ort entfällt. Verzichten Sie bei Briefen ins Ausland auf das Länderkennzeichen vor der Postleitzahl. Schreiben Sie den Bestimmungsort in der Sprache des Bestimmungslandes in Großbuchstaben, z. B. »MANTOVA« statt »Mantua«. Setzen Sie in Großbuchstaben den Ländernamen in deutscher Sprache in die letzte Zeile: »ITALIEN«.

Höflich adressieren

Die Höflichkeit gebietet, bei Erwachsenen die Anredewörter »Frau« und »Herrn« (immer häufiger nur »Herr« ohne »n«) zu verwenden. Sie stehen in der obersten Zeile. Berufs- und Amtsbezeichnungen (»Bürgermeister«) stehen rechts daneben. Akademische Grade hingegen werden unmittelbar vor den Namen, also eine Zeile darunter, gesetzt. Das gilt auch für den Titel »Prof.«, ob es sich im jeweiligen Fall um eine akademische Würde handelt oder nicht.
Verzichten Sie auf Sammelbegriffe wie »Eheleute Schreiber« oder »Herrn und Frau Thomas Meier«. Nennen Sie jeden Adressaten persönlich. Bei einem Ehepaar mit gleichem Familiennamen haben Sie heute die Wahl zwischen »Herrn Nils und Frau Carla Weber« in einer Zeile oder, mit Zeilensprung (/), »Herrn Nils Weber und/Frau Carla Weber«. Auf diese Weise kommen Personen mit Doppelnamen, Personen mit völlig verschiedenen Namen, promovierte Personen und Kinder individuell zu ihrem

Recht: »Frau Dr. Ute Wald/Herrn Gregor Wald/Herrn Federico Wald«.
Dame oder Herr zuerst? Wie Sie wollen! Setzen Sie Ihre Ansprechperson an die erste Stelle. Kennen Sie zum Beispiel bei einer Einladung an einen Kunden und seine Lebensgefährtin nur den Namen des Kunden, schreiben Sie an ihn und laden Sie »Sie, Herrn Abel, und Ihre Begleitung« ein.

Anrede- und Schlussformeln

Sie können klassisch einsteigen mit »Sehr geehrte Frau Pohl«. Sie können in Anlehnung an den mündlichen Gruß mit »Guten Tag Frau Pohl« beginnen und müssen dabei auf ein Komma zwischen dem Gruß und dem Namen verzichten. Im informellen Kontakt ist eine regionale Färbung wie »Grüß Gott Herr Huber« oder das vertraute »Liebe Lore« ebenfalls möglich.

Personen, die Sie verschieden ansprechen, schreiben Sie ebenso an: »Sehr geehrte Frau Dr. Wald, lieber Gregor«. In einem offiziellen Schreiben an eine vertraute Person wählen Sie am besten zwei Anreden: Setzen Sie auf den Brief, den Dritte in die Hände bekommen werden, die förmliche Anrede »Sehr geehrter Herr Pfarrer«, fügen Sie ein Kärtchen oder ein Post-it mit einer persönlichen Anmerkung bei: »Lieber Christoph«.

Sie können die Anrede auch in einen Satz einbetten:
»Heute vor einem Jahr haben wir uns kennengelernt,
lieber Jürgen,
ist das nicht Grund genug...«
Oder Sie können ein Zitat voranstellen:
»Es ist keine Kunst, etwas kurz zu sagen, wenn man etwas zu sagen hat.«
»Liebe Anne,
da ich Georg Christoph Lichtenberg beipflichte, mache ich es kurz: Ich möchte dich wiedersehen und am liebsten noch in diesem Monat. Deshalb...«

Als Schlussformel empfiehlt sich bei offiziellen Briefen und wenig vertrauten Adressaten »Mit freundlichen Grüßen«. Persönlicher wirken individuelle Worte: »Herzliche Grüße nach München«, »Alles Liebe und ein schönes Wochenende für Dich«. Übertreiben Sie es aber nicht: Zwei Adjektive in einer Formel – »Sportliche Grüße aus dem frühlingshaften Speyer« – das ist zu viel.

Damit der Empfänger gern weiterliest

Regeln zum Verfassen von offiziellen und Empfehlungen zur Gestaltung von persönlichen Briefen gibt es zuhauf. Einen Einblick in die vom Deutschen Institut für Normung veröffentlichte Formenlehre bietet http://de.wikipedia.org/wiki/DIN_5008. Umfangreiche Tipps, Hilfen und Beispiele hat die Deutsche Post für Sie parat: www.deutschepost.de und www.briefeschreiben.de.

Lernen Sie von guten und weniger guten Beispielen:
- Lesen Sie Briefe anderer Verfasser unter der Fragestellung: Wie gern lese ich das? Warum?
- Lesen Sie jeden eigenen Brief vor dem Absenden mit den Augen des Adressaten. Wie gern würden Sie das in Ihren Händen halten? Warum?
- Notieren Sie Stilmittel, die Ihnen gefallen, und solche, die Sie künftig vermeiden wollen (siehe Tabelle oben).

Kurzfristig entwickelt sich mit diesem Prozedere eine umfangreiche »Tun- und Lassen-Liste« (siehe Seite 153), mittelfristig fallen die »Lassen«-Aspekte weg, langfristig brauchen Sie die Übersicht nicht mehr: Schön schreiben ist Ihnen zur Gewohnheit geworden, Sie haben Ihren Stil gefunden.

KNIGGE IM ZEITALTER DES INTERNETS

So formlos und anonym der Verkehr auf der Datenautobahn oft anmutet: Ihre Homepage, Ihre E-Mails, Ihre Newsgroup-Artikel und Chatroom-Beiträge sagen viel über Sie aus. Das gilt für den Inhalt genauso wie für Form und Orthografie. Wenn Sie sich der deutschen Rechtschreibung nicht ganz sicher sein können und Ihr Mail-Programm keine Rechtschreibprüfung vornimmt, schreiben Sie Ihre Nachrichten in einem Textverarbeitungsprogramm mit einer Rechtschreibprüfung und kopieren Sie sie in Ihre E-Mails hinein: Geschwindigkeit ist nicht immer das A und O.

Dos und Don'ts bei E-Mails

»Malta grüßt Pia«: Die Freundin hat Ihnen Malta empfohlen, Ihnen gefällt es dort? Dann ist eine SMS nett und ein Foto vom Hotel kommt gut an. Bedenken Sie aber die Kosten, wenn Sie ins Ausland Fotos simsen: Der Spaß kann für Pia teuer werden.
Einem Kollegen oder Freund können Sie per E-Mail oder SMS zum Geburtstag gratulieren, bei einer Begegnung käme das einem Schulterklopfen gleich. Wenn Ihr Adressat einem Anlass Bedeutung beimisst, sind diese Medien tabu. Einem Geschäftspartner zum Jubiläum, einer Freundin zum Examen oder der Schwiegermutter zum Geburtstag gratulieren, Bekannten für ein Fest danken – das alles verlangt zumindest einen Anruf, besser eine Karte oder einen Brief. Zum Kondolieren brauchen Sie immer Papier und Tinte.

E-Mails, auch seitenlange Ausdrucke davon, haben vor Gericht keine Beweiskraft; Ausnahmefälle sind mit qualifizierten elektronischen Signaturen versandte E-Mails. Verschicken Sie darum Verträge und andere wichtige Dokumente lieber per Briefpost.
Schnell schreiben und schnell auf die Sende-Funktion drücken – schon ist es passiert: Eine halb fertige Mail ist auf dem Weg an den Empfänger oder eine E-Mail geht an den falschen Adressaten. Um dem vorzubeugen, geben Sie die Adresse erst ein, wenn Sie Ihre E-Mail fertig geschrieben und Korrektur gelesen haben.

Vorsicht Fettnäpfchen
E-MAILS
Wollen Sie, dass Ihre E-Mail garantiert nervt? Dann befolgen Sie diese zehn Gebote.
- Nutzen Sie immer Fähnchen und Ausrufezeichen, damit Ihre Mails wichtiger wirken.
- Lassen Sie Ihre Betreffs nichts über den Inhalt verraten; Menschen mögen Überraschungen. Gar kein Betreff ist schön geheimnisvoll; englische Begriffe lassen Ihre E-Mail im Spam-Filter landen.
- Lassen Sie die Anrede weg; wer eine Mail öffnet, weiß, dass er gemeint ist.
- Duzen Sie alle Adressaten von Sammel-Mails. Wer im Alltag von Ihnen gesiezt wird, möchte wenigstens hier geduzt werden.
- Setzen Sie Ihren ganzen Freundeskreis sichtbar ins CC. So ergeben sich neue Kontakte. Besonders effizient ist das im beruflichen Umfeld, wenn Sie an Externe schreiben.

KNIGGE IM ZEITALTER DES INTERNETS

ÜBERSICHT — E-MAILS DAMALS UND HEUTE

☐ Die international übliche Kleinschreibung hat sich in Deutschland der Lesbarkeit wegen nicht durchgesetzt.

☐ Die – je nach Rechtsform des Unternehmens unterschiedlichen – Pflichtangaben eines Geschäftsbriefs gehören auch in die Signatur einer geschäftlichen E-Mail.

☐ Durfte ein Anhang früher nur ein Megabyte umfassen, sind heute PDF-Attachments bis zweieinhalb MB für die meisten Rechner kein Problem mehr. Dennoch ist es klug, vor Versenden eines Anhangs zu fragen, ob in dem adressierten Unternehmen Mails mit Anhängen nicht sicherheitshalber abgefangen werden.

☐ Die Form kommt zurück: Ein freundlicher Umgangston, Anrede und Schlussformel, übersichtliche Absätze sowie der Verzicht auf zeitsparende Abkürzungen haben auch im E-Mail-Verkehr Einzug gehalten.

☐ Re, Re, Re und noch mal Re: Es ist unökonomisch, den Gesamtverlauf eines Austauschs über die Reply-Taste abzuwickeln. Sorgen Sie dafür, dass die Betreff-Zeile sich passend zum E-Mail-Inhalt ändert, und löschen Sie die »Re:« und »FW:«-Dopplungen. Zitieren Sie nicht komplett die ursprüngliche E-Mail des Empfängers, es sei denn, es handele sich um eine sehr kurze E-Mail, auf deren kompletten Text Sie sich beziehen oder zu der Sie sehr viele Fragen haben. Ansonsten zitieren Sie nur das, worauf Sie sich konkret beziehen. Löschen Sie alles andere.

☐ Der Absender einer E-Mail erwartet auf seine Fragen eine Antwort innerhalb eines Werktags, in dringenden Angelegenheiten und wenn er Sie im Büro wähnt, sogar innerhalb weniger Stunden. Müssen Sie sich länger als einen halben Tag vom Schreibtisch entfernen, melden Sie sich daher mit dem Auto-Responder ab. Bei fast jedem E-Mail-Anbieter gibt es dafür Textvorlagen.

■ Leiten Sie eine erhaltene E-Mail ruhig mit Informationen über den Urheber der Nachricht weiter; Urheberschutz ist langweilig.

■ Schreiben Sie spontan drauflos. Wenn Sie sich wiederholen oder aus der Satzkonstruktion fallen – egal: Sie haben keine Zeit!

■ Benutzen Sie Smileys, Abkürzungen und »Emotes« (von »emotion«) wie »grins« ausgiebig, um Ihren Gefühlen Ausdruck zu verleihen. Inspirationen finden Sie auf www.abkuerzungen.de.

■ Verschaffen Sie sich Gehör! Laut Netikette entsprechen GROSSBUCHSTABEN lautem Geschrei. Außerdem schonen Sie Ihre Armmuskulatur, weil Sie nicht bei jedem Substantiv die Shift-Taste drücken müssen.

■ Identifizieren Sie sich mit umfassenden Signaturen, wenn möglich mit großem Foto: Ihre Adressaten schauen gern minutenlang ihrem PC tatenlos beim Herunterladen Ihrer Mails zu.

6 Formvollendet kommunizieren

Irgendeiner liest es immer

In Chatrooms und Weblogs geht es unter dem Deckmantel der Anonymität deutlich salopper zu als in E-Mails oder Briefen. Dennoch sollten Sie immer damit rechnen, dass etwas nach außen dringt und Ihre Identität außerhalb der Community bekannt wird. Außerdem hat jeder Chatroom und jedes Forum seine eigenen Regeln: Ist es in einem Diskussionsforum üblich, seine Befindlichkeiten mitzuteilen, ist dies in reinen Fachforen (beispielsweise zu Computer- oder Übersetzungsfragen) nicht erwünscht. Lesen Sie, bevor Sie sich äußern, zuerst einmal andere Beiträge und lernen Sie den Ton und die Personen kennen. Bleiben Sie bei Ihren Beiträgen freundlich bis neutral, verzichten Sie auf Fäkal- und Schimpfwörter. Lästern Sie nicht über Bekannte, Kollegen, Chefs. Wer weiß, wer hier sonst noch unterwegs ist? Beispielsweise recherchieren Unternehmen über Bewerber immer häufiger im Netz. Und selbst auf einer Party sollten Sie nicht erschrecken müssen, wenn man Ihnen sagt: »Ich hab dich schon mal gegoogelt.«

Ist Privatsphäre Glückssache?

Man liest viel über die Netikette – beschäftigen Sie sich damit, wenn Sie den Austausch mit anderen Menschen im Internet suchen. »Das machen aber doch alle so« gilt auch hier nicht. Alte Internethasen sind bekümmert über die Schrei- und »Geblubber-Kultur« (seitenlange Selbstdarstellungen oder Beiträge, die nichts mit der Sache zu tun haben), die im Internet um sich greift.
Beachten Sie die 10 Gebote für schlechte E-Mails (Seiten 156 f.) und befolgen Sie bei Ihren Beiträgen im Internet deren Gegenteil.

Es reicht nicht, darauf zu verzichten, andere anzuschreien oder in einer Flut von Rechtschreibfehlern oder Smileys zu ertränken. Respektieren Sie unbedingt die Privatsphäre anderer Menschen. Gerade die Lockerheit der Gespräche im Chat oder per Instant Messenger (IM) verleitet dazu, etwas indiskreter als in der »leibhaftigen« Begegnung zu sein.

»What happens in this room, stays in this room« – sollte eine eiserne Grundregel sein. »Room« kann in diesem Fall das virtuelle Separee sein, in das Sie sich innerhalb einer größeren Chatter-Runde zum ungestörten Plausch zurückgezogen haben, oder die Eins-zu-eins-Kommunikation im IM. Es gibt verschiedene Vertrauensinstanzen beim Chatten sowie beim Instant-Messaging – und wie bei einer Zwiebel enthüllt sich vielleicht nach und nach für Sie der »wahre« Mensch, der hinter einer anonymen Identität steckt. Wahren Sie diese Anonymität.

Jemand gibt Ihnen seine Instant-Messaging-Daten? Geben Sie sie niemals weiter. Jemand versendet eine E-Mail aus Versehen von seinem echten Account mit »Klarnamen« (also dem echten Vor- und Zunamen)? Tun Sie so, als hätten Sie das nicht gesehen. Und outen Sie denjenigen um Himmels willen nicht in dem Forum oder Chat, das beziehungsweise den Sie gemeinsam besuchen. Das Verbreiten von Chat-Logs, die bei Ihren gemeinsamen Gesprächen entstehen, ist genauso tabu. Was jemand in ein öffentliches Forum schreibt, können Sie dort zitieren und kommentieren. Was er Ihnen im Vertrauen erzählt, behalten Sie tunlichst für sich. Sie springen ja auch nicht in der Mitarbeiterversammlung auf und schreien aus Leibeskräften die privaten Details heraus, die Ihre Kollegin Ihnen soeben in der Kantine erzählt hat.

FAQ HÄUFIG GESTELLTE FRAGEN

Wie soll ich mich als einzige Frau in einer Männerrunde verhalten, wenn schmutzige Witze erzählt werden? Mir sind frauenfeindliche Witze peinlich, ich will aber auch nicht als Spielverderberin dastehen.

Gouvernantenhaftes Auftreten würde tatsächlich weder Ihnen noch der Stimmung dienen. Lachen Sie jedoch mit, interpretieren die Herren das als Einverständnis – sie werden weitermachen. Als Vorgesetzte zeigen Sie Führungsstärke: »Meine Herren, würden Sie das bitte in meiner Anwesenheit unterlassen.« Als Kollegin, Bekannte, Freundin können Sie auf Zeit setzen: »Ich geh mal raus, bis ihr in Ruhe eure Witze losgeworden seid.« Oder Sie nehmen die Herren in die Verantwortung: »Welche Reaktion von mir als Frau erwartet ihr eigentlich?«

Ob im Lokal die Kartoffeln versalzen sind, der Taxifahrer mir meinen Koffer nicht aus dem Kofferraum heraushebt oder der Arzt eine überhöhte Rechnung schickt: Es fällt mir schwer, mich zu wehren. Wie komme ich dennoch zu meinem Recht?

Beginnen Sie Ihr persönliches Training mit der schriftlichen Reklamation der Arztrechnung: Tragen Sie Ihre Unterlagen zusammen, listen Sie diese auf, schreiben Sie sachlich Ihre Einschätzung, fordern Sie eine neue Rechnung. Wenn Sie das Reklamieren schriftlich geübt haben, beginnen Sie mit dem mündlichen Training: »Mein Koffer ist noch in Ihrem Wagen, bitte holen Sie ihn heraus.« »Die Kartoffeln sind versalzen, bitte bringen Sie mir neue.« Je weniger Sie eine böse Absicht unterstellen, desto sachlicher kann auch Ihr Gegenüber bleiben.

Wie gehe ich bei einer Ansprache sinnvoll mit meinen Notizzetteln um?

Bei kurzen Reden behandeln Sie Ihre schriftliche Redevorbereitung wie zu Schulzeiten einen Spickzettel: Zuerst alles Wichtige aufschreiben. Das repetieren. Zum Schluss den Zettel wegstecken und im Ernstfall nicht verwenden. Bei längeren Reden bieten sich Kartei- oder Moderationskarten an. Nummerieren Sie die Karten durch, damit sie, selbst wenn sie Ihnen entgleiten, nicht durcheinandergeraten. Die letzte Karte hat eine andere Farbe, damit Sie, was immer passieren mag, Ihren Abschluss finden.

»MfG« – diese Abkürzung ist in SMS und E-Mails häufig zu sehen. Ist sie in Briefen akzeptabel?

Die Abkürzung hat in dem kürzesten aller Nachrichtenmedien, der SMS, ihren Platz, in einer E-Mail jedoch nicht. Hier können Sie die volle Formulierung »Mit freundlichen Grüßen« in Ihre Signatur einbauen und sparen bei jeder E-Mail Zeit. In einem Brief wirkt jede Floskel unpersönlich. Mit der Abkürzung »MfG« signalisieren Sie darüber hinaus: »Die Zeit, den Gruß auszuschreiben, sind Sie mir nicht wert.« Deshalb ist sie inakzeptabel.

Sicher und souverän – auch unterwegs

»Irgendeiner kennt dich immer.« So versuchen Eltern, den Nachwuchs zu angemessenem Verhalten außerhalb ihres Einflussbereichs zu motivieren. Sollten wir uns nicht höflich verhalten, weil wir uns das selbst schuldig sind – sogar in der Freizeit und in fremden Ländern?

SO KOMMEN SIE IN DER ÖFFENTLICHKEIT GUT AN

In den Medien sehen wir es täglich: Da investieren Unternehmen Milliardensummen in Marktforschung, Werbung und Public Relations, um ihr Image zu gestalten und zu pflegen. Und ein einziger Skandal – Umweltsünde, Entlassungswelle, Betrügereien auf Vorstandsebene – beschädigt das teuer erkaufte Image auf Dauer. Ähnlich geht es uns als Einzelpersonen: Ein Ausrutscher kann uns teuer zu stehen kommen.

Platz muss sein: Den Raum mit Fremden teilen

Der private Raum einer Person beginnt für Kommunikationswissenschaftler dort, wo Menschen näher als einen halben Meter aneinander heranrücken. Doch in Flugzeug, Bus und Bahn, im Konzertsaal, im Theater und in der Warteschlange an der Supermarktkasse rücken uns Menschen auf den Pelz, mit denen wir privat lieber nichts zu tun hätten. Wie halten Sie die Balance zwischen Nähe und Distanz in einer immer enger werdenden Welt? Mit Selbstbewusstsein, Rücksicht und freundlichen Worten!

Rückt Ihnen Ihr Hintermann an der Supermarktkasse oder am Postschalter oder ein Fahrgast im Aufzug zu sehr auf die Pelle, sollten Sie ihn nicht gleich tadeln. Er meint das nicht böse. Meist reicht ein freundlich-distanzierter Gruß, um ihn darauf aufmerksam zu machen, dass er nicht allein ist. So stellen Sie indirekt die Balance zwischen Nähe und Distanz (wieder) her.

Nachbar hört mit: Telefonate in der Öffentlichkeit

Die Begeisterung für das Telefonieren in der Öffentlichkeit hat trotz der dramatischen Preisnachlässe für SMS ihren Höhepunkt hörbar noch nicht überschritten. Telefonieren Sie nicht, wo sich Menschen zur inneren Einkehr (Gebet, Meditation), Genesung (Arztpraxis), Entspannung (Wellnesstempel) aufhalten. Bedenken Sie in Zonen ohne Handy-Verbot, was andere mitbekommen, wenn Sie Daten, Fakten und Bewertungen abgeben. Vielleicht sind die unfreiwilligen Mithörer gar nicht so uninteressiert, wie sie scheinen. Telefonieren Sie im Zug lieber im (leeren) Gang als im (besetzten) Abteil.

Fühlen Sie sich gestört, sagen Sie das. »Ich möchte Ihre persönlichen Dinge nicht hören. Könnten Sie bitte anderswo telefonieren?« Im Restaurant bitten Sie einen Oberkellner, im Ruhe-Wagen des ICE den Bahnchef, die Spielregeln durchzusetzen. Beliebt machen Sie sich so nicht, doch das ist in dem Moment nicht Ihr oberstes Ziel.

Plätze zum Sitzen: Im Auto

Sie sehen es nicht nur im Fernsehen: In einer Karosse ist der beste Platz rechts hinten. Hier haben Staatsoberhäupter, Vorstandsvorsitzende und Taxikunden Ausblick und Platz. Als zweitbester Platz ist der linke Sitz im Fond definiert; kein Wunder, dass es heißt: »Wer vorn sitzt, muss das Taxi zahlen.« Er sitzt schließlich neben dem Bediensteten auf dem schlechtesten Platz.

7 Sicher und souverän – auch unterwegs

DAS ETIKETTE-QUIZ

Verhalten Sie sich sicher und souverän auf allen Wegen?
Testen Sie sich selbst. Bitte markieren Sie jeweils die richtige Antwort.
Die Lösung finden Sie am Ende des Buches auf Seite 188.

1. **International ist es üblich, das Trinkgeld im Restaurant ...**

   a) der Servicekraft in die Hand zu drücken – hier circa 5 Prozent des Rechnungsbetrags, in den USA eher knapp 20 Prozent.

   b) im einfachen Lokal auf dem Tisch liegen zu lassen und es im besseren Restaurant ganz diskret in das Etui, in dem die Rechnung kam, zu legen.

   c) nicht abgezählt zu übergeben, sondern die Rechnungssumme plus Trinkgeld als Gesamtbetrag persönlich zu überreichen und dabei „Stimmt so" zu sagen.

2. **Sie fahren mit Ihrem Besucher Taxi. Als »Ehrenplatz« bieten Sie ihm diesen Platz an:**

   a) Neben dem Fahrer; dann sitzen Sie links hinten, um mit ihm sprechen zu können.

   b) Rechts hinten; dann sitzen Sie links neben ihm.

   c) Hinter dem Fahrer; Sie sitzen neben dem Fahrer; so kann Ihr Gast sowohl die Straße überblicken als auch mit Ihnen reden.

3. **Sie werden von Ihren brasilianischen Geschäftspartnern für 21 Uhr zum Abendessen in deren Privathaushalt in São Paulo eingeladen. Sie dürfen dies als besondere Ehre betrachten und erscheinen deshalb vor Ort:**

   a) Gegen 22 Uhr: Eine Stunde später zu kommen ist hier üblich.

   b) Zwischen 21 und 21.15 Uhr: Aufgrund der langen Wege und Staus ist man in Großstädten generell kulant, was die Pünktlichkeit betrifft.

   c) Zwischen 20.30 und 21 Uhr: Von den für Pünktlichkeit bekannten Deutschen wird sogar erwartet, dass sie vor der Zeit vor Ort sind.

SO **KOMMEN SIE** IN DER ÖFFENTLICHKEIT **GUT AN**

In einem Privatauto gilt der Fahrer nicht als Chauffeur, sondern als Gastgeber, der beste Platz ist neben ihm. Im Fond gilt wieder: »Rechts ist besser als links.« Der schlechteste Platz ist dann der in der Mitte, wo in der Nobelkarosse ohnehin niemand sitzt.

Und wo sitzen Sie selbst in einem fremden PKW am liebsten? Wenn Sie Kontakt zum Fahrer haben (wollen), setzen Sie sich vorn zu ihm, wo Sie mehr Sicht und Beinfreiheit haben. Bieten Sie Ihren Gästen den Platz an, der in Ihren Augen der beste für sie ist. Respektieren Sie, wenn diese einen anderen Platz wünschen.

... und in Bus und Bahn

Im voll besetzten Bus. Ein Herr, Anfang 70, steigt ein. Eine junge Frau steht auf und bietet ihm ihren Sitzplatz an. Der Herr weist das Angebot empört zurück. Er fühlt sich düpiert, weil die Dame ihn als alten Mann und nicht als Kavalier betrachtet. Die Episode lehrt: Stehen Sie in Bus und Bahn nicht automatisch auf, die gut gemeinte Geste könnte als Kränkung aufgefasst werden. Suchen Sie Blickkontakt zu der ankommenden Person und fragen Sie (noch) sitzend: »Möchten Sie sich setzen?« Das Angebot sollte nicht auf ältere Personen beschränkt sein und keineswegs nur von jungen Herren kommen: Ich stehe auch für einen jungen Vater mit Kleinkind auf dem Arm auf.

Schöner fliegen: So geht's

Reduzieren Sie das Gefühl der Enge verbal: Grüßen Sie beim Platznehmen, demonstrieren Sie mit einem Kommentar über das Wetter, die Tageszeit, die Anreisemodalitäten, die Maschine, das Essen Ihre Gesprächsbereitschaft; drängen Sie aber niemandem ein Gespräch auf. Sprechen Sie nicht über unbeteiligte Fluggäste hinweg mit Bekannten.

Schaffen Sie sich Platz: Verstauen Sie Ihr Gepäck im Gepäckfach oder unter dem Vordersitz. Bitten Sie gegebenenfalls Ihre Nachbarn, Gepäck oder Kleidungsstücke aufzuräumen. Kämpfen Sie auf einem Mittelplatz nicht um die Armlehne, sprechen Sie sich mit dem Nachbarn ab. Wählen Sie als Linkshänder bei Flügen, bei denen Essen serviert wird, den Gangplatz in der (in Blickrichtung) rechten Flugzeughälfte, um mit dem Nachbarn nicht ins Gehege zu kommen.

Bleiben Sie in Ihrem Terrain: Falten Sie eine großformatige Zeitung zur Lektüre. Besetzen Sie als fünfköpfige Gruppe bei einem Flug ohne feste Platzzuteilung nicht fünf Fensterplätze hintereinander. Stellen Sie Ihre Kopfhörer leise. Stützen Sie sich beim Aufstehen nicht auf der Rückenlehne Ihres Vordermanns ab. Lesen Sie nicht im Lesestoff oder auf dem PC-Bildschirm Ihrer Nachbarn mit. Behalten Sie Ihre Schuhe und ein verschwitztes Jackett an.

»Darf ich helfen?« Umgang mit Behinderten

Von Helen Adams Keller können Behinderte und Nichtbehinderte gleichermaßen lernen: Die Autorin von »Mein Weg aus dem Dunkel« war seit dem Alter von 19 Monaten taubblind und machte sich mit ihrer Öffentlichkeitsarbeit für die Blinden einen Namen. Ihr Grundsatz sei in unser aller Ohr: »Ein Mensch, der behindert ist, lernt seine verborgenen Kraftquellen erst kennen, wenn er wie ein normaler Mensch behandelt wird.« Dass sich Kommentare über jegliche Behinderung und Vorteilsnahme – wie zum Beispiel einer gehbehinderten Person einen Platz vor der Nase wegschnappen – verbieten, liegt auf der Hand. Doch Behinderte brauchen mehr als Ihre Zurückhaltung.

7 Sicher und souverän – auch unterwegs

INTERVIEW

Sabine Schwind von Egelstein ist Imagedesignerin für Manager und Etikette-Trainerin. Die von ihr initiierte und koproduzierte didaktische DVD »Aussehen, Auftreten, Ausstrahlung – Imagework« für Jugendliche wurde beim Comenius-EduMedia Award 2006 mit dem Comenius-Siegel sowie mit dem Medienpreis »Corporate Media Award« ausgezeichnet.

Welche grundlegenden Höflichkeitsregeln muss ein junger Mensch mit 6, 10 und 16 Jahren auf jeden Fall beherrschen?
Mit 6 sollte er »Bitte« und »Danke« sagen, grüßen und mit Messer und Gabel essen können. Mit 10 kommen eine namentliche Anrede, vernünftiges Melden am Telefon mit eigenem Vor- und Zunamen und Grußwort dazu und die Fähigkeit, gegebenenfalls kurze Telefonnotizen zu machen. Zeiten und Vereinbarungen sollten verlässlich eingehalten werden.
Mit 16 Jahren betreten die ersten Jugendlichen die Berufswelt und werden auch schon mit »Sie« angesprochen. Da darf man auch in Sachen Umgangsformen schon einiges erwarten, auch wenn das für viele noch mit Unsicherheiten verbunden ist: das komplette Höflichkeitsprogramm mit Hilfsbereitschaft, zum Beispiel beim Türaufhalten, und Rücksichtnahme, indem Schwächeren der Platz im Bus überlassen wird, erste Smalltalk-Qualitäten, auch wenn das Thema vielleicht noch das Wetter oder der Schulweg ist, ein differenzierterer Kleidungsstil in »gesellschaftlich«, »privat« und »beruflich/schulisch« und angebrachte Tischkultur: auch im feineren Restaurant ohne Ellenbogenkontakt mit dem Tisch, mit Benutzen der Serviette und richtiger Besteckhaltung.
Der Jugendliche sollte verstanden haben, dass es unterschiedliche Gelegenheiten mit verschiedenen Verhaltensnormen gibt.

Wie reagiere ich als Erwachsener geschickt auf Fäkalwörter und Jugendslang?
Das kommt darauf an, ob sie provokant oder unwissentlich gebraucht werden und in welcher Beziehung ich zu dem Betreffenden stehe. Habe ich Freunde meiner Kinder bei mir zu Gast, gehe ich so vor: Empfinde ich die Aussage als provokant, sage ich »Bitte benutze diese Ausdrücke nicht, solange du bei uns zu Gast bist.« Halte ich das Kind für unwissend, frage ich es: »Weißt du eigentlich, was dieses Wort genau bedeutet?«
Meistens begreifen Kinder sehr schnell, dass die ursprüngliche Bedeutung eines Wortes gar nicht zu dem passt, was sie sagen wollen.

Telefonieren zu jeder Tages- und Nachtzeit, SMS versenden bei Tisch – wie lange muss ich das als Erwachsener tolerieren?
Für ein gemeinschaftliches Telefon müssen klare Regeln aufgestellt werden. Betrifft es lediglich das eigene Telefon oder das persönliche Handy des Kindes, ist das Geld ein gutes Regulativ: Wer zahlt hier was? Solange Eltern keine klaren Grenzen setzen, können sie von ihren Kindern nicht erwarten, dass diese ihr Verhalten den Wünschen der Erwachsenen anpassen. SMS zu jeder Zeit, auch bei sozialen Zusammenkünften wie einem gemeinsamen Essen, würde ich untersagen; ich würde ohnehin je nach Alter des Kindes handy- und spielfreie

Zeiten einrichten. Bei Kindern bis 10 Jahren könnten die beispielsweise so lange gehen, bis alle Kinder am Tisch fertig gegessen haben.

Die Jeans muss das richtige Label haben, der Turnschuh auch. Wie gebiete ich dem Marken-Terror Einhalt?

Am besten durch das persönliche Vorbild. Wenn die Eltern nur Markenkleidung tragen, ist No-Name-Kleidung für die Kinder schwer zu vermitteln. Außerdem ist es wichtig, Kindern klarzumachen: Ihr habt es nicht nötig, euren Selbstwert durch Label-Kleidung aufzupolieren. Das bedeutet nicht, dass man seine Kinder in altbackener Kleidung herumlaufen lassen und sie so fahrlässig dem Mobbing der Klasse aussetzen sollte. Wenn den Kindern die speziellen Turnschuhe so wichtig sind, können diese ein Geburtstagsgeschenk sein und müssen nicht als »normale« Kleidung, die zwischendurch gekauft wird, behandelt werden. In meinen Augen ist eine gesunde Mischung für alle Beteiligten eine gute Lösung.

Freundlich zum Nachbarn auf der anderen Straßenseite, distanziert zum Sitznachbarn im Bus – wie bringe ich einem Kind die Unterschiede bei?

Beim Nachbarn auf der anderen Straßenseite geht es um den Menschen, dem ich beispielsweise durch Grüßen meinen Respekt erweise. Den Sitznachbarn in der Straßenbahn dagegen kenne ich nicht als Person. Ich trage durch einen freundlichen Blick oder ein Lächeln lediglich der Tatsache Rechnung, dass wir uns im Bus durch den gemeinsamen Sitz sehr nahe kommen und dass das ohne irgendeine Reaktion sehr stoffelig wirkt. Vertrauensseligkeit ist in beiden Fällen nicht gut.

Wann muss ein Kind im Bus aufstehen?

Grundschulkinder mit schwerem Schulranzen auf dem Rücken sind auf einem Sitzplatz sehr gut aufgehoben. Hingegen kann ein Kleinkind von der Mutter auf den Schoß genommen werden, um anderen Platz zu machen. Ein Teenager sollte auf jeden Fall für Menschen aufstehen, denen das Stehen schwerfällt.

Die Kinder einer befreundeten Familie grüßen nicht und halten sich auch sonst an keine Regeln. Wann darf ich eingreifen?

Sie sollten den Kindern direkt nur etwas sagen, wenn sie allein bei Ihnen zu Gast sind, denn in Ihrem Haus bestimmen Sie. Wenn die Eltern auch anwesend sind, sind sie die Ansprechpartner. Möglich ist eine Formulierung wie: »Stört es euch selbst gar nicht, wenn euer Sohn sich am Tisch so hinflätzt?« Jedoch Vorsicht: Selbst sehr sachlich und vorsichtig vorgetragene Kritik ruft bei den Eltern meist eine Abwehrreaktion hervor, oft ist das Verhältnis zwischen den Erwachsenen anschließend getrübt.

Was kann ich als Gast tun, wenn unbeaufsichtigte Kinder durch das Lokal toben?

Sie sollten den Kellner um Abhilfe bitten; es sei denn, Sie sind in einem »Kinderrestaurant«.

Wie spreche ich erwachsen gewordene Nachbarskinder an?

Bei passender Gelegenheit können Sie den jungen Erwachsenen ansprechen und sagen: »Julian, wie sieht es aus, jetzt nach deiner Volljährigkeit? Ist es dir lieber, wenn ich jetzt ›Sie‹ sage?« Nach meiner Erfahrung finden es junge Menschen um 20 noch sehr ungewohnt, gesiezt zu werden, bei vertrauten Menschen ist ihnen das sogar eher unangenehm.

7 Sicher und souverän – auch unterwegs

Begegnen Sie Behinderten aktiv, meiden Sie sie nicht. Machen Sie kein Aufhebens, behandeln Sie sie in erster Linie als Kunden, Passanten, Mitreisende. Fragen Sie, ob Ihre Unterstützung – beim Überqueren der Straße, beim Einsteigen in den Bus – gewünscht ist, packen Sie nicht unerlaubt zu. Binden Sie Dritte ein: Bitten Sie als Mitreisender die sichtlich gesunde Person, die auf dem mit einem Kreuz gekennzeichneten Platz im Bus sitzt, für einen Gehbehinderten aufzustehen. Setzen Sie Grenzen: Kommt Ihnen eine geistig behinderte Person zu nah, weisen Sie sie oder ihre Begleitperson darauf hin, dass Sie ungestört bleiben möchten.

Sind Sie selbst behindert oder mit einer behinderten Person unterwegs, unterstellen Sie Nichtbehinderten bei ungeschicktem Verhalten nicht Rücksichtslosigkeit. Meist sind sie nur unsicher und unbeholfen. Bitten Sie sie freundlich um Hilfe, wenn Sie sie brauchen. Je natürlicher Sie auftreten, desto mehr helfen Sie andern, Ihnen adäquat zu begegnen.

Nicht für alle gleichermaßen süß: Haustiere

»Nun leinen Sie Ihren Köter gefälligst an!« Beleidigungen müssen Sie sich nicht gefallen lassen, selbst wenn Sie und Ihr Hund sich nicht ganz ordnungsgemäß benehmen. Schreien Sie nicht zurück – bei einer Eskalation könnte Ihr Hund Partei für Sie ergreifen und dann hätten Sie ein echtes Problem. Sagen Sie lieber: »Sie haben in der Sache recht, doch nicht im Ton. Ich nehme ihn sofort an die Leine.«

Hat Ihr Hund trotz bester Erziehung einen Passanten angesprungen, hilft nur ein kühler Kopf: Bitten Sie das Opfer um Entschuldigung. Bieten Sie Hilfe an. Übernehmen Sie Reinigungs- und Reparaturkosten.

Beugen Sie unliebsamen Begegnungen vor:
- Nehmen Sie ein Tier in einen anderen Haushalt nur nach vorheriger Absprache mit. Seien Sie bei einer Absage nicht beleidigt; akzeptieren Sie, dass nicht jeder die gleiche Tierliebe, die gleiche Resistenz gegen Allergene und das gleiche Hygiene-Empfinden aufweist wie Sie.
- Klären Sie, ob Ihr Hund in einem Gasthof akzeptiert ist. Wenn ja: Er muss seine Schnauze nicht unbedingt auf den Schoß der Dame am Nachbartisch legen.
- Akzeptieren Sie, dass in eleganten Lokalen und in vielen Hotels Hunde nicht erwünscht sind.
- Nehmen Sie einen Hund auf der Straße und in öffentlichen Verkehrsmitteln an die Leine, halten Sie ihn bei Fuß.
- Beseitigen Sie die Hinterlassenschaften Ihres Hundes in Gärten, in Parks, an Spazierwegen und in der Stadt.
- Reduzieren Sie bei Begegnungen Vorbehalte und Ängste von Passanten und Mitreisenden durch eine direkte Ansprache: »Rex schnuppert gern und ist ganz lieb. An Ihnen ist er besonders interessiert. Kann es sein, dass Sie eine Katze zu Hause haben?«
- Nutzt ein verbaler Brückenschlag nichts, handeln Sie: »Bleiben Sie ruhig stehen/sitzen. Ich gehe mit ihm weiter.«
- Lassen Sie Ihren Hund nicht stundenlang allein in der Wohnung: Selbst den tolerantesten Nachbarn gehen Gebell und Gewinsel mit der Zeit auf die Nerven – und der Hund kann nichts dafür.

Eine frei laufende Katze dazu zu erziehen, bestimmte Gärten für ihr Geschäft zu meiden, ist unmöglich. Kündigen Sie Ihren Nachbarn an, wenn Sie sich einen Freigänger zulegen. Bitten Sie um Nachsicht.

SO KOMMEN SIE IN DER ÖFFENTLICHKEIT GUT AN

Ermuntern Sie sie, Ihre Katze mit Worten und Geräuschen zu vertreiben. Gegen manche Katzen verschaffen sogenannte »Hau ab«-Pflanzen oder das Reinigen der von der Katze markierten Stellen mit Essig oder Mitteln mit Myrte- oder Zitrusduft Abhilfe. Mehr können Sie für Ihr Tier und Ihre Nachbarn nicht tun.

Freizeit – grenzenlose Freiheit? Lieber nicht!

Was ist Freizeit? Die Soziologie definiert sie als wohl kalkulierte und begrenzte Auszeit, in der der Mensch seine Zwänge ablegt, sich regeneriert und sich für die »eigentliche« Zeit, die Arbeitszeit, fit macht. Doch nur in einer ganz spezifischen Freizeit-Phase, im Karneval nämlich, darf die soziale Ordnung auf den Kopf gestellt werden. Grenzenlos ist die Freiheit in der Freizeit also nicht.

Draußen vor der Tür: Auch eine Frage des Terrains

Das Verhalten von Menschen im öffentlichen Raum dient keineswegs nur der Fortbewegung und Erholung, sondern auch der Sicherung des Reviers. Was bei Tieren als Urinieren am Wegesrand und in Nachbars Garten bekannt ist (»das Revier markieren«), zeigt sich bei Männern und zunehmend bei jungen Frauen zum Beispiel im geräuschvollen Absondern von Nasenschleim auf Bürgersteigen und Bahnsteigen. Ohne größere Mengen von Körperflüssigkeiten kommen Territorialansprüche durch Rauchen in der S-Bahn sowie das Wegwerfen von Zigarettenstummeln, Speiseresten und Papiertaschentüchern aus. Wer das kritisch kommentiert, hat in den letzten Jahren bisweilen Prügel bezogen, schlimmer noch: als »Rechthaber« eine negative Presse bekommen. Das Thema Zivilcourage ist noch nicht ausdiskutiert.

Neue Gesetze, neues Miteinander

Eine neue Dimension hat das Verhalten an der frischen Luft durch weitgehende Rauchverbote in deutschen Lokalen bekommen: Bis in die Sechzigerjahre des 20. Jahrhunderts galt das Rauchen auf der Straße generell als unfein. Später wurde es Männern nachgesehen, doch »ein anständiges Mädchen« tat das nicht (ein emanzipiertes natürlich doch). Wo soll »frau« heute aber öffentlich rauchen, wenn nicht auf dem Bürgersteig?

Die Sehgewohnheiten werden sich mit der Gesetzeslage ändern. Auch werden Nichtraucher lernen müssen, der von Vordermännern auf dem Gehweg ausgeatmeten nikotinhaltigen Luft auszuweichen, um nicht Opfer einer neuen Variante des Passivrauchens zu werden. Das Verhältnis von Rauchern und Nichtrauchern wird ein Toleranz- und Verhandlungsthema bleiben. Dass Raucher ihre Zigarettenkippen nicht auf die Straße werfen, sondern in einem Behälter bis zum nächsten Abfalleimer transportieren sollen, bleibt hoffentlich kein frommer Wunsch.

Wer auf sich hält, verzichtet jedoch weiterhin auf die Befriedigung physikalischer Bedürfnisse im öffentichen Raum und hält sein Terrain so klein wie möglich. Er beschränkt das Essen an der frischen Luft auf hierfür vorgesehene Bereiche wie den Biergarten, die Picknickdecke im Grünen, den Stehtisch vor der Metzgerei. Er weiß sich dabei von seinem Arzt unterstützt, der vom ambulanten Imbiss schon der Unfallgefahr wegen abrät: Sie beißen sich leichter auf die Zunge, wenn Sie sich nicht aufs Essen konzentrieren.

7 Sicher und souverän – auch unterwegs

Vorsicht Fettnäpfchen
THEATER UND KONZERT

Halten Sie diese zehn Gebote ein, wenn Sie sich garantiert unbeliebt machen wollen:
- Sparen Sie sich das Garderobengeld, Sie werden sich mit Ihren Nachbarn wegen Ihrer Mäntel und Schirme schon arrangieren.
- Geben Sie hingegen Garderobe ab, lassen Sie sich am Tresen Zeit, um sich aus dem Mantel zu schälen und Ihr Kleingeld zusammenzusuchen.
- Geben Sie der Garderobiere kein Trinkgeld, sie tut nur ihre Arbeit. Das gilt auch für die Toilettenwärterin.
- Kleiden Sie sich leger: Hör- und Sehgenuss wachsen mit der Lockerheit Ihrer Kleidung.
- Kommen Sie ruhig ein wenig später, Künstler sind auch nie pünktlich. Sollte man Ihnen keinen Einlass gewähren, machen Sie Ihrem Ärger Luft: Der Einlasser will sich doch nur aufspielen.
- Sorgen Sie durch Einstellen Ihres Handy-Pagers oder der Weckfunktion Ihrer Uhr dafür, dass Sie am Puls der Zeit bleiben.
- Säubern Sie Ihre Atemwege ruhig an den Pianissimo-Stellen eines Konzerts: Ihre Gesundheit geht vor und ein Profi-Künstler ist ohnehin hoch konzentriert.
- Die Pausen sind kurz, benutzen Sie munter als Frau die Herrentoilette; nur wenn man Ihnen nachweisen könnte, dass Sie das wiederholt und provokativ tun, müssten Sie mit einer Geldstrafe rechnen.
- Der Applaus ist das Brot des Künstlers: Machen Sie aus Ihrer Begeisterung kein Hehl, klatschen Sie ruhig zwischen den Sätzen einer Symphonie oder den Strophen eines Liedes. Umgekehrt buhen Sie, sobald Ihnen etwas missfällt.
- Vermeiden Sie langes Warten an der Parkhauskasse – gehen Sie vor Schluss.

Aufforderung zum Tanz: Ihre Pflichten, seine Pflichten

In Kreisen mit strenger gesellschaftlicher Etikette muss ein Herr jede Dame an seinem Tisch zum Tanz auffordern und zuvor deren Partner um Erlaubnis dazu bitten. In allen anderen Kontexten ist diese Art des Pflichttanzes passé; die Gastgeberin eines privaten Balls erwartet aber sicherlich, von jedem Herrn aufgefordert zu werden. Es gehört weiterhin zu den Pflichten des Tänzers:
- mit geschlossenem Jackett zu agieren
- den ersten Tanz mit seiner Partnerin zu absolvieren
- jeweils die Partnerin des Herrn zur Tanzfläche zu führen, der mit seiner Partnerin tanzt
- eine Dame nicht allein an einem Tisch sitzen zu lassen
- eine Dame vom Platz auf die Tanzfläche und zurück zu begleiten
- auf Intimitäten zu verzichten
- der Tänzerin zu danken

Als Dame müssen Sie sich heutzutage nicht mehr auf die passive Rolle beschränken. Im Zeitalter der Gleichstellung der Geschlechter sind auch beim Tanzen Ihre Rechte erweitert. Zwar ist es weiterhin nur bei der Damenwahl üblich, dass Damen ausschwärmen, um die Herren ihrer Wahl aufzusuchen. Doch Sie können sehr wohl bei Tisch oder an der Bar mit Ihrem Nachbarn in Verhandlungen treten: »Was meinen Sie? Sollen wir uns zusammen auf die Tanzfläche wagen?« Eine Pflicht bleibt bestehen: Haben Sie einem Herrn einen Korb gegeben, dürfen Sie nicht beim gleichen Tanz mit einem anderen auf die Tanzfläche schweben; diesen öffentlichen Gesichtsverlust des Abgewiesenen könnten Sie durch nichts wiedergutmachen.

SO **KOMMEN SIE** IN DER ÖFFENTLICHKEIT **GUT AN**

> **TIPP — BESONDERE BEGEGNUNGEN**
>
> Wenn Sie auf einer öffentlichen Toilette Bekannte sehen, grüßen Sie in den Raum hinein. Kein Handschlag in der Nasszelle!
>
> Ob Sie am FKK-Strand auf den Chef oder in der Sauna auf eine Kundin treffen: Grüßen Sie, schauen Sie der Person kurz ins Gesicht, reduzieren Sie die Verweildauer auf das Nötigste, doch fliehen Sie nicht.

Daheim und doch zu Gast: Im Hotel

In Deutschland sind die meisten Hotels gemäß ihrer Ausstattung und Dienstleistung nach den Kriterien des Deutschen Hotel- und Gaststättenverbands eingestuft. Von einem Zwei-Sterne-Hotel den Komfort eines Luxushotels (Fünf Sterne) zu erwarten, wäre nicht fair. Die Fairness gebietet auch, dass Sie sich an die Spielregeln der jeweiligen Kategorie halten.

- Grüßen Sie auf dem Gang und beim Betreten von Gemeinschaftsräumen die anderen Gästen und die Mitarbeiter.
- Frühstück im Bademantel erlaubt? Fragen Sie in einem Ferienhotel nach den Kleidungsempfehlungen zu den Mahlzeiten. Überall sonst kleiden Sie sich im eigenen Interesse elegant, selbst wenn Sie sportlich auftreten. In internationalen Stadthotels gelten oft schon zum Frühstück Jackettpflicht und Jeans-Verbot.
- Welche Aktivitäten Sie auch in Ihrem Zimmer ausüben, bedenken Sie, dass Hotelzimmer hellhörig sein können. Sonst dürfen Sie sich über spöttische oder kritische Blicke im Frühstücksraum nicht wundern.
- Schützen Sie Ihre Intimsphäre mit dem »Bitte nicht stören«-Schild; machen Sie das Zimmer zwischendurch für den Putzdienst frei. Im Krankheitsfall informieren Sie die Rezeption.
- Ein selbst zubereitetes Picknick auf dem Balkon ist nicht gern gesehen, vor allem nicht, wenn Sie die Minibar leer räumen, um dort Ihre im Supermarkt gekauften Speisen und Getränke zu kühlen, und Möbel verschmutzt hinterlassen.
- Packen Sie nur ein, was Ihnen gehört beziehungsweise als Werbeträger von geringfügigem Wert zusteht: Briefpapier ja, Briefmappe nein; portionierte Kosmetikartikel ja, Badetuch nein; Badeschlappen mit Logo ja, Kleiderbügel nein; Streichhölzer ja, Aschenbecher nein.

Tipps für »Tips«

Das größte Missverständnis beim Trinkgeld besteht nicht in dessen Höhe, sondern in seiner Definition. Keineswegs ist Trinkgeld mit Bedienungsgeld gleichzusetzen. Dieses stellt in vielen Ländern ganz oder teilweise den Lohn einer Servicekraft dar; in Deutschland wird es, da die Servicekräfte generell Lohn erhalten, seit Jahrzehnten nicht mehr ausgewiesen. Das Trinkgeld hingegen ist eine freiwillige Geste des mit einer Leistung zufriedenen Gastes und seine Höhe somit von Ihrem Kontostand und Ihrer Befindlichkeit abhängig.

In vielen Staaten der USA beispielsweise ist der »Tip« der einzige Lohn der Servicekräfte. Darum wird hier erwartet, dass Sie das Doppelte des für Abgaben und Steuern ausgewiesenen Betrags, also 17 bis 20 Prozent der ursprünglichen Rechnungssumme, zusätzlich hinterlassen: »Double the tax.«

In den meisten Ländern liegen Sie in einem Restaurant mit 5 bis 10 Prozent des Rechnungsbetrags für den Service mit größter Wahrscheinlichkeit richtig. Sind Sie mit der Leistung von Küche und Service besonders zufrieden, darf es ruhig mehr sein. Sind Sie unzufrieden und wurde Ihre Reklamation nicht wertschätzend behandelt, geben Sie lieber gar nichts als ein – kränkendes – Almosen.

Frank Marrenbach, geschäftsführender Direktor von Brenner's Park-Hotel & Spa in Baden-Baden, zum Thema Trinkgeld: »Über das Restaurant hinaus ist es durchaus üblich, dem Zimmermädchen ein Trinkgeld zu hinterlassen. Einige Hotels haben einen Tronc, in dem alle Trinkgelder gesammelt werden, sodass der Gast in diesem Fall zentral bei der Rezeption etwas abgeben kann. Dies bitte mit dem Hinweis, für welche Abteilung das Trinkgeld bestimmt ist. Dem Hausdiener und dem Wagenmeister wird in der Regel direkt etwas gegeben.«

Geben Sie das Trink- oder Bedienungsgeld bei Kartenzahlung möglichst bar. Bei kleinen Summen (2,50 Euro für einen Kaffee) lassen Sie sich, wie sonst in der Welt üblich, das Wechselgeld herausgeben und Ihr Trinkgeld auf dem Tisch liegen. Da die Art des Überreichens bei größeren Summen so wichtig ist wie die Höhe des Trinkgelds, sollten Sie es, ob mündlich oder schriftlich, von einem freundlichen Wort begleiten.

ANDERE LÄNDER, ANDERE SITTEN: FIT FÜRS AUSLAND

»Wer sich zu Hause benehmen kann«, konstatiert Brigitte Scherer, die als Reiseredakteurin der Frankfurter Allgemeinen Zeitung die ganze Welt bereist hat, »kommt überall durch.« Wie wahr: Respekt, Rücksicht und Umsicht sind weltweit am Platz. Den Deutschen attestiert die Kosmopolitin diese Tugenden allerdings nur in beschränktem Maß: Gehe man nur die Liste der Bräuche in unseren traditionellen Reiseländern durch, sei »rasch sonnenklar: Die Exoten, das sind nicht die Inder und Chinesen, die Exoten sind wir.«

Anpassungsschwierigkeiten? Ganz normal!

Sicherlich ist die traurige Bilanz eine realistische Beschreibung eines jeden interkulturellen Austauschs. Die interkulturelle Forschung weiß zum Beispiel: Wer sich aus der westlichen Hemisphäre auf dem Globus auf den Weg gen Osten macht, wird oft von seinem Ich-Denken behindert. Wer umgekehrt vom Orient kommend in Richtung Westen startet, dem erschwert sein ausgeprägtes Kollektivdenken die Anpassung im Westen.

ANDERE LÄNDER, ANDERE SITTEN: **FIT FÜRS AUSLAND**

TRINKGELD ZU HAUSE UND UNTERWEGS	
ANLASS/EMPFÄNGER	ANGEMESSENER TRINKGELDBETRAG (TIP)
Gesundheit, Schönheit, Freizeit	
Friseur, Nagelstudio, Fußpflege	pro Einzelleistung (Waschen, Färben, Schneiden usw.) 1 Euro; bedient die Chefin selbst, als Betrag für die Kaffeekasse gespendet
Wellnesstempel	15 bis 20 Prozent der Behandlungskosten, auch wenn Sie einen Geschenkgutschein einlösen
Arzt, Arzthelferin, Masseur, Physiotherapeut	zum Jahresende bzw. nach oder während einer Behandlungsreihe 5 bis 10 Euro für die Kaffeekasse
Krankenhaus	je nach Aufenthaltsdauer 5 bis 20 Euro für die Stationskasse
Barpianist	auf gemeinsamen Drink einladen
Croupier	Jeton in den Tronc, kein Bargeld
Transporte und Reisen	
Taxifahrer	10 % der Summe; bei zusätzlichen Leistungen wie Koffertragen mehr
Postbote, Zeitungszusteller	je nach Liefermenge und -gewicht zum Jahresende 5 bis 40 Euro
Lieferanten (Blumen, Pizzaservice)	1 bis 2 Euro, unabhängig vom Wert, eher abhängig vom Gewicht
Bau und Umzug: Möbelpacker, Handwerker	mindestens 5 Euro pro Person, dazu Getränke und evtl. Imbiss
Flugbegleiter, Bodenpersonal	Annahme von Trinkgeld verboten
Personal eines Kreuzfahrtschiffs	Obolus für Sonderleistungen zusätzlich zu dem von der Reederei im Vorfeld eingezogenen Betrag
Busfahrer und Reisebegleiter bei Gruppenreisen	für jeden mindestens 1 Euro pro Person pro Tag einsammeln und mit netten Worten überreichen
Wagenmeister, Hotel-Gepäckträger	1 bis 2 Euro pro Gang bzw. Gepäckstück
Hotel-Portier	nichts für Routine-Service, für besondere Dienste mindestens 10 Euro
Zimmermädchen (Housekeeping)	Minimum 1 Euro pro Nacht
Gute Geister	
Raumpflege	persönliches Geschenk zu Geburtstag und Jahreswechsel
Gärtner	je nach Schwere der Arbeit 5 bis 10 Euro pro Tag
Hausmeister	persönliches Geschenk zu Geburtstag und Jahreswechsel
Müllwerker	zu Weihnachten Hochprozentiges; seltener Geld
Toilettenpersonal und Garderobiere	0,50 bis 1 Euro

7 Sicher und souverän – auch unterwegs

> **TIPP   ZAUBERWORTE**
>
> »Um jemanden zu überzeugen, musst du seine Sprache sprechen«, sagte der indische Ministerpräsident Jawaharlal Nehru. Wenigstens die Begriffe für »Guten Tag, Bitte, Danke, Entschuldigung, Auf Wiedersehen« sollten Ihnen in der Sprache Ihres Gastlandes locker von der Zunge gehen. Lernen Sie sie auswendig, lassen Sie von einer der Sprache kundigen Person prüfen, ob Sie sie richtig verwenden und korrekt aussprechen.

Wo die Fettnäpfe häufig stehen

Generell ist interkulturelle Kompetenz in unserer zunehmend von wechselseitigen Abhängigkeiten geprägten Welt von entscheidender Bedeutung nicht nur für den beruflichen Erfolg. Vier Aspekte geben am häufigsten Anlass zu Missverständnissen in der Einschätzung des Gegenübers und somit der Gestaltung des Miteinanders, Sie sollten sich ihrer bei jedem Kontakt bewusst sein.

Hauptorientierung: Beziehung oder Sache?

Kommt man beispielsweise in den USA und in Nordeuropa gemäß dem Prinzip »Zeit ist Geld« schnell zur Sache, wollen Geschäftspartner in Afrika, arabischen Ländern und Fernost Sie zuerst einmal als Person einschätzen können, bevor überhaupt ans Geschäft zu denken ist. Da wird geplaudert, da wird das familiäre Umfeld abgeklopft: Fotos von Ihren Kindern sollten Sie sicherheitshalber in der Brieftasche dabei haben.

Förmlichkeit: Informell oder formell?

Sollen Sie eine Person mit dem Vor- oder Nachnamen, mit oder ohne Titel ansprechen? Das wird schon in deutschsprachigen Ländern unterschiedlich gehandhabt; tendenziell halten es die Schweizer lieber nicht so förmlich und eher nur mit dem Namen. Sie gehen auch leicht zum Du über. In Österreich hingegen wird mit dem Titel ohne Namen (»Herr Magister«) die Form gewahrt, in Deutschland ist das üblicherweise mit Titel und Namen (»Frau Professor Schulze«) der Fall. Ein weiteres Beispiel: In Ländern mit demokratischem Führungsstil wie Australien oder Kanada wird in Meetings mit dem Chef munter diskutiert, in Frankreich oder in Indien wiederum wäre das undenkbar: Dort wartet ein Mitarbeiter für gewöhnlich ab, bis sein Vorgesetzter seine Meinung geäußert hat, und widerspricht ihm nicht offen.

Zeitempfinden: Starr oder fließend?

Wer stets mit dem Blick auf die Uhr lebt, setzt pünktliches Erscheinen sowie das Einhalten eines Termins oder einer verabredeten Dauer voraus, ob es um eine Lieferung oder ein privates Treffen geht. Beim spanischen »mañana« (Morgen, morgen, nur nicht heute …) sieht so manches japanische, nordamerikanische oder schweizerische Gegenüber rot, in Russland oder Tschechien wäre das nicht unbedingt der Fall. In Lateinamerika wird differenziert: Zum Geschäfts-Meeting werden Sie um die angegebene Uhrzeit erwartet, wenn auch vielleicht nicht sofort empfangen. Bei einer privaten Einladung jedoch heißt »rechtzeitig« circa eine Stunde nach der angegebenen Zeit.

ANDERE LÄNDER, ANDERE SITTEN: **FIT FÜRS AUSLAND**

**Körpersprache:
Expressiv oder reserviert?**
In den Mittelmeerländern und Lateinamerika sind körperliche Berührungen bei Begegnungen selbst von Geschäftsfreunden geradezu Notwendigkeit, in Osteuropa häufig, im arabischen Raum in der Öffentlichkeit jedoch nur von Frau zu Frau und von Mann zu Mann erlaubt. Ein Japaner oder Chinese hingegen wäre genauso irritiert wie ein Norweger, wenn Sie ihm gleich bei der zweiten Begegnung um den Hals fielen und auf die Schulter klopften.

**»Typisch deutsch«
darf kein Schimpfwort sein**
Es ist nicht damit getan, ein paar Dos und Don'ts zu befolgen, um sich im globalen Dorf gut und sicher zu bewegen und zu fühlen. Der erste Schritt auf diesem Weg ist die Einsicht, dass jeder Brauch eine auf tiefen kulturellen Überzeugungen gründende aktuelle Spielregel für das Überleben in einer Gemeinschaft ist, die nur durch die Kenntnis ihrer Hintergründe verstanden werden kann. Der zweite Schritt ist die Erkenntnis, wo wir Deutsche uns häufig selbst Fettnäpfchen in den Weg stellen. Wenn wir das kennen, was die Österreicher den »Piefke-Faktor« nennen, ist die Gefahr so mancher Fauxpas schon gebannt.
Dabei ist das, was in der Welt als »typisch deutsch« gilt, durchaus in einem positiven Sinn zu verstehen; erst wenn das Typische absolut gesetzt und übertrieben wird, entsteht das Problem. Fazit: Verhalten Sie sich »typisch deutsch« im besten Sinn des Wortes und seien Sie sich stets der Grenzen dieses Verhaltens bewusst.

Geschäftsreisen in fremde Länder

International tätige Manager werden von der interkulturellen Fachwelt grob in drei Kategorien unterschieden: die »Anpasser«, die sich im Ausland nach dem Prinzip »go native« verhalten, die »Chauvinisten«, die die Gastkultur, in der sie sich aufhalten müssen, innerlich ablehnen, und die »Kosmopoliten«, die mit je einem Bein in der Heimat und ihrem Gastland stehen. Wo immer Sie sich in dieser Typologie aufgehoben fühlen: Reisen bildet und Wissen erleichtert das Reisen. Dass das auf einigen Buchseiten resümierte Wissen nicht ausreicht, liegt auf der Hand; dass Sie im Einzelfall andere Erfahrungen machen werden

TYPISCH DEUTSCH!	
DEUTSCHE STÄRKEN	**... UND IHRE ÜBERTREIBUNGEN**
Sachbezogen und vernünftig handeln	Die Beziehungsebene vernachlässigen, keine Gefühle zeigen, sich nicht als ganze Person einbringen
Strukturen, Regeln und Zeiten verlässlich einhalten	Unflexibel auf Rahmenbedingungen bestehen, dem Gegenüber nicht vertrauen
Verantwortung übernehmen, seine Meinung äußern, Dinge vorantreiben	Drängeln, autoritär handeln, kränkende Kritik üben und somit dem Ruf des Gegenübers schaden

7 Sicher und souverän – auch unterwegs

als Autoren, Experten und Reisende vor Ihnen, ebenfalls. Dieser kleine Überblick ist als Serie von Hinweisschildern auf Ihrer Route durch die Welt gedacht, keinesfalls als Weltkarte, die jede Klippe abbildet.

Nicht unbedingt eine Gemeinschaft: Europa

Die Völkerwanderung, die Rückbesinnung auf die Antike in der Renaissance und das Heiratsverhalten der Fürstenhäuser bis ins 20. Jahrhundert hinein haben uns Europäern eine weitgehend gemeinsame Vergangenheit beschert. So kommen Sie mit korrekten deutschen Manieren in ganz Europa gut über die Runden. Und doch sind die Gebräuche zwischen Nordkap und Sizilien und zwischen Atlantik und Ural im Detail unübersehbar.

Was Nord- und Westeuropa von Deutschland unterscheidet

Nordeuropa ist für seine flachen Hierarchien bekannt, Frauen in Führungspositionen sind selbstverständlich. Folgerichtig sind in dieser europäischen Gegend Unterordnungsgesten gegenüber Vorgesetzten und Damen am seltensten zu verzeichnen. Verzichten Sie selbst auf Insignien von Macht und Einfluss und den Verweis auf Ihre Titel.
Die Kehrseite der Medaille ist, dass der Dienstleistungsgedanke, zumal in einfachen Lokalen, nicht sehr groß geschrieben wird; meckern Sie nicht, wenn Sie in einem schwedischen Fünf-Sterne-Hotel zum Frühstück Ihren Platz selbst eindecken müssen. Der Service ist dort bestenfalls in der gastronomischen Top-Kategorie tadellos.
In Frankreich ist das anders, da ist die Nummer eins die Nummer eins und der Gast ist König. Gepflegtes Auftreten und eine gepflegte Ausdrucksweise werden sowohl in Frankreich als auch in Großbritannien sehr geschätzt. Andererseits können soziale Korsetts überraschend schnell gesprengt werden. Gehen Sie aber nicht das Risiko ein, von sich aus »Four-Letter-Words« (Fäkal- und Sex-Wörter haben im Englischen meist vier Buchstaben) und schick klingende Wendungen aus der französischen Umgangssprache Argot zu verwenden.
Mit Wortspielen und Wissen über aktuelle Ereignisse punkten Sie auf beiden Seiten des Ärmelkanals. In Großbritannien sollten Sie einige der vielen Sportarten und -mannschaften, in Frankreich die Moderatoren der großen Nachrichtensendungen und die größten Weingüter in Burgund und Bordeaux kennen. Sprechen Sie die Namen korrekt aus und halten Sie körpersprachlich und thematisch Distanz.

Bitte nicht verwechseln: Mittel- und Osteuropa

In den zentralen Nachfolgestaaten der Donaumonarchie – Österreich, Ungarn, Tschechien – stehen Kavaliersgesten gegenüber Damen hoch im Kurs. Ebenso in Polen, dem »Frankreich des Ostens«. Üben Sie als Herr den Handkuss, seien Sie als Dame nicht überrascht, wenn man ihn sogar auf offener Straße verabreicht. (Mehr zum Handkuss finden Sie in Kapitel 1 auf Seite 17 f.) Und Vorsicht mit verbalen Formlosigkeiten: Bleiben Sie trotz einer Anrede mit Vornamen zuerst einmal beim »Sie«.
Nationen, die aus einem nivellierenden Verbund hervorgegangen sind, legen auf ihre Identität besonderen Wert. Verwechseln Sie nicht Slowaken und Slowenen oder Lettland mit Litauen. Und die Hauptstadt Prag liegt in Mittel- und nicht in Osteuropa, und zwar in

ANDERE LÄNDER, ANDERE SITTEN: **FIT FÜRS AUSLAND**

ÜBERSICHT BUSINESS-GARDEROBE UNTERWEGS

Heute New York, morgen Tokio, dann Abu Dhabi: Das sollten Sie im Koffer haben

Immer mehr Menschen müssen und wollen sich auf vielen nationalen Terrains erfolgreich präsentieren und jetten dabei von Kontinent zu Kontinent. Der Platz im Koffer ist jedoch endlich. Mit welchen Kleidungsstücken gehen Sie auf Nummer sicher?

Qualität, Eleganz und eine perfekte Passform werden überall geschätzt; vermeiden Sie jeden Verdacht, »billig« daherzukommen. Man könnte das als mangelnde Wertschätzung auffassen. Vermeiden Sie ebenfalls den Anschein, mit Statussymbolen wie teuren Uhren protzen zu wollen.

Sollten Sie einmal zu förmlich erschienen sein: Abrüsten ist leicht. Sich hingegen – etwa um Einlass in ein Restaurant zu finden – Jackett und Krawatte ausleihen zu müssen wäre peinlich.

Temperaturschwankungen tragen Sie mit Kleidung aus Naturfasern Rechnung, nicht mit bloßgelegter Haut. Fragen Sie als Herr nicht von sich aus, ob Sie das Jackett ablegen dürfen; warten Sie auf ein eindeutiges Zeichen. Verwenden Sie ein starkes Deo. Bewegen Sie sich langsam und nehmen Sie wenig Genussmittel zu sich, dann kommen Sie nicht so leicht ins Schwitzen.

KLEIDUNG FÜR SIE UND IHN

ANLASS	DAMEN	HERREN
Geschäftsbesuch	Graues und blaues Kostüm mit Rock, der die Knie bedeckt, nicht eng geschnitten; Hosenanzug, weiße und helle Blusen, die Sie notfalls bis weit an den Hals zuknöpfen können; Tops ohne Ausschnitt, sehr leichte Strümpfe, Pumps mit kleinem Absatz, dezentes Make-up und Parfum; zum Aufrüsten in elegantem Umfeld: Tücher, Gürtel, echter Schmuck	Dunkelgrauer und dunkelblauer Anzug, nicht zu tailliert geschnitten; einfarbige weiße und hellblaue Hemden aus Naturfasern, dezente Krawatten, nicht gestreift (wegen eventuell falscher Zuordnung zu einer Hochschule oder einem Klub); Ersatzkrawatten (falls Malheur beim Essen), Schnürschuhe. Falls Sie u. U. die Schuhe ausziehen müssen: neuwertige Socken
Festliches Abendessen	Elegantes Kleid mit Jacke oder Schal (Klimaanlage!)	Die eleganteste Variante Ihrer Geschäftskleidung; Schuhe vorher putzen
Informell am Abend oder Wochenende	Jacke oder Pullover; Polobluse, nicht zu eng anliegendes Shirt; Rock oder Hose, nicht zu eng, nicht zu kurz; sportlich-elegante Schuhe	Jackett, Stoffhose (lang), Polo- oder Kurzarmhemd, Socken, sportlich-elegante Schuhe
Besser zu Hause lassen	Jeans, kurze Hosen, Minirock, Tops mit Spaghetti-Trägern, auffälligen Modeschmuck, Bikini (der einteilige Badeanzug hingegen kommt mit)	Blouson und Anorak, Kombination, Krawattenklammer, Kurzarmhemden, rosa Hemden, T-Shirts, Jeans, Shorts (außer für den Sport), Sandalen, anliegende Badehosen

Tschechien, nicht in der »Tschechei«: Verwenden Sie keine Namen aus der Nazizeit! Mit Wissen über kulturelle Besonderheiten punkten Sie immer, gerade in Russland, Polen und den baltischen Staaten. Diese Länder haben sehr viel zur europäischen Hochkultur beigetragen. Tun Sie die »neuen Russen« nicht als kulturell minderbemittelte Neureiche ab. Niemand lässt sich gern abwerten, von Ausländern schon gar nicht.

»Frau Direktor, Frau Magistra, Herr Hofrat«: In Österreich sind bürgerliche Titel Legion, was sich als Kompensation des Verbots aller Adelstitel nach dem Ersten Weltkrieg erklären lässt. Verwenden Sie sie.

Setzen Sie auf die Familie: Südeuropa

Haben Sie schon einmal gesehen, wie sich das Gesicht einer gestressten Mutter verändert, die mit drei »Bambini« eine Trattoria betritt und vom Wirt mit »Signorina« begrüßt wird? Dann wissen Sie: In Italien sind blumige Ersatzwörter des Namens (»Bella«, »Dottoressa«, »Ingegnere«) Gold wert. Eine kleine Schmeichelei versüßt das Miteinander, zumal unter der Voraussetzung, dass keiner daran glaubt.

Ob in Portugal, Spanien, Italien oder Griechenland: Fragen Sie – obwohl auch hier allmählich Ein-Kind-Familien in der Überzahl sind – nach der Familie, lassen Sie hingegen die Politik aus dem Spiel. Essen und Trinken, das geht thematisch immer; tabu hingegen sind in Spanien die separatistischen Bestrebungen im Baskenland und in Katalonien, in Italien die organisierte Kriminalität, in Griechenland die Zypern-Frage. Ihr Gastgeber sieht sich verpflichtet, Sie bestens zu bewirten; Ihre Pflicht als Gast ist es, sich verwöhnen zu lassen: Nehmen Sie seine Angebote an und schnallen Sie den Gürtel nicht zu eng!

Columbus wähnte sich im Paradies: Amerika

»Alles easy-going, alles easy« – die deutsche Einschätzung, der Umgang mit Amerikanern sei paradiesisch leicht, weil sie selbst alles so leicht nähmen, hat schon so manches Geschäft zum Scheitern verurteilt. Richtig ist: Sowohl in Nord- als auch in Lateinamerika macht man Ihnen die Kontaktaufnahme nicht schwer. Da wird Smalltalk gemacht, da werden kleine Komplimente getauscht (»tolles Auto«, »großartiges Englisch/Spanisch/Portugiesisch«); doch Geld ist damit längst nicht verdient. Noch befinden Sie sich in einem Testlauf.

Leben, Freiheit, Streben nach Glück: Im Prinzip und im Besonderen

Richtig ist auch: Nicht erst seit sich eine Frau und ein dunkelhäutiger Mann um die Kandidatur der Demokraten für die Präsidentschaftswahl 2008 bemühten, ist klar: Die USA verändern sich, die kulturelle Vorherrschaft des »WASP«, des (männlichen) weißen Protestanten angelsächsischer Herkunft, schwindet. Das Spanische und der Katholizismus sind dabei, in vielen Staaten des Südens dem Englischen und dem Protestantismus den Rang abzulaufen. Eines aber bleibt: Die in der Unabhängigkeitserklärung von 1776 verbrieften »unveräußerlichen Rechte: Leben, Freiheit und das Streben nach Glück« prägen das Leben des Einzelnen und das Miteinander.

So ist es kein Widerspruch, wenn man sich die Freiheit nimmt, einen Kontakt schnell zu knüpfen – »Call me John!« – und diesen genauso schnell zu beenden: »It was nice meeting you. See you.« Das Prinzip »working the crowd« – sich bei einem Empfang Visitenkarten sammelnd durch die Menge

ANDERE LÄNDER, ANDERE SITTEN: **FIT FÜRS AUSLAND**

durchzuarbeiten – sollten auch Sie spielend beherrschen.

Genauso schnell kann der Übergang vom Smalltalk ins Geschäftliche gehen. Wenn es um Geld geht, regiert in den USA ein klarer, zuweilen fordernder Ton; zögerliche Einwände, Detailverliebtheit, Rechtfertigungen und offene Kritik würden das »Streben nach Glück« unnötig aufhalten. Fatal ist es, wenn der deutsche Business-Partner die Einladung zur Anrede mit dem Vornamen und die lockere Anregung, »doch mal vorbeizukommen«, als Freundschaftsbeweis missverstanden hatte.

Umgang miteinander: Nicht so locker, wie es scheint

Verstehen Sie die Lockerheit im Umgang der Geschlechter nicht falsch: keine Berührung, kein Flirt am Arbeitsplatz, nicht einmal ein Kompliment über das »hinreißende Blüschen«. Ihre Kollegin könnte Ihre Nettigkeit als ihre eigene Freiheit beschneidende Avancen verstehen und Sie mit einer Anzeige wegen sexueller Nötigung belegen. Schlagen Sie aber eine Einladung, am Abteilungsabendessen oder am Wochenendausflug der Kollegen nach Disneyworld teilzunehmen, nicht aus: Das Glück liegt auch im Team.

Versuchen Sie nicht, Ihre Speisen und Getränke im Restaurant separat zu begleichen. Eine Rechnung splitten heißt in den USA »go Dutch«, und »Dutch« ist das alte Wort für »deutsch«; nett ist das nicht gemeint. Stellen Sie Ihren Individualismus hintan und beteiligen Sie sich paritätisch an den Kosten.

Nicht nur zum Tango gehören immer zwei

Die Rollenerwartungen in Lateinamerika sind klar: Männer verhalten sich männlich-stark, Frauen weiblich-stark – wie beim Tango. Dabei sind Frauen in Führungspositionen nicht in allen Ländern anzutreffen, in Brasilien ist das eher der Fall als in Peru. Das wiederum bedeutet nicht, dass Brasilianerinnen sich nicht ausgesprochen weiblich kleideten: eher im Gegenteil. Nordamerikaner empfinden deren Outfit sogar oft als anzüglich. Seien Sie als ausländische Besucherin sicherheitshalber vorsichtig, bevor Sie im Business Haut zeigen, und nehmen Sie Komplimente mit Gelassenheit.

Weit mehr als zwei gehören in lateinamerikanischen Ländern meist zur Entscheidungsfindung. Diese kann dadurch recht zeitaufwendig werden. Mehr als zwei gehören auch zu einem Geschäftsessen; gern werden Ehepartner/innen mit eingeladen, gern wird ein echtes Fest daraus gemacht. Schauen Sie weder auf das Budget noch auf die Uhr: Laden Sie ausschließlich in noble Lokale ein (Ihr Hotel oder das Sekretariat Ihres Business-Kontakts klärt Sie auf), zeigen Sie sich großzügig, sorgen Sie im Vorgespräch mit dem Restaurantleiter dafür, dass Ihnen kein Einheimischer die Rechnung vor der Nase wegschnappt, und halten Sie bis in die frühen Morgenstunden durch.

Kosten Sie als Gast von allem, was man Ihnen anbietet, und stehen Sie nicht, wie in den USA üblich, gleich nach dem Kaffee auf. Zeit und Gespräche in Lateinamerika fließen so dahin, da vermitteln Sie geschickterweise nicht den Eindruck von Ungeduld. Im Gegenteil: Nehmen Sie sich viel Zeit. Preisen Sie die Schönheiten der Natur, das wunderbare Essen, gern auch wortreich und im Überschwang; beantworten Sie auch persönliche Fragen. Jede Anmerkung zur Urbevölkerung hingegen verkneifen Sie sich bitte. Damit hätten Sie jeden Bonus gleich wieder verspielt.

Bitte differenzieren: Arabische Länder

Der Islam ist für seine 1,3 Milliarden Anhänger nicht allein eine Religion, sondern zugleich ein verbindliches rechtlich-politisches Wertesystem, das den Alltag der Menschen – und damit Ihren Alltag im Umgang mit ihnen – prägt. Die täglichen Gebetsstunden werden von vielen genauso eingehalten wie der freie Freitag und im Ramadan das Fasten zwischen Anbruch der Morgendämmerung und dem Sonnenuntergang.

Dabei wird der Koran unter dem Halbmond sehr unterschiedlich ausgelegt. Im Nahen Osten allein unterscheidet sich das Verhalten in vielen Emiraten am Golf stark von dem in Saudi-Arabien oder im Iran. Die Türkei versteht sich als laizistischer Staat, was ihn wiederum von anderen islamisch geprägten Ländern unterscheidet. Auch hier gibt es einen Kopftuchstreit, weil der Staat – viel strenger als in Europa – Frauen das Tragen des Kopftuchs als religiöses Symbol in offiziellen Bereichen untersagt.

Vertrauen ist alles

In allen arabischen Ländern werden Haltung und Respekt von Ihnen erwartet. Eine nachlässige Körperhaltung, unangemessene Kleidung, die Anrede des Gegenübers ohne Ehrentitel und Gefühlsausbrüche katapultieren Sie schnell ins Aus. Hier hat man Zeit und die brauchen Sie wiederum: Jedes Zeichen von Ungeduld wird als Selbstsucht und damit Schwäche ausgelegt. Sie müssen das Vertrauen Ihres Gegenübers gewinnen, das gelingt durch Wertschätzung, Contenance, persönliches Interesse und am leichtesten durch eine Verbindungsperson, die Sie empfiehlt und begleitet: Geschäfte werden mit Freunden gemacht.

Eine Einladung in einen Privathaushalt dürfen Sie als besondere Ehre interpretieren.
- Fragen Sie nicht nach der Gastgeberin.
- Falls sie sich zeigt, reichen Sie ihr von sich aus nicht die Hand. Vermeiden Sie jeden Blickkontakt. Bringen Sie nicht ihr, sondern den Kindern Geschenke mit.
- Vielleicht geleitet man Sie als Frau zu den Frauen; es kann aber auch sein, dass man Sie als so fremd betrachtet, dass Sie bei den Männern bleiben dürfen/müssen.
- Nehmen Sie Einladungen, Angebote von Speisen und Getränken an, zieren Sie sich aber ein bisschen; ein spontaner Zuschlag gälte als gierig und damit ungehörig.
- Nehmen Sie in Anwesenheit von Muslimen keine Speisen in die linke Hand, diese gilt als unrein. Überreichen Sie Ihre Visitenkarte nur mit der rechten Hand.

Ihre Sprache: Klar in der Wortwahl, weich in der Sache

Drücken Sie sich immer klar und positiv aus. Das Englisch Ihres Gegenübers ist eventuell nicht so fließend wie Ihres, vermeiden Sie ausgefallene Redewendungen und verzichten Sie auf Sprachbilder, um unvorteilhafte Assoziationen zu vermeiden.

Vorsicht auch bei der Wortwahl: Sprechen Sie nicht von »Mohammedanern«, sondern von »Muslimen«, und lassen Sie die »Islamisten« aus dem Spiel. Und das in Ihrem Atlas als »Persischer Golf« bezeichnete Meer heißt hier korrekt »Arabischer Golf«.

Ein arabisches Sprichwort lautet: »Es ist gut, die Wahrheit zu kennen und auszusprechen. Es ist besser, die Wahrheit zu kennen und über Palmen zu sprechen.« Tabuthemen sind Terrorismus, Geschlechterverhältnis, Menschenrechte und Israel. Lassen Sie sich lieber Kamelrennen und Falknerei erklären. Erweisen Sie sich generell als flexibel.

ANDERE LÄNDER, ANDERE SITTEN: **FIT FÜRS AUSLAND**

Asien – Spiritualität prägt den Alltag

Dass in Asien die Uhren anders ticken als in Europa, hat sich herumgesprochen. Darüber hinaus ticken die Uhren aber auch je nach spiritueller Prägung in den verschiedenen Regionen äußerst unterschiedlich. Mit etwa 900 Millionen Anhängern ist der in Indien beheimatete Hinduismus (nach Christentum und Islam) die drittgrößte Religion der Erde. Die meisten der unterschiedlichen Strömungen innerhalb dieser Gemeinschaft gehen davon aus, dass Leben und Tod ein sich ständig wiederholender Kreislauf sind. Sie glauben an die Reinkarnation und definieren sich durch »Einheit in der Vielfalt«. Anhänger des Konfuzianismus – wie viele Japaner – fühlen sich vor allem der Gruppe und dem Gemeinwohl verpflichtet, während viele Chinesen gemäß dem Mahayana-Buddhismus individuelle Leistung und Opfer pflegen, die ihnen den Einzug ins Nirvana versprechen. Gemäß dem Taoismus werden Unterschiede in Harmonie vereint, gemäß dem Shintoismus ist Harmonie alles Belebten und Unbelebten das oberste Gebot. Millionen von Christen und Muslimen gibt es in Asien auch, jeweils wieder in unterschiedlicher Prägung.

Würde und Bescheidenheit weisen den Weg

Doch auch im Fernen Osten werden die Gepflogenheiten immer internationaler, das Miteinander im westlichen Sinn berechenbarer. Eines ist ziemlich sicher: Bescheidenheit gilt als Zier, Statusgehabe – von der teuren Uhr bis zum lautstarken Pochen auf Ihrem Recht – lässt Sie Ihren Status schneller verlieren, als Sie sich ihn angeeignet haben. Wahren Sie die Form: Deuten Sie bei der Begrüßung eine leichte Verbeugung an, vermeiden Sie es, landestypische Rituale wie das Verbeugungszeremoniell der Japaner nachzuahmen. Verzichten Sie auf direkten Blickkontakt, überreichen Sie Ihre Visitenkarte würdevoll: so, dass das Gegenüber sie nicht drehen muss, um sie zu lesen. Nehmen Sie die Karte des Gegenübers wie ein Geschenk an, stecken Sie sie nie ungelesen weg, schon gar nicht in die Hosentasche!

Erfragen Sie im Vorfeld die gewünschte Anrede; meist ist der erste Name auf chinesischen Visitenkarten der Nachname, doch im Zeichen der Globalisierung leider nicht immer. Ehepaare tragen nicht unbedingt den gleichen Familiennamen. Lassen Sie sich Ihre Gesprächspartner ausführlich vorstellen. Fragen Sie nach ihrer Funktion im Unternehmen – natürlich nicht bei der Nummer eins, die sollten Sie schon im Vorfeld eruiert haben.

Geben Sie selbst Aufschluss über Ihre Position in der Firma. Stellen Sie, wenn Sie im Team reisen, die hierarchischen Zusammenhänge der Teammitglieder klar.

Lassen Sie sich als Geschäftsfrau in Japan, wo man an Frauen in Top-Positionen noch nicht so gewöhnt ist, mit dem Höchsten avisieren, was Ihr Status hergibt. Ideal ist ein – männlicher – Mitarbeiter in Ihrem Tross, der Sie mit »Frau Vorgesetzte« anspricht.

Der Mensch im Zentrum des Interesses

Weil man Geschäfte mit Menschen macht, nicht mit Unternehmen, sind Sie als Persönlichkeit gefragt: Bringen Sie sich ein, sprechen Sie von Ihren Hobbys. Zeigen Sie Fotos von daheim, sprechen Sie niemals negativ über Deutschland. In China punkten Sie mit blumigen Trinksprüchen (»Auf die chinesisch-deutsche Freundschaft«), in Japan mit zwei, drei deutschen Volksliedern, jeweils mehrstrophig vorgetragen.

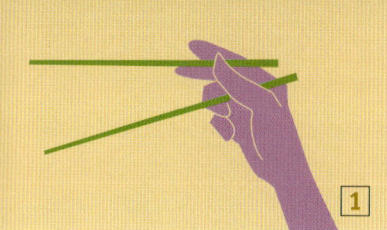 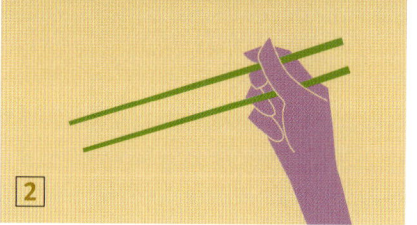 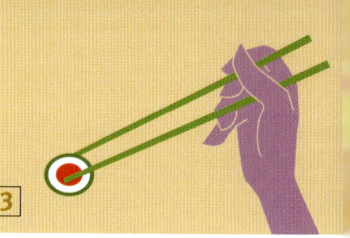

Beweisen Sie, dass Sie sich persönlich für Ihr Gastland interessieren und sich bereits Wissen zu dessen natürlichen, historischen und architektonischen Schönheiten sowie den kulturellen Errungenschaften angeeignet haben. Verkneifen Sie sich in Japan die Frage nach der Thronfolgeregelung, in Indien einen Hinweis auf das Kastensystem. Fragen Sie einen Chinesen nicht, ob er aus der Volksrepublik oder aus Taiwan kommt: Es gibt für ihn mit Sicherheit nur ein China. Interessieren Sie sich für die Familie Ihres Gegenübers. Werden Sie nicht ungeduldig, wenn man erst nach Stunden auf das Geschäft zu sprechen kommt.

Wundern Sie sich nicht, wenn man Sie in Japan zum gemeinsamen (unverhüllten) Baden in heißem Quellwasser einlädt. Wichtig: vorher vor aller Augen säubern!

Lassen Sie sich in keiner Situation negative Gefühle anmerken. Ihr oberstes Ziel ist, die Contenance zu bewahren. Keine lauten Worte, keine Drohung, keine ausladenden oder abwertenden Gesten. Es wird von Geschäftsleuten berichtet, die tagelang durch Japan geführt wurden, enttäuscht ihren Rückflug buchten und auf dem Rückweg zum Flughafen den ersehnten Auftrag bekamen. Da hatten sie ihn sich in den Augen der Asiaten verdient.

Essen mit Stäbchen

Essstäbchen werden in China seit über 3000 Jahren zum Aufnehmen von mundgerecht geschnittenen Bissen, aber auch zum Schaufeln verwendet, beispielsweise um Nudeln von der Schale in den Mund zu bugsieren. Sie werden vorwiegend in kulturell maßgeblich von China beeinflussten Ländern wie Japan, Korea und Vietnam benutzt und etablieren sich Schritt für Schritt in der ganzen Welt.

Und so geht's:

1 Nehmen Sie mit der rechten Hand beide Stäbchen gleichzeitig auf, als wollten Sie mit zwei Bleistiften schreiben; richten Sie die Spitzen zur Speise, die Enden zum Winkel zwischen Daumen und Zeigefinger.

2 Halten Sie das untere Stäbchen am hinteren Drittel mit den Kuppen von Daumen und Mittelfinger, sein Ende liegt lose in der Mulde zwischen Daumen und Zeigefinger.

3 Bewegen Sie zur Aufnahme der Speisen das obere Stäbchen mit dem ersten Zeigefingerglied und dem Daumen auf und ab.

Dos and Don'ts bei Tisch

Es gilt als tabu, seine Stäbchen zu kreuzen, getrennt abzulegen, aufrecht in die Reisschale zu stellen, Essen damit aufzuspießen und damit herumzuwedeln. Die Finger dürfen nur beim Sushi-Essen zum Einsatz kommen. Vorsicht beim Eintauchen des Sushi in die Sojasoße: Keine Reiskörner hineinfallen lassen! Das zum Beginn einer Mahlzeit überreichte feuchte Tuch ist ausschließlich für Ihre Hände gedacht.

Bedienen Sie sich nicht selbst zuerst, überlassen Sie dem Gastgeber die Regie. Der Gastgeber bedient den Ehrengast. Leeren Sie Ihr Glas über die Hälfte, wird nachgeschenkt. Vor allem in Japan schenken Sie Ihrem Nachbarn nach und er Ihnen. Zum Naseputzen verlassen Sie bitte den Tisch. Und: Sie müssen keinesfalls beim Essen Geräusche erzeugen, nur das – dezente – Schlürfen von Nudelsuppe ist in Japan angesagt.

ANDERE LÄNDER, ANDERE SITTEN: FIT FÜRS AUSLAND

FAQ HÄUFIG GESTELLTE FRAGEN

Was kann ich tun, wenn ich eine Speise eklig finde?
Das Servieren von uns befremdlich erscheinenden Spezialitäten ist manchmal auf Gastfreundschaft zurückzuführen (Stierhoden gelten in Spanien, Kuttelwurst in Frankreich als Delikatesse). Manchmal wird damit aber auch die Frustrationstoleranz eines Gastes getestet. So halten Sie durch: 1. nicht nach dem Ursprung fragen, 2. die Speise in dünne Scheiben schneiden, 3. schnell schlucken, 4. nicht denken.

Welche in Deutschland üblichen Speisen und Getränke sollte ich einem ausländischen Gast nicht anbieten?
Viele US-Amerikaner essen ungern Rohes, ob Fleisch oder Fisch, Hindus verzehren kein Rind, Chinesen verdauen meist Milchprodukte schwer. Verschonen Sie Moslems mit Schweinefleisch und Alkohol, Juden mit Krustentieren und Schweinefleisch. Keine Sorge bei der Bewirtung von Juden, die koscher essen: Wenn Sie die jüdischen Speisegesetze »Kashrut« im Alltag nicht beachten, können Sie ihnen spontan nicht entsprechen – und das erwartet auch niemand von Ihnen. Führen Sie diese Gäste einfach in ein koscheres Restaurant.

Wie kann ich einen Ausländer in Deutschland auf Fehlverhalten bei Tisch (Schlürfen) hinweisen?
Verkneifen Sie sich Wertungen und Belehrungen. Schützen Sie Ihre Gäste im Restaurant durch eine geschickte Platzwahl vor Blicken und Kommentaren anderer Gäste. Sie sind nicht ihre Erziehungsberechtigte. Die Ausnahme: Jugendliche, die sich in Ihrem Haushalt aufhalten, führen Sie sanft in die deutschen Spielregeln ein.

Nicht überall sind Geschäftspartner an Frauen im Geschäftsleben gewöhnt. Welche Tipps können Sie mir geben, wenn ich als Geschäftsfrau allein ins Ausland reise?
Vermeiden Sie jeden Anschein, Sie seien für mehr als das reine Business zu haben. Erwähnen Sie Ihren Mann und Ihre Kinder. Bringen Sie Geschenke für die Familie des Geschäftspartners mit, nicht für ihn selbst. Meiden Sie Blickkontakt und die Nähe zu Männern. Unterlassen Sie alles, was nach einem Flirt aussehen könnte: Verfügbarkeit mindert den Status.
Wählen Sie in Ihrer Freizeit sorgfältig Ihre Aufenthaltsorte. Fahren Sie Taxi statt Bus, meiden Sie Bars und die Restaurants internationaler Hotels, wo »mann« Prostituierte vermutet. Gehen mehrere Frauen miteinander aus, ist die Unterstellung und damit das Problem vom Tisch.

Man sagt den Amerikanern einen übertriebenen Hygiene-Kult nach. Muss ich mich da anpassen, wenn ich geschäftlich in den USA unterwegs bin?
Übertreiben müssen Sie es nicht, aber duschen Sie lieber einmal zu viel als zu wenig. Und putzen Sie sich nach dem Mittagessen die Zähne.

NACHLESE

»Ich bin Kommunikationstrainer.« So stellte sich mir kürzlich bei einem Empfang ein Dozentenkollege vor. Ich antwortete ihm mit einem für mich selbstverständlichen Brückenschlag: »Das ist ja schön, ich auch.« Raten Sie mal, wie er reagierte! »Wieso denn das?« meinte er. »Ich dachte, Sie seien die Fachfrau für die Etikette.«

Ach so: Etikette ist das eine, Kommunikation etwas völlig anderes – so dachte er wohl. Und mit diesem Irrtum steht der Herr nicht allein da. Was, bitteschön, ist denn Etikette, wenn nicht Kommunikation? Miteinander umgehen, auskommen, vorankommen – das ist Kommunikation und das ist Etikette. Warum aber wird Etikette von vielen als etwas »anderes« empfunden? Vielleicht weil sie die Etikette – wie dieses Buch zeigt – fälschlich als etwas Exklusives ansehen, etwas im ureigenen Sinn dieses Wortes »Ausschließendes«, als hochstilisiertes Herrschaftswissen, das dem Unwissenden die Gruppenzugehörigkeit verweigert. Vielleicht weil ihnen nicht bewusst ist, dass sie immer kommunizieren, ob sie sich dessen bewusst sind oder nicht. Und weil sie nicht verstanden haben, dass Etikette, so kompliziert sie manchmal erscheinen mag, hilft, die Komplexität der Kommunikation in den Griff zu bekommen, also Kommunikation klug zu gestalten.

Leider, das muss ich zugeben, bleibt die Etikette heute – wie das beispielsweise auch in der Adenauer-Ära war – bei manchen in der Form stecken. Da hält eine Mitarbeiterin dem Chef die Tür auf und knallt sie dem Hausmeister vor der Nase zu. Sie hat zwar verstanden: Mit Etikette kann man sich beim Vorgesetzten empfehlen. Sie hat aber nicht verstanden: Wertschätzung ist eine Haltung, die sich im Verhalten zeigt. Die bloße Hülle hat keinen Wert.

Oder: Es bietet ein Student der umworbenen Schönheit in der Straßenbahn seinen Platz an, den gehbehinderten Herrn schubst er dabei zur Seite. Schlau ist er ja, der Studiosus: Anderen Raum geben stimmt diese positiv ein. Doch klug ist er nicht, denn rücksichtsloses Verhalten kommt vielleicht spät, doch irgendwann sicher wie ein Bumerang zum Verursacher zurück. Das ist spätestens der Fall, wenn die eigenen Kinder sich den Eltern gegenüber, die kein gutes Beispiel abgaben, »ohne Rücksicht auf Verluste« verhalten.

Weise wäre es, sich sogar darauf zu besinnen, was die Generationen voneinander haben und über die Generationen Brücken zu schlagen. Oft sprechen Jung und Alt nicht die gleiche Sprache: Sie denken unterschiedlich schnell und in unterschiedliche Richtungen, oft benutzen sie verschiedene Wörter oder geben den gleichen Wörtern verschiedene Bedeutungen, »geil« ist ein offensichtliches Beispiel. Eine wertschätzende Geste, ein freundlicher Blick: Dafür brauchen wir keine missverständlichen Wörter – nur ein bisschen Anstand, ein bisschen Kommunikationsbereitschaft, ein bisschen Etikette.

Die Frage »Wie wirkt welches Verhalten?« ist alt. Schon die Griechen der Antike stellten sie sich, als sie nach Abschaffung der Tyrannei und Einführung der Demokratie Menschen für sich einnehmen mussten: Nur der kommunikativ Starke, der Überzeugende, der mit dem gewinnenden Wesen wurde gewählt. Die Rhetorik gründet sich auf der Frage nach der Verbindung von Absicht und Wirkung, die Etikette ebenfalls, letztlich die ganze Kommunikation.

Ist es nicht nett zu sehen, wie sich in einer so liberalen, freiheitsliebenden Zeit wie der unseren Gruppen Regeln geben? Auf dem Golfplatz gilt die »Golf-Etikette«, die Internet-User verpflichten sich der »Netikette«. Wenn Menschen aufeinandertreffen, die nicht von klein auf an eine gemeinsame Art des Verhaltens gewöhnt sind, kommen sie ohne explizite Spielregeln nicht gut miteinander aus. Wer schon dabei ist, bestimmt die Regeln, wer Aufnahme finden will, muss sich daran halten. So erhält die junge Frau aus dem Bürgertum, die den Prinzen heiratet, Lektionen in den Verhaltensweisen, die sie an den Tag legen muss, um von Hof und Volk in ihrer Rolle akzeptiert zu werden, und da muss sie nicht nur den Hofknicks lernen. Und wollen Sie nicht Königin werden, sondern Punk, müssen Sie sich an die in diesem Milieu geltenden Spielregeln halten. Für den Fall, dass Sie dieses Wissen brauchen: Mit dunkelblauem Kostüm und Pumps kommen Sie dort nicht weit.

Das sieht ein wenig statisch aus, finden Sie? Sie würden lieber das Miteinander auf Ihre Weise prägen? Nur zu! Sobald Sie von Ihren Mitspielern akzeptiert sind, können Sie die Regeln mitgestalten. Aktiv, selbstbewusst, im Konsens und vielleicht auch durch harte Diskussionen.

Erfolgreich kommunizieren – das heißt wahrlich nicht, in der Hoffnung auf Akzeptanz seine Persönlichkeit aufzugeben. Neben der Fähigkeit, auf andere einzugehen und sich mit ihnen zu arrangieren, ist ein hohes Maß an Ich-Sicherheit gefragt. So muss ein Gastgeber seinen Gästen einen Rahmen setzen – beim Geleiten durch seine Räumlichkeiten, beim Anbieten von Plätzen, Speisen, Getränken, beim Kleidervermerk auf der Einladungskarte. Nur unter seiner sanften, doch klaren Regieführung können sie sich wohl, weil gleichzeitig geborgen und in diesem Rahmen frei fühlen. Gleichermaßen umsichtig und selbstbewusst auftreten – auf dem Weg zu diesem Ziel sind Etikette-Empfehlungen praktische Wegweiser. Knigge, der »freie Herr«, wie er sich nicht von ungefähr zu nennen pflegte, kannte das Wort »Kommunikation« nicht und von Etikette in ihrer zu seiner Zeit starrer Weise praktizierten Form hielt er nichts.

> Wenn man etwas vom Leben wissen will, muss man offene Ohren haben und selbst keinen Lärm machen.
>
> **PÄR FABIAN LAGERKVIST** | schwedischer Schriftsteller

Er, der große Aufklärer, würde sich im Grabe herumdrehen, wüsste er, dass heute sein Name mit dem korrekten Auflegen des Handtuchs in der Sauna und dem richtigen Jackett beim Après-Golf verbunden wird. Freuen würde ihn hingegen, wenn er sichergehen könnte, dass dieses Handeln aus der Wertschätzung den Mitmenschen gegenüber gespeist wird.

Ich wünsche mir, dass er, wenn er vom Himmel auf die Welt schaut und in diesem Buch blättert, ganz zufrieden damit ist, dass dieser Große GU-Knigge, dieses Kommunikations-Buch, seinen Namen trägt.

Elisabeth Bonneau

Nachlese

DAS ETIKETTE-QUIZ

Die Lektüre dieses Buches hat Sie sicherlich an vielen Stellen in Ihrem Verhalten bestätigt: Manches haben Sie gewusst und vielleicht sogar gekonnt, manches geahnt, manches intuitiv richtig gemacht. An einigen Stellen haben Sie sich vielleicht gewundert, dass man heute die Dinge so sieht; an wiederum anderen hatten Sie einen echten Aha-Effekt.

Durch die Lektüre haben Sie Ihr Wissen gefestigt und vermehrt. Wie ist denn Ihr Wissensstand jetzt? Testen Sie sich selbst. Doch Vorsicht: Vielleicht ist jeweils eine Antwort auf eine Frage richtig; vielleicht sind es zwei; vielleicht aber ist gar kein richtiger Antwortvorschlag dabei. Seien Sie auf der Hut! Und bleiben Sie ehrlich mit sich selbst: Decken Sie praktischerweise die Auflösung ab, bevor Sie mit dem Test beginnen.

1. **Sie treffen weit nach Mitternacht Ihre Chefin in angetrunkenem Zustand in einer Bar. Wie gehen Sie vor?**

   a Sie tun alles, um einen Kontakt zu vermeiden, und suchen einen Platz im Lokal, von dem aus Sie sie nicht sehen können. Sieht die Dame Sie, grüßen Sie freundlich aus der Ferne. Nur wenn die Dame auf Sie zukommt, sprechen Sie mit ihr.

   b Sie verlassen umgehend das Lokal, ob die Dame Sie gesehen hat oder nicht.

   c Sie setzen sich so, dass Sie sie gut beobachten können, sie Sie aber nicht bemerkt. Am nächsten Morgen weisen Sie sie im Büro darauf hin: »Schade dass Sie mich gestern nicht gesehen haben; ich hätte Ihnen gern meinen Mann vorgestellt, wollte aber nicht stören.«

2. **Sie erwarten in Ihrem Unternehmen Geschäftspartner: den Geschäftsführer, männlich, Mitte 30, eine Prokuristin, Mitte 40, und einen Sachbearbeiter, ebenfalls Mitte 30. Sie kennen die Prokuristin persönlich. In welcher Reihenfolge reichen Sie die Hand?**

   a Sie reichen von links beginnend den Herrschaften in Leserichtung die Hand, gleichgültig, wer wo steht und wer wer ist. Im Idealfall beginnen Sie mit einem der Herren, weil Sie so gute Chancen haben, den Ranghöchsten zuerst zu erwischen.

   b Sie begrüßen die Prokuristin zuerst: als Dame und als Älteste in der Reihe.

   c Sie gehen zuerst auf die Prokuristin zu, weil Sie sie kennen und sich so von ihr vorstellen lassen können. Denn nur sie weiß, wer der anwesenden Herren der ranghöhere ist.

3. Sie sind zu einer Trauung eingeladen, die Einladungskarte trägt den Vermerk »Smoking«. Was ziehen Sie als Herr an?

   a Einen Smoking, was denn sonst?

   b Da Sie wissen, dass ein Smoking ein Abendanzug ist, ziehen Sie ihn natürlich zur Trauung nicht an. Da Sie keine Zeit zum Umziehen haben, bleiben Sie auch bei der Feier im dunklen Anzug.

   c Sie rufen den Bräutigam an und erklären ihm seinen Fehler. Ihre Anregung: Er möge seine Gäste anrufen, ihnen den Fauxpas erläutern und erklären, dass er diesen Dresscode widerruft. »Dunkler Anzug« wäre richtig gewesen.

4. Der Kleidervermerk zu einer Kundenveranstaltung am Abend lautet »Dunkler Anzug«. Zum dunkelblauen Designeranzug tragen Sie als Herr

   a Ihre cognacfarbenen Oxfords aus Mailand.

   b Ihre schwarzen Monkstraps von der Düsseldorfer »Kö«.

   c Ihre schwarzen Derbys vom Schuhladen um die Ecke.

5. Sie tragen gern Hüte. Wann nehmen Sie als Dame Ihren Hut ab?

   a Eine Dame nimmt einen Hut nie ab, ein Herr hingegen muss den Hut in geschlossenen Räumen und bei der Begrüßung ziehen.

   b Sie nehmen Ihren Hut generell zu einem Essen ab: aus hygienischen Gründen.

   c Sie nehmen Ihren Hut nur in einer katholischen Kirche ab.

6. Sie gehen mit Ihrer Frau spazieren und treffen auf Ihren Chef in Begleitung einer Dame. Wie laufen Begrüßung und Vorstellung ab?

   a Sie reichen der Dame zuerst die Hand, begrüßen dann Ihren Vorgesetzten und stellen dann den beiden Ihre Frau vor.

   b Sie grüßen zuerst einmal, stellen Ihrer Frau Ihren Chef vor und warten, wie es weitergeht. Sie wissen: Jetzt müsste zuerst einmal der Chef Ihnen und Ihrer Frau sagen, wer die Dame an seiner Seite ist, und Ihnen dann schließlich die Hand reichen.

   c Sie grüßen die beiden Personen, warten ab, ob der Chef Ihnen die Hand reicht. Tut er das, stellen Sie ihm und der Dame neben ihm Ihre Frau vor: »Das ist meine Frau, Hanne Jost-Schneider.« Dann sagen Sie zu Ihrer Frau: »Das ist der Geschäftsführer unseres Unternehmens, Herr Krause«, schauen dem Chef ins Gesicht und warten, wie es weitergeht.

Nachlese

7. Frau Wilke, die Frau Ihres Tierarztes, wird vom Bäcker und vom Metzger und der gesamten Nachbarschaft mit »Frau Doktor« angesprochen, obwohl sie nicht promoviert hat. Sie wissen, dass das falsch ist. Wie verhalten Sie sich?

a Sie sagen »Frau Doktor« wie die andern.

b Sie fragen die Dame, wie sie am liebsten angeredet werden möchte. Denn Sie wissen: Das liebste Wort eines Menschen ist sein Name.

c Sie lassen den Doktorgrad weg, da sie ihn nicht selbst erarbeitet hat.

TEST-AUFLÖSUNG

Frage 1
Wenn Sie ganz sicher sein können, dass Ihre Chefin Sie nicht gesehen hat, und wenn Sie nicht auf den Verbleib in dem Lokal Wert legen, suchen Sie lieber eine andere Bar auf. Hat sie jedoch gesehen, dass Sie sie bemerkt haben, ist es dafür zu spät. Platzieren Sie sich außer Sichtweite und ohne dass Sie sie beobachten können: Sie haben schon genug gesehen!
Will sie Kontakt zu Ihnen? Überlassen Sie ihr die Entscheidung. Ob die Hierarchien in Ihrem Unternehmen flach sind oder nicht, ob Ihre Chefin Sie gesehen und/oder angesprochen hat oder nicht: Sie thematisieren die Begegnung später niemals – weder ihr noch den Kollegen gegenüber.
Antwort a ist richtig.

Frage 2
Sie grüßen zuerst alle mit einer offenen Geste und Blickkontakt. Wer Anstalten macht, Ihre Hand haben zu wollen, bekommt sie. Ist das einer der Herren, stellen Sie sich ihm vor. Kommt die Prokuristin auf Sie zu, geben Sie ihr die Hand und lassen sich von ihr vorstellen. Kommt sie auf Sie zu, ohne Ihnen die Hand zu reichen, wendet sie sich vielmehr einem der Herren zu, wissen Sie: Sie hält sich zurück und will, dass Sie dem Ranghöheren die Hand zuerst reichen.
Antwort c ist richtig.

Frage 3
Ein Smoking ist ein Abendanzug, er passt genauso wenig zu einer Nachmittagsveranstaltung – Ausnahme Bayreuther Festspiele – wie das große Abendkleid einer Dame. Ein Gastgeber sollte seine Gäste nicht so in die Bredouille bringen, wie das Brautpaar – beziehungsweise die Brauteltern, die traditionell die Hochzeitsfeier der Tochter ausrichten – das mit diesem falschen Kleidervermerk getan hat. Gleichzeitig haben diese Menschen ein Bild im Kopf, wie sie sich ihre Hochzeit vorstellen. Ein guter Gast entspricht den Vorgaben: Gehen Sie im Smoking und machen Sie keine Bemerkungen darüber. So falsch die Sache läuft: Spielen Sie das Spiel mit.
Antwort a ist richtig.

Frage 4

Die oft zitierte Regel »No brown after six«, keine braunen Herrenschuhe nach 18 Uhr, gibt es zwar gar nicht, doch der Dresscode »Dunkler Anzug« sieht ein konservatives Outfit mit schwarzen Schnürschuhen aus Glattleder vor. Somit sind die Monkstraps mit der dekorativen Schnalle genauso wie Loafers (früher »Slipper«) nicht angebracht. Ein Schuh mit einer offenen Schnürung (wie z. B. der Derby) ist zwar nicht so elegant wie ein Schuh mit einer geschlossenen Schnürung (wie z. B. der Oxford); doch die Farbe sticht hier das Modell, Antwort c ist also richtig.

Frage 5

Im Gegensatz zu den Herren behalten Damen ihre Hüte selbst in geschlossenen Räumen auf dem Kopf. Die Geste des Hutziehens als Zeichen der Ehrerbietung gibt es für Damen nicht. Gerade in einer Kirche bleibt die Dame »gut behütet«. Das Haar bedeckt zu halten ist Zeichen der Demut vor Gott. Einen kleinen Hut können Sie zum Essen ohne Weiteres auf dem Kopf behalten, einen Hut, der Sie und die Nachbarschaft beim Essen stören würde, nehmen Sie hingegen ab. Im Theater würde ein Hut auf jeden Fall die Sicht der anderen Besucher behindern, daher nehmen Sie ihn dort ab.
Keine Antwort ist richtig.

Frage 6

Ihr Vorgesetzter entscheidet, ob überhaupt Hände geschüttelt werden. Ist das der Fall, hat er das Recht zu beginnen und danach das Recht zu erfahren, wer die Dame an der Seite seines Mitarbeiters ist. Daher stellen Sie zuerst Ihre Frau vor, dann informieren Sie sie. Nun ist der Vorgesetzte an der Reihe: Er sollte Ihnen gegenüber die Dame an seiner Seite identifizieren, danach der Dame sagen, wer Sie sind. Die bisher unbekannten Personen schütteln sich erst jetzt die Hände: zuerst die Damen, dann jeweils Dame und Herr. Entsprechend ist Antwort c richtig.

Realistisch ist das so nicht: Spätestens wenn Sie Ihre Frau vorgestellt haben, wird irgendjemand die Hand ausstrecken. Macht nichts. Wichtig ist in diesem Zusammenhang: sich zuerst einmal mit dem Handschlag zurückhalten und der fremden Dame immer Blickkontakt anbieten.

Frage 7

Alles spricht für Antwort c. Der Doktorgrad ist nicht Teil des Namens, niemand – also auch nicht der promovierte Tierarzt – kann verlangen, dass Sie ihn nennen. Außerdem gilt: Wenn überhaupt der akademische Grad genannt wird, wird er in Verbindung mit dem Anredewort und dem Familiennamen verwendet, also z. B. »Herr Dr. Wilke«. Nun hat sich die Dame diese akademische Ehre nicht selbst verdient, am Standesamt kann niemand promoviert werden, also brauchen Sie nicht einmal zu fragen, wie sie es gern hätte. Das gesamte Umfeld spricht die Dame mit dem Ehrentitel an, sie hat über die Jahre keine Anstalten gemacht, das abzustellen. Tun Sie Ihr (und sich selbst) den Gefallen: Sprechen auch Sie die Dame so an. Antwort a ist zwar nicht korrekt, aber in diesem Fall richtig.

Service

Lösungen Etikette-Quiz

In Kapitel 1 »Etikette im Alltag«
(Test auf Seite 10) sind die Antworten
1 b, 2 c, 3 c richtig.

In Kapitel 2 »Bei Tisch«
(Test auf Seite 42) sind die Antworten
1 c, 2 a, 3 c richtig.

In Kapitel 3 »Frohe Gäste – schöne Feste«
(Test auf Seite 72) sind die Antworten
1 a, 2 c, 3 b richtig.

In Kapitel 4 »Kleider machen Leute«
(Test auf Seite 100) sind die Antworten
1 c, 2 a, 3 a richtig.

In Kapitel 5 »Fit for Business«
(Test auf Seite 122) sind die Antworten
1 c, 2 c, 3 b richtig.

In Kapitel 6 »Formvollendet kommunizieren« (Test auf Seite 144) sind die
Antworten 1 c, 2 c, 3 a richtig.

In Kapitel 7 »Sicher und souverän – auch unterwegs« (Test auf Seite 162) sind die
Antworten 1 b, 2 b, 3 a richtig.

Adressen, die weiterhelfen

Die Autorin
www.bonneau.de
Elisabeth Bonneau
Hasemannstraße 8
79117 Freiburg

Die Autorin bietet firmeninterne und offene Seminare an zu den Themen Business-Etikette, Umgangsformen, erfolgreicher Smalltalk und gewandtes Auftreten im Kundenkontakt. Außerdem Einzel-Coachings für Führungskräfte.

Links, die weiterhelfen

www.aici-germany.de
Es gibt viele gute Farb- und Stilberatungen; die Wahrscheinlichkeit, über diese Seite eine zu finden, ist sehr hoch.
www.bund.de und
www.protokoll-inland.de
Übersichten über die Gepflogenheiten auf dem öffentlichen Parkett
www.mobbing.net
Nützliche Hinweise zur Vorbeugung von und zum Verhalten bei Mobbing
www.praesentationstechniken.eu
Bei Ingeborg Waldherr, Theaterregisseurin und Präsentations-Coach, lernen Sie auf der Grundlage moderner Schauspieltechniken, sich authentisch und überzeugend im Rampenlicht oder vor Mikrofon und Kamera zu präsentieren.
www.deutschepost.de und
www.briefeschreiben.de
Hilfen und Beispiele für ansprechende Korrespondenz
http://de.wikipedia.org/wiki/DIN_5008
und **www.wintotal.de/Artikel/dinbrief/dinbrief.php**
Formatvorlagen für Briefe gemäß der DIN-Norm
www.plusbrief-individuell.de
Hier können Sie Ihre Umschläge und Briefmarken individuell gestalten.
www.dvdimagework.de
Die Lehr-DVD »Aussehen, Auftreten, Ausstrahlung – Imagework« für weiterführende Schulen vermittelt Jugendlichen Know-how zum korrekten Benehmen und zu einer dezent-souveränen Selbstdarstellung.
www.interculture.de
Interkulturelle Weiterbildung durch ein Team, das als Bindeglied zwischen Forschung und Praxis dient

Bücher, die weiterhelfen

Bücher der Autorin

Bonneau, Elisabeth:
300 Fragen zum guten Benehmen,
GRÄFE UND UNZER VERLAG, München
Konkrete Benimmtipps für alle Lebenslagen

Bonneau, Elisabeth:
Erfolgsfaktor Smalltalk,
GRÄFE UND UNZER VERLAG, München
Mit Stärkenanalyse und Tipps für adressatengerecht Kontakte

Bonneau, Elisabeth: *Kleiner Ess- und Tisch-Knigge* (Reihe Taschenkompass),
GRÄFE UND UNZER VERLAG, München
Tricks und Tipps rund um das formvollendete Verhalten bei Tisch; mit Anleitungen zum Verzehr schwieriger Speisen

Bonneau, Elisabeth: *Mini-Knigge mit Fettnapf-Frühwarnsystem* (Reihe Taschenkompass),
GRÄFE UND UNZER VERLAG, München
Bestseller im Taschenformat, ideale Einstiegsliteratur auch für Jugendliche

Bonneau, Elisabeth: *Smalltalk*
(Reihe Taschenkompass),
GRÄFE UND UNZER VERLAG, München
Sollte beim Besuch von Empfängen und Partys in keiner Jackentasche fehlen

Bonneau, Elisabeth: *Stilvoll zum Erfolg. Der moderne Business-Knigge,*
Hoffmann und Campe, Hamburg
Das Referenzwerk zur Business-Etikette, sogar Etikette-Trainer schlagen hier nach

Weitere Bücher

Asserate, Asfa-Wossen: *Manieren,*
Deutscher Taschenbuch Verlag, München
Geistreiche Ethnologie der deutschen Lebensart, keine Verhaltensempfehlungen

Felderer, Brigitte; Macho, Thomas (Hrsg.):
Höflichkeit, Wilhelm Fink Verlag, München
Historische, philosophische, literarische und interkulturelle Aspekte zum Thema

Paczensky, Gert von; Dünnebier, Anna:
Kulturgeschichte des Essens und Trinkens,
btb Verlag, München
Die Autoren beweisen, wie Appetit Zivilisation schafft: Ausflug in die Geschichte des Essens und Trinkens

Pohlmann, Nina: *Krawatten-Knigge. Zeigen Sie sich stilsicher in jeder Situation,*
GRÄFE UND UNZER VERLAG, München

Pohlmann, Nina: *Krawattenknoten. Die besten Knoten für alle Fälle*
(Reihe Taschenkompass),
GRÄFE UND UNZER VERLAG, München
Wissenswertes rund um Quer- und Langbinder und hilfreiche Schritt-für-Schritt-Anleitungen für Anfänger und Fortgeschrittene

Schulz von Thun, Friedemann:
Miteinander reden. Band 1 bis 3,
Rowohlt Taschenbuch Verlag Reinbek
Wer beruflich und privat erfolgreich kommunizieren will und muss, kommt ohne diesen Klassiker der Kommunikationslehre nicht aus: Theorie und anschauliche Beispiele

Spies, Stefan: *Authentische Körpersprache,*
Hoffmann und Campe, Hamburg
Das Buch schärft Ihre Wahrnehmung für die Bühne, auf der Sie täglich bestehen müssen, und erschließt Ihnen Möglichkeiten, Ihre Wirkung zu optimieren

REGISTER

A

à la Carte 89
Accessoires (für den Mann) 110
adressieren 126 f., 154
Alkohol 57 ff., → Aperitif,
　→ Weinbrand, → Wein
　– Gäste, die zu viel
　　trinken 85 f.
Anreden
　126 ff., 131, 154 f.
Anrufe → Telefonate
Ansprache → Reden
anstoßen → zuprosten
Anzug 106
Aperitif 62 f.
Arabische Länder 178
Artischocke 52
Asien 179 f.
Ausland 172 ff.
Austern 52

B

Bankett 80, 91
bedienen (als Gastgeber) 82
(be)grüßen
　11 f., 13 ff., 89, 123 f.,
　→ Handschlag, → Handkuss
　– Reihenfolge bei der
　　Begrüßung 15 f., 123 f., 125
Behinderte 166
Beileid → Todesfall
Beschwerden 33
Besteck 45, 52, → Gedeck
Bestecksprache 48
Besuch
　– Besucher begleiten 23 ff.
　– zu Besuch → Gast
Bewerbung 136 f.
Bier 63
Blumen 36
Briefe 126 ff., 153 ff.
Brot essen/reichen 51, 56
Büfett 73, 75

C

Calvados 65
Casual (Kleidervermerk) 117 f.
Catering 90
Champagner 62 f.
Codes
　– Codes auf Einladungen
　　(Zeit) 26, 73
　– Codes bei Tisch
　　(Bestecksprache) 48
　– Dresscodes
　　73, 99 f., 115, 116
c. t. (cum tempore) 39

D

Dame (Begriff) 9 ff.
Dekoration, Tischdekoration
　→ Gedeck
Diät 85, 97
Digestif 65 f.
Dresscodes → Codes
duzen 30 ff., 132

E

Egelstein, Sabine Schwind
　von 164 f.
Eindruck, der erste 99, 101
Einladung (zu einem Fest)
　49, 71 f.
E-Mails 156 ff.
Etikette (Begriff) 8

F

Feste 71 ff., → Gedeck
　– im Büro 138 ff.
Fettnäpfchen
　– Begrüßungsrede 81
　– Büfett 75
　– E-Mails 156 f.
　– Feine Kleidung 117
　– Handkuss 17
　– Herrenkleidung 110
　– Neu im Team 137
　– Platzierung 94 f.
　– Vorstellung 19
Firmenfeier 138 ff.

Fisch
　– Filet 52
　– ganzen Fisch zerlegen 47
französischer Königshof 8
Frau, höflich als Frau 12
Freizeit 167 ff.
　– Kleidung in der Freizeit
　　102, 116 f.
Freundschaft 28 ff.,
　→ auch Nachbarschaft

G

Gabel 46
Gänseleber 53
Gast (zu Gast sein) 23 f., 94 f.
Gäste 81 ff.
　– lotsen 23 ff., 88
　– platzieren 77
Gästebuch 97
Gästeliste 71
Gastgeber 11, 34, 81 ff.
Gedeck 41 ff.
　– einfaches Gedeck 43 f.
　– festliches Gedeck 43 f.
Geflügel 53
Geschäftsessen 93
Geschenke 35 ff.
Getränke 57 ff.
Grappa 65
gratulieren 37
grüßen → begrüßen
Gürtel 107 f.

H

Handkuss 17 f.
Handschlag 14 ff.
Handschuhe 18
Haustiere 166 f.
Hemd 106 f.
Hochzeit 116
Hof-Etikette 8 f.
Hotel 169 f.
Hummer 53
Hut 18

REGISTER

J/K

Jackett ablegen 119
Jakobsmuschel 53
Jeans 119
Kaffee 65, 68
Käse (essen) 53
Kaviar 53
Kellner → Servicekräfte
Kinder 164 f.
Kleidervermerke 115, 116
Kleidung 99 ff.
– Kleidung auf Geschäftsreisen 175
– Kleidung in der Freizeit 102, 116 f.
Komplimente 143
Körpersprache 121, 123
Kragenformen beim Hemd 107
Krankenbesuch 38
Krawatten 108 f.
Krebse
– Bach- und Flusskrebse 52
– Krebse aus dem Meer 54
– Taschenkrebse 55
Kuss (zur Begrüßung) 17

L

Languste 53
Likör 68
Linkshänder 23, 50, 82, 163
Löffel 43 f.
Lounge Suit (Kleidervermerk) 118

M/N

Mantel abnehmen 11
Meeting 27, 134 f., 172
Menükarte 80
Messer 45 f.
Messerbänkchen 69
Mineralwasser 64
Mitteleuropa 176
Muscheln 54
Nachbarschaft 32 f.
Nähe/Distanz 11, 145, 161
Namen → vorstellen

O/P

Obst 54
Osteuropa 176
Pizza 54
Platzierung
– bei Tisch 76 f., 94 f.
– beim Meeting 135 f.
– im Auto 161
– mit Reihenbestuhlung 136

R

rauchen 167 f.
Rede 123, 150, 159
– Begrüßungsrede 81
– Tischrede 95 f.
Restaurant 86 ff.
Rocklänge 113

S

Sandalen 103, 106, 119
Sandwich → Brot
Schmuck 103, 114
Schnecken 55
Schopf, Karl-Heinz 62 f.
Schuhe
– für den Mann 104 f.
– für die Frau 113
Servicekräfte 93 f., 97
Serviette 46, 69
Smalltalk 143 ff.
Smart Casual (Kleidervermerk) 117 f.
SMS 156
Socken/Strümpfe 105
Spargel 54, 55
Speisekarte 89 f.
Stäbchen, mit Stäbchen essen 180
Streit schlichten 85
Südeuropa 176 f.
Suppe 46 f., 69
Sushi 55

T

tanzen 169
Taschen 110, 114
Telefonate 152 f., 161
Theater/Konzert 14, 24, 115, 168 f.
Tischformen 78 f.
Tischgespräch 146
Tischkarten 80
Tischmanieren 50 ff., 56
Titel → Anreden
Todesfall 38 f.
Treppe 24 ff.
Trinkgeld 170 f.

U

underdressed 119
Unpünktlichkeit 25 ff., 39
Unterwerfungsgesten 18
USA 177 f.

V

Vegetarier 85
verabschieden
– Gäste verabschieden 83
– sich verabschieden 27 f., 96
Visitenkarten 121
vorstellen 19 ff.
Vorstellungsgespräch 118

W/Z

Wachteln 55
Wein
– Ablagerungen in der Flasche 69
– Trinktemperatur von Wein 61
– Wein bestellen 92
– Wein korkt 97
– Wein stilvoll servieren 60 f.
– Wein verpacken 35
– Weinetiketten 58 f.
– Welcher Wein zu welchen Speisen? 60
– Welches Glas? 57
Weinbrände und Obstwässer 65
Whisk(e)y 65
Wodka 65
zuprosten 64

191

Impressum

© 2008 GRÄFE UND UNZER
VERLAG GmbH, München

Alle Rechte vorbehalten. Nachdruck, auch auszugsweise, sowie Verbreitung durch Bild, Funk, Fernsehen und Internet, durch fotomechanische Wiedergabe, Tonträger und Datenverarbeitungssysteme jeder Art nur mit schriftlicher Genehmigung des Verlages.

Programmleitung: Christof Klocker

Leitende Redakteurin: Anita Zellner

Redaktion & Lektorat: Nina Weber, Essen

Umschlaggestaltung, -illustration und Innenlayout: independent Medien-Design, Elke Irnstetter

Illustrationen: Sonja Heller, www.bufbi.de

Herstellung: Renate Hutt

Satz: Knipping Werbung GmbH, Berg/Starnberg

Reproduktion: Repro Ludwig, Zell am See

Druck und Bindung: Printer Trento, Italien

Die GU-Homepage finden Sie unter
www.gu-online.de

ISBN 978-3-8338-1133-3
1. Auflage 2008

Umwelthinweis

Dieses Buch wurde auf chlorfrei gebleichtem Papier gedruckt. Um Rohstoffe zu sparen, haben wir auf Folienverpackung verzichtet.

Wichtiger Hinweis

Die Beiträge in diesem Buch sind sorgfältig recherchiert und entsprechen dem aktuellen Stand. Abweichungen, etwa durch seit Drucklegung geänderte Preise, Gebühren, Internetadressen etc., sind möglich. Weder Autorin noch Verlag können für eventuelle Nachteile oder Schäden, die aus den im Buch gegebenen praktischen Hinweisen resultieren, eine Haftung übernehmen.

Die hin und wieder männlich erscheinende Form ist, wenn nicht anders präzisiert, als geschlechtsneutraler Kollektivbegriff für Frauen und Männer gemeint.

Unsere Garantie

Alle Informationen in diesem Ratgeber sind sorgfältig und gewissenhaft geprüft. Sollte dennoch einmal ein Fehler enthalten sein, schicken Sie uns das Buch mit dem entsprechenden Hinweis an unseren Leserservice zurück. Wir tauschen Ihnen den GU-Ratgeber gegen einen anderen zum gleichen oder einem ähnlichen Thema um.

Liebe Leserin und lieber Leser,

wir freuen uns, dass Sie sich für ein GU-Buch entschieden haben. Mit Ihrem Kauf setzen Sie auf die Qualität, Kompetenz und Aktualität unserer Ratgeber. Dafür sagen wir Danke! Wir wollen als führender Ratgeberverlag noch besser werden. Daher ist uns Ihre Meinung wichtig. Bitte senden Sie uns Ihre Anregungen, Ihre Kritik oder Ihr Lob zu unseren Büchern. Haben Sie Fragen oder benötigen Sie weiteren Rat zum Thema? Wir freuen uns auf Ihre Nachricht!

Wir sind für Sie da!
Montag – Donnerstag: 8.00 – 18.00 Uhr;
Freitag: 8.00 – 16.00 Uhr
Tel.: 0180 - 5 00 50 54*
Fax: 0180 - 5 01 20 54*
E-Mail: leserservice@graefe-und-unzer.de

*(0,14 €/Min. aus dem dt. Festnetz/ Mobilfunkpreise können abweichen.)

P.S.: Wollen Sie Aktuelles von GU wissen, dann abonnieren Sie doch unseren kostenlosen GU-Online-Newsletter und/oder unsere kostenlosen Kundenmagazine.

GRÄFE UND UNZER VERLAG
Leserservice,
Postfach 86 03 13
81630 München

GRÄFE UND UNZER

Ein Unternehmen der
GANSKE VERLAGSGRUPPE